Xiangcun Zhenxing Beijingxia
Youxiao Zhili Lujing Yanjiu

乡村振兴
背景下有效治理路径研究

丁胜◎著

中央民族大学出版社
China Minzu University Press

图书在版编目（CIP）数据

乡村振兴背景下有效治理路径研究 / 丁胜著. —北京：中央民族大学出版社，2023.8（2023.9重印）

ISBN 978-7-5660-2225-7

Ⅰ.①乡… Ⅱ.①丁… Ⅲ.①乡村—社会管理—研究—中国 Ⅳ.①D638

中国国家版本馆 CIP 数据核字（2023）第 088907 号

乡村振兴背景下有效治理路径研究

作　　者	丁　胜	
责任编辑	舒　松	
封面设计	舒刚卫	
出版发行	中央民族大学出版社	
	北京市海淀区中关村南大街27号	邮编：100081
	电话：(010) 68472815（发行部）	传真：(010) 68932751（发行部）
	(010) 68932218（总编室）	(010) 68932447（办公室）
经 销 者	全国各地新华书店	
印 刷 厂	北京建宏印刷有限公司	
开　　本	787×1092　1/16	印张：13.75
字　　数	240 千字	
版　　次	2023 年 8 月第 1 版	2023 年 9 月第 2 次印刷
书　　号	ISBN 978-7-5660-2225-7	
定　　价	52.00 元	

前　言

党的二十大强调“全面推进乡村振兴”，明确抓党建促乡村振兴，推进以党建引领基层治理。事实上，中华人民共和国成立以来，乡村振兴一直是中国共产党执政兴国的重要内容，其中涵括对乡村有效治理的积极探索：社会主义改造和建设时期，公有制的确立需要集中统一的土地制度改革，政社合一的治理模式旨在通过统合方式增强国家能力；改革开放和社会主义现代化建设时期，市场经济的确立需要重新审视权力集中的局限，家庭联产承包责任制和基层群众自治制度旨在激发乡村活力；中国特色社会主义新时代，随着生产力的不断发展，乡村治理越来越强调人民主体性、文化传承性和法制保障性。值得一提的是，1982 年以来中央每年发布的一号文件均以“三农”为主题，乡村振兴和乡村治理都是其中的重要内容；党的十八大强调改进党的领导方式和执政方式，明确城乡社区治理中要健全基层党组织领导的充满活力的基层群众自治机制；党的十九大正式提出“治理有效”，并将其作为乡村振兴战略 20 字方针之一和实施乡村振兴战略的总要求之一；党的二十大指出严密的组织体系是党的优势所在、力量所在，强调坚持推进以党建引领基层治理，不断提升社会治理效能，建设人人有责、人人尽责、人人享有的社会治理共同体。其中可见，乡村振兴和有效治理始终是中国共产党治国理政的重要内容，而凸显社会主义制度优势和国家能力优势的组织秩序，以及立足优秀传统文化和群众智慧结晶的自发秩序始终占据重要地位。

理论上，乡村振兴背景下的有效治理既不是简单的“国家中心论”，也不是简单的“社会中心论”，而是国家和社会良性互动、组织秩序和自发秩序互洽共荣的过程和结果。但稍显遗憾的是，现有研究大多以威权主义、法团主义甚至全能主义等为视角，使得中国的乡村治理湮没于单项的权力建构抑或组织秩序的刻板认知中。党的十八大以来，习近平总书记多次强调中国农耕文明源远流长、博大精深，指出乡村在实行自治和法治的同时，应注重发挥好德治的作用，推动礼仪之邦、优秀传统文化和法治社会建设相辅相成。其中可见，有效治理要求在理论上对自治、德治等柔性治理方式给予高度重视，或者说，乡村振兴背景下的有效治理需要组织秩序和自发秩序的有机结合，二者的融通发展对于突破中国乡村治理中仅有建构秩序的刻板认知具有积极意义。

理论上，乡村振兴背景下的有效治理涵括三大要素，即价值共识、自然权威和政社互动。首先，基于村规民约、民族习俗、共同记忆和行为规范基础上的价值共识，是历史长河中乡村保持良好秩序的内生变量。凸显为文化的共识凝聚、约定的内部规范以及孕育的家国情怀等为乡村秩序厚植社会资本存量，进而在乡村善治和公序良俗中扮演着内因角色。其次，基于血缘共同体、地域共同体或文化共同体，经自然选择和村民信任所形成的自然权威，是现实中维护乡村秩序的重要力量。凸显为自然权威的非典型政治功能，为有效治理注入劝善因子；自然权威与乡土社会互为底色，维系着熟人社会关系结构；自然权威是治权的有益补充，也是乡村治理的重要依靠。最后，坚持党全面领导下的政社互动是有效治理的充分条件。凸显为政社互动是政党政治的理性选择，旨在以最小行政投入换取最大治理效果；政社互动是嵌入治理的有效方式，重在推动“乡政村治”到“三治”融合行稳致远。

实践中，治理现代化布局尤其是乡村振兴战略布局以来，各地对有效治理进行了积极探索。但总的来看，依靠投入人力、物力、财力和技术的外向型治理特征仍然明显，而倚重价值共识、重视权威作用和强调政社互动基础上的内生型治理也还未引起地方高度重视。经过多年实践，“网格化”治理也没有如期许的那样，仍然在规划性布局和反应性调适的进程中艰难徘徊。然而，位于贵州省黔西南布依族苗族自治州册亨县的秧佑村，自清同治六年(1867)以来，以自然权威为主体的共同体组织（家族长、寨老等）、以赋权权威为特征的群团性组织（秧佑村村籍协会）和以《中华人民共和国村民委员会组织法》为保障的村委会组织，与村规民约和传统文化为核心的价值共识一道，成为化解乡村矛盾冲突和生成自发秩序的一道美丽风景线。那么，可考察的150多年来，秧佑村何以能够保持良好的社会秩序？在现代化撕裂传统“三农”逻辑结构背景下，对其他地方又有什么样的启示呢？

一是自发秩序是建构秩序的有力补充，也是乡村有效治理的路径选择之一。在乡村治理中，自治、法治、德治尚不能单一方面发挥决定性作用的境况下，需要在坚持党的集中统一领导下形成各主体既分工又协作的治理体系。自发秩序在乡村治理中作用的发挥既需要内部规范的支撑，又取决于权力让渡或预留的空间；现代化对传统秩序撕裂的程度，取决于自发秩序的韧性和调适性，核心则是规范性要素的传承和人们普遍的遵守。秧佑村及若干类似乡村的存在，足以说明我国对传统文化的重视、对村民自治的尊重和对政社互动的推崇。

二是价值共识是有效治理的正强化因素，在乡村治理中具有普遍的积极意义。人类行为具有内在的保守性，往往会向既存的制度投入感情。秧佑村作为少数民族村寨，浓缩村规民约的“八不准禁碑”，蕴含天地人和的“布依族摩经”，凝聚民族情怀的“八音坐唱”“秀才办私塾”背后的价值认同，“班氏军功牌”凸显的精神追求，以及对万物滋生的自然崇拜、对血脉相承的祖先崇拜与对国家和民族的认同等，都为秧佑村的内部性规范注入了强大活力。这些价值信念或被镌刻为约定俗成的文化符号，或升华为口口相传的共同记忆，成为全体村民记得住的“乡愁”和回得到的“过去”，邻里之间很难有互不信任的理由，每个人都知道自己该扮演什么样的角色，传承“规矩”、养成“自觉”之风蔚然盛行，为乡村有效治理奠定了良好的心理基础。

三是自然权威是有效治理的推动力量，在乡村治理中具有普遍的启发意义。历经社会变迁和自然选择，秧佑村逐渐形成了以家族管理责任制、四大家族共商制和秧佑村村籍协会会商解决机制的自发治理结构。基于其自治的有效性，基层政府在乡村治理中并非面面俱到，而是让渡权力并为这种秩序创设条件和提供保障。血缘共同体的家族、心理共同体的寨老、生活共同体的“村两委”、尚贤性质的秧佑村村籍协会和具有治理权的政府，共同组成秧佑村“结构化”的乡村治理体系。直至今日，秧佑村没有发生一起上升到基层党委、政府处理的矛盾纠纷，顶多到秧佑村村籍协会就处理了，这种“自发式”“层级式”的治理结构有重要的启发意义。

四是乡村有效治理模式应因时因地制宜，但秩序无疑蕴含着共通的规范性要素。一般而言，在传统落后地区，家族、乡贤、群众社团和村居委会等自然权威，以及价值共识等柔性机制是乡村治理的重要方面；在转型发展地区，除柔性机制培育外，由于面对诸多动态复杂性，因此还需要借助现代技术或权力延伸，形成社会治理的代理治理模式；在发达地区，社会重构初步完成，在培育新型社群共同体和价值认同基础上，应偏重专业服务等为导向的联动治理模式。但无论哪一个地区的秩序建构，都会涉及权力、权威和价值观念等要素的互动，或者说，只要是人的社会，秩序建构中都会有共通的规范性要素。

不可否认，秧佑村作为地处西部内陆地区的少数民族村寨，其良好秩序与其发展阶段有一定的关联，境内自然经济特征明显、人口结构同质性强、思想观念传统守旧等，加上偏居一隅，远离城镇空间拓展改造、利益博弈战场和思想观念多元的困扰，因此其表现出的良好秩序可能标签化为落后的自发秩序、孤独的自发秩序或割裂的自发秩序等。但中国乡村所经历的重大历史嬗变几乎是一样的，现代化对各地的冲击是一样的，社会治理中的权力结构是一样的，而重视多元力量参与的“网格化”治理在全国来看也并无大的差异。那么，在诸多共同性背景下，秧佑村何以秩序井然，仿佛一方净土，无论时代变迁的浪花激起多大的波纹，其固有的规范性因素和结构化机制都好似太极推手，将外部的影响力化有形于无形，依然保持着良好的社会秩序，其中党领导下的协同共治以及自发秩序等深层原因值得探究。

目录

第一章 绪　论

第一节　选题来源及理论和实践意义

一、选题来源

一直以来，围绕乡村治理和秩序样态，我国的实践和理论存在较大的差异和争论，焦点主要集中在国家和社会两个主体，以及建构秩序和自发秩序两种模式上。1840 年以来，我国乡村治理和基层秩序出现了较大变化：鸦片战争到中华人民共和国成立期间，基层治理模式主要以宗族治理、乡绅治理和德规治理为主，但其间清末的乡议事会和乡董的设立标志着公权力开始介入乡村治理，国民政府的保甲制度则开启了政府主导乡村治理的历程。中华人民共和国成立以来到改革开放之初，基于社会主义改造和建设的需要，乡村治理纳入"政社合一"的政治统合型治理体系，"破四旧、立四新"开始撕裂传统的乡村治理模式。改革开放以后，基层秩序主要还是以组织秩序为主，但随着市场化、工业化、城镇化和信息化等步伐的加快，乡村秩序呈现不同性状：20 世纪 80 年代，乡村的生活主要附着在土地上，由于许多家庭财产几乎清零，都处于贫困的起点上，因此乡村关系结构主要围绕生存展开，利益交集和矛盾冲突不多，偶尔发生的不和谐问题往往经由亲属朋友或地方权威调解，熟人规范还在秩序维系中发挥作用；20 世纪 90 年代到农业税取消期间，利益附着、流动性引发以及权力失衡等导致的治理困境开始显现，熟人社会规范逐渐式微，面对社会问题多发的实际，"一票否决"的维稳机制开始出现，与信访机制一道，成为国家维护乡村秩序的主要方面。党的十八大以来，尤其是国家治理体系和治理能力现代化提出后，以习近平同志为核心的党中央十分重视传统优秀文化的回归，以中华民族伟大复兴的中国梦和社会主义核心价值观为引领的价值理性进入社会治理的方方面面。但总体上看，乡村治理实践并没有大的突破，政社互动、三社联动和新型社区等地方实践依然处于调适之中，乡村秩序总体上仍然表现为政治整合型秩序。权力可以制造秩序，但权力建构型秩序需要大量的人力、物力、财力或技术作为支撑，其中任何要素的供给不足，都可能导致秩序的弱化甚至崩塌，因此理论和实践都呼吁自发秩序的回归。乡村振兴战略明确提出建构乡村有效治理体系，并将自治、法治和德治作为有效治理体系的重要内容加以布局，自发秩序要素越发凸显。

在贵州边陲、接壤广西百色地区的黔西南布依族苗族自治州册亨县弼佑镇秧佑村，以村规民约为核心的价值共识、以共同体文化为载体的规范要素、以民风民俗为纽带的价值认同、以乡贤精英为依靠的地方权威和以贤能组织为代表的赋权组织形成的自发秩序，使得秧佑村自可考证的1867年以来，无论在哪个时期，都保持了稳定的社会秩序；实行市场经济以后，也抵制住了利益驱动导致的行为失范和现代化伴生的思想误区，未曾发生过一起治安刑事案件、吸毒贩毒事件、群体性事件、上访事件或大的冲突；连每年外出务工的数百人，也展现出良好的社会形象，没有发生过一起冲突事件，甚至不会出现染“黄头发”的非主流行为，其中蕴含的规范性要素，对于乡村有效治理体系的生成具有重要的启发借鉴意义。

秧佑村是一个布依族聚居的古老而又宁静的行政村。在寨子中间，有一个中华人民共和国成立后修建的亭子，亭子是为立于清同治六年（1867）的“禁碑”而修建的，村民合称为“禁碑亭”，具有很强的传统仪式感和历史厚重感。“禁碑”用相当长的篇幅规劝村民守本分、重教育、互帮扶和求和睦，同时要求村民履行“八不准”规定，涉及禁止黄赌毒和偷抢拐卖等内容。[1] 事实上，早在浓缩村规民约的“八不准禁碑”竖立以前，蕴含天地人和的“布依族摩经”、凝聚民族情怀的“八音坐唱”等早已成为村民的精神支柱和共同记忆，这些基于共同体文化基础上的价值理性之树根深叶茂，为内部规范奠定了深厚基础；促使内部规范以“八不准禁碑”形式镌刻下来的，则归功于“秀才办私塾”背后的价值认同、“班氏军功牌”凸显的精神追求等，这些历史上偶然出现的正强化因素，为秧佑村的内部性规范注入了强大活力并提供了鲜活

[1] 丁胜．积极探索基层社会治理有效模式［N］．贵州日报，2017-06-29（08）．

的例证；而布依族对滋生万物的自然崇拜、对血脉相承的祖先崇拜以及对国家和民族的认同，则无时无刻不在激励村民和谐相生、展现本真并与人为善。可以说，秧佑村展露出来的深层价值理性和共同体文化，不仅是弥合分歧和差异的黏合剂，也是生成自发秩序的催化剂。

秧佑村主要由黄、班、杨、岑四大家族组成。根据历史渊源和姻亲关系，其余姓氏分别归为四大家族范围。历经社会变迁和自然选择，秧佑村逐渐形成了以家族、寨老、村委会和乡贤协会等为核心的“自发式”“层级式”“结构化”治理结构。其中，家族管理责任制、四大家族共商机制和秧佑籍协会会商解决机制，是秧佑村区别于其他地方的重要方面。四大家族均自发成立了家族管理委员会，由族长、副族长、秘书长、组织委员、纪律委员、宣传委员、监督委员、生活委员和会计出纳等职务组成，负责处理家族中的事物，组织机构带有明显的党政组织特征；秧佑籍协会主要由在机关事业单位工作的秧佑籍人员组成，其出发点是助力发展秧佑村，同时联合协调处理村内重大事件。村里发生的矛盾纠纷，家族内部的先由家族委员会调解消化，家族委员会委员和“村两委”中的家族代表在带头执行村规民约和化解家族矛盾纠纷中“打头阵”；涉及不同家族之间的矛盾纠纷，由涉及的家族委员会共商解决，或者请寨老本着公平、公正、公开的原则调解，寨老由村里德高望重的老人担任；家族内部的、家族之间的或寨老无法调解的矛盾纠纷，交由村党支部委员会和村民自治委员会协调解决；“村两委”不能调解的较大矛盾，由“村两委”组织秧佑籍协会会商处理；会商仍然无法调解的，最后才上升到基层党委、政府依法依规解决。这种“自发式”“层级式”“结构化”的治理结构，对于乡村有效治理体系生成同样具有启发借鉴意义。

二、理论和实践意义

如果将县级以下政府定义为基层，那么按照户籍归属和属地管理归类，除了组织内部、组织之间的治理，绝大部分的治理事项都会堆积在基层，或者说，基层治理无所不在，治理成效直接决定乡村秩序的面貌。其中，治理失效或者生成显性的上访或群体性事件，或者导致恶性刑事案件，或者更多地生成隐性的怨恨藏匿民间，成为拉高治理成本、降低政府公信力和导致权威贬值的隐性因子。中华人民共和国成立以后，尤其是改革开放以来，市场化伴生的利益交换思想不断侵蚀传统的乡土结构，信息化产生的多元舆论场不断稀释主流话语，而现代化由物到人关注的转变则使得人与人之间的关系变得更加动态复杂。在此流变中，一些地方以村规民约、民风民俗和传统文化等为内容的价值共识约束力降低，以家族、乡贤精英和群众社团等为主体的地方权威不断被现代化蚕食并引致消亡，乡村自发秩序减弱，乡村治理成为地方政府维护稳定的重点领域之一。面对多而复杂和动态变化的利益诉求和意识争辩，具有领导权的党委、治理权的政府、立法监督权的人民代表大会以及协商建议权的政治协商会议等正式权力机关，与具有法定自治权的村居委会一道，按照权限分工不同程度介入或参与乡村治理，但建构性特征明显，以价值共识、自然权威和权力让渡为主要内容的自发秩序在乡村治理中的地位并未引起高度重视。权力主导式的乡村治理使得基层政府疲于应对。经过多年实践，以“网格化”为中心的治理模式仍然难以有效化解全部的治理事项，在规划性布局和反应性调适的进程中艰难徘徊。

然而，回到秧佑村，自发秩序代替了建构秩序，其他地方赖以为继的正式权力几乎没有介入该村的内部治理，顶多是程序性安排部署社会治理相关事宜；近年来呼声较高的“网格化”治理模式，与该村的秩序生成也没有太多的交集；而自发形成的地方权威、内部规范和价值共识，则是秧佑村有效治理的主要依靠，使得秧佑村在急剧变革和动荡的历史时期，都保持了稳定的社会秩序。或许，秧佑村作为地处西部内陆地区的少数民族村寨，其良好秩序与其文化传统、村规民约和民族特性等有相关性；或许，秧佑村的自发秩序与其发展阶段有关，自然经济特征明显、人口结构同质性强、思想观念传统守旧等，因此可能被归结为落后的自然秩序、孤独的自然秩序或割裂的自然秩序等。但在中国，甚至在秧佑村周边村寨，同样有禁碑、有村规民约、有家族式管理的地方不在少数，但有记录的150多年来，能保证小事不出村、矛盾不上交的地方少之又少；各地所经历的重大历史嬗变几乎是一样的，现代化对各地的冲击是一样的，社会治理中的权力结构也是一样的，而重视多元力量参与的“网格化”治理在全国来看也并无大的差异。那么，秧佑村何以能够在历史长河中保持良好的社会秩序？是什么样的自发力量助力乡村保持住良好的基层秩序？在现代化冲击传统“三农”逻辑结构背景下，是什么样的内部规范在乡村治理中起关键作用？又是哪些要素在防止治理失序中扮演着重要角色？如此等等，对其深入挖掘和总结，对于乡村有效治理体系的构建具有理论意义和重要的实践价值。

第二节　国内外研究学术史及动态

近现代以来，尤其在国家政权完成乡村下沉以后，乡村社会进入政治整合和现代化进程中，乡村治理再次引起中外学者的关注。围绕乡村治理中的传统要素，以及国家、社会两个主体，建构秩序、自发秩序两种模式，中外学者进行了争论和研究。

一、国内外自发秩序与乡村治理研究的基本情况

（一）关于乡村冲突治理的研究

国外“乡村”的含义与中国存在较大差异，“乡村冲突治理”的内涵和外延也因此存在较大差异。以西方国家为例，其权力制衡的制度设计、扁平化的管理模式和自由主义的价值传统，“乡村”在很大程度上指的是平权或分权视角下的行政区域，与中国行政等级视角下的“乡村”有很大的差别，中国的“乡”一般指县级以下的行政辖区，“村”则指根据村民委员会组织法进行自我管理、自我教育、自我服务的基层群众性自治组织，其自治实行少数服从多数的原则。国外关于“乡村冲突”的研究，主要涉及特定群体的抗争、动员和权利维护等方面；一些学者对中国的乡村冲突有所观察，认为冲突主要源于资源稀缺、相对剥夺感和多元诉求等，并据此提出治理策略。主要观点有：托马斯·帕特森认为，资源有限而人们的欲望无穷，相对剥夺感加之价值观的差异是造成冲突的主要根源。[1] Ted Robert Gurr 认为，抗议、反抗和冲突大多是个体之间主观比较后感知到的相对剥夺感引发的，乡村冲突发生的原因也主要如此。[2] 安东尼·吉登斯认为，冲突是社会结构断裂的产物，这种断裂源于社会中不同群体和个人之间的利益分割。[3] 可以说，乡村作为权力末端和资源稀缺之地，很多时候发生的冲突均与此有关。因此，

---

[1] ［美］托马斯·帕特森. 美国政治文化［M］. 顾肃，吕建高，译. 北京：东方出版社，2007：16-17.

[2] TED R G. Why Men Rebel：Fortieth Annilersaiy［M］. London：Paradigm Publishers，2011：24-32.

[3] ［美］安东尼·吉登斯. 社会的构成：结构化理论大纲［M］. 李康，李猛，译. 北京：生活·读书·新知三联书店，1998：305.

权力保障下的公平正义和二次分配等是减弱相对剥夺感的主要方面。Elizabeth J. Perry 认为，社会主义中国的农村冲突，其主要诱因是资源稀缺，提出差异性补偿的二次分配是解决基层冲突的主要方法。[1] Xiuqing Zou 和 Arie J. Oskam 认为，行政介入不利于解决乡村土地冲突，市场交易及讨价还价的谈判机制可实现有效和公平的补偿。[2]可以看出，国外对乡村冲突及其治理的研究主要还是现象研究和经验研究，研究主要从权力配置、资源配置和法治保障等外向型视角展开，而对于乡村冲突及其治理的内生性和自发性几乎没有介入。

国内关于乡村治理的研究较多，研究集大成者有费孝通、梁漱溟、黄宗智、萧公权、徐勇、周庆智、张静和郭于华等。主要著作有费孝通的《乡土中国》，梁漱溟的《乡村建设理论》，黄宗智的《中国乡村研究》，萧公权的《中国乡村：19 世纪的帝国控制》，徐勇的《中国乡村政治与秩序》，周庆智的《中国基层社会自治》《乡村治理：制度建设与社会变迁——基于西部 H 市的实证研究》《在政府与社会之间：基层治理诸问题研究》，张静的《基层政权：乡村制度诸问题》，郭于华的《倾听底层》等。总的来看，研究主要围绕国家和社会关系、权力结构、制度建构、乡村士绅、村规民约等方面展开，聚焦自发秩序在乡村治理中的作用非常少。主要观点有：费孝通认为，由于中国历史上“皇权不下乡”的权力结构，乡村处于高度自治状态，包括冲突等地方事物主要由家族和乡绅共同治理。他称为“长老统治”，包括横暴权力、同意权力和教化权力，其中横暴权力来自国家，同意权力来自契约，教化权力来自传统习俗。在乡村，规范带来了权威，为了保障社会共同生活的人和大家的利益，不得不对那些不遵守规范的人加以制裁，使“应当这样”成为“不敢不这样”。制裁作用需要威权的支持：威权的来源是社会共同的意志。[3] 梁漱溟认为，中国文化在其绵长之寿命中，后一大段（后两千余年）殆不复有何改变与进步，似显示其自身内部具有高度之妥当性、调和性，已臻于文化成熟之境者。[4] 或者说，乡村社会是伦理本位、关系本位的社会，人们的行动逻辑往往依据亲疏远近进行抉择，冲突主要在族内自行调停，家

---

[1] ELIZABETH J. P. Rural Violence in Socialist China[J]. The China Quarterly, 1985(103):414-440.

[2] Xiuqing Zou, Arie J. O: New Compensation Standard for Land Expropriation in China[J]. China & World Economy, 2007(15):107-120.

[3] 费孝通，吴晗，等. 皇权与绅权［M］. 北京：生活·读书·新知三联书店，2013：18.

[4] 梁漱溟. 中国文化要义［M］. 上海：上海人民出版社，2005：8.

族间的冲突也往往采取共商机制来化解，一般不会上升到官府层面。黄宗智认为，政权下沉乡村之前，地方权威是治理乡村事务的主体，甚至在乡村纳入政治整合以后，乡村事务治理依然需要地方权威的参与，乡村并不会因为政权介入完全官僚化。[1] 许尧认为，中国的基层冲突等面临战略困境、信任困境、策略困境和问责困境，提出在发挥民间主体治理作用基础上，重点完善不同主张的表达机制、对立观点的交流机制、冲突利益的整合机制和对抗行动的制动机制等。[2] 黄毅峰认为，传统社会向现代社会的转型，是一场全方位、多层次的深刻变革，带来的不只是发展与进步，还有碰撞与摩擦、矛盾与冲突、混乱与风险，因为不能保证变革社会中的每个人和组织都受益，因此冲突的发生不但不会减少，而且可能累积并集中爆发出来，造成社会秩序将面临前所未有的压力与挑战。提出通过提升国家治理能力、创新社会治理体系、塑造和而有序的社会价值理念和依靠社会内在的运行机制治理冲突。[3]

（二）关于自发秩序的研究

自发秩序应该是这样一种秩序，它形成于一定场域内，基于人们的天然联系、价值共识和行为规范，并经历史沉淀和检验自发生成的秩序，场域内具有规范性、公共性和调适性，同时与外界保持良性互动，是一种增长的、包容的和有效的秩序。国外对于自发秩序的研究主要立足于自由主义基础上，具有影响力的学者主要有米瑟斯、哈耶克、波普尔、波兰尼等人。米瑟斯立足于基本原则与制度表达两个层面，建构了一个自由主义的文明秩序。但米瑟斯建构的自由秩序原理“太极端”了，具有“过度的理性主义”“武断和不容争辩”“先验论”等方面的缺陷。[4] 哈耶克将社会秩序分为两类，一类是自生秩序或自发秩序，另一类是人造秩序或建构秩序。他认为自生秩序是基于知识有限性、过程调适性和行为规范性基础上的秩序，本身没有目的，只是个人行为的结果，不存在一个外在的能动者。“人造秩序是刻意创造出

---

[1] 黄宗智．华北的小农经济与社会变迁［M］．北京：中华书局，1986：22-259.

[2] 许尧．中国公共冲突的起因、升级与治理——当代群体性事件发展过程研究［M］．天津：南开大学出版社，2003：229-274.

[3] 黄毅峰．安邦治道——转型社会中的政治冲突与政治稳定［M］．南昌：江西人民出版社，2013：1.

[4] ［奥］路德维希·冯·米瑟斯．自由与繁荣的国度［M］．韩光明，等译．北京：中国社会科学出版社，1995：33.

的，所以他们始终是（或一度是）服务于该秩序的创造的目的”，[1] 这种秩序是政府组织的一种单向建构，并没有很好地体现农民的意志。因此，捍卫自生或自发的社会秩序，就是要尊重那些存在于人们行为中的规范性和自然性，反对外力干预：因为“扩展我们能力意义上的权力并不腐败，腐败的乃是那种强迫我们的意志服从于其他人的意志的权力，亦即利用我们对抗我们自己的意志以实现其他人的目的的权力。在人际关系中，权力与强制的确常常紧密地勾连在一起，而且少数人所拥有的巨大的权力也会使他们有能力强制其他人，除非这种权力为另一种比它更大的权力所制约。”[2] 基于权力的强制性、人的理性和知识有限，哈耶克认为秩序不应该被设计和建构，因为这不是理性能力所能达到的，而是应该在人们的生活交往中、在理性的不断认知中逐渐生成。他主张通过以非设计性的语言、传统、习俗和共识等，作为自生或自发秩序的核心要素。哈耶克甚至认为，在社会领域，真正发挥作用、并且应该成为社会科学研究对象的，恰恰是那些通过在漫长的时间过程中进化而来的“自发秩序”。[3] 但哈耶克并非完全否定政府的地位和作用，“在大社会内部的各种组织中，有一种组织通常都占据着一个极为特殊的位置，而这就是我们所说的政府……在一种社会的自生或自发秩序中，虽然可以在没有自发的情况下存在，但是在大多数场合，为了确实使那些规则得到遵守，我们称之为政府的那种组织却是不可或缺的。”[4] 从这个意义上说，哈耶克的自发秩序与人造秩序之间并不是一种简单的对立关系，而是两种秩序之间的一种权力让渡和结合，自发秩序需要政府营造环境和提供保护，政府则从自发秩序中受益。

与哈耶克几乎同时代的奥地利学派代表人物波普尔和波兰尼对于自发秩序有着独到的见解，波普尔认为秩序没有优劣之分，都有其自身的长处和不足；波兰尼认为自发秩序是人们在自发安排的体系里，在较长的时间当中相互调适和融合的过程和结果。也就是说，自发秩序要有历史积淀的厚度，也要有自我调适的深度，更要有开放包容的宽度。波普尔在辨识理性主义和传统主义时认为，万物都有其自身的规律，秩序和制度不应仅仅

---

[1][4] ［英］弗里德利希·冯·哈耶克．法律、立法与自由（第1卷）［M］．邓正来，等译．北京：中国大百科全书出版社，2000：57，69．

[2] ［英］弗里德利希·冯·哈耶克．自由秩序原理［M］．邓正来，译．北京：生活·读书·新知三联书店，1997：166．

[3] 邓正来．哈耶克社会理论的研究——《自由秩序原理》代译序［M］．弗里德利希·冯·哈耶克．自由秩序原理［M］．邓正来，译．北京：生活·读书·新知三联书店，1997：1-7．

是经过人为设计而产生并发挥决定性作用的，自生自发的传统要素在秩序中扮演着重要角色。波普尔同时指出，我们从传统那里获取了许多东西。传统很重要，但传统也不得不被分析为具体的个人关系。如果我们这样做，那么我们就可以去除把每个传统奉若神明，或把传统视为自身具有价值这样一种态度，代之以视具体情况、根据传统对个人的影响来判断传统有益或有害的态度。[1] 或者说，传统有其自身的逻辑，但也不能用很久之前活着的其他人的头脑演化观点来制约当下之人和秩序。波兰尼在《自由的逻辑》一书中，讨论了活力秩序与计划秩序、指挥秩序与多中心秩序、合作秩序与自发秩序概念的界定和区别。他认为有效秩序应该是在自发秩序基础上的合作秩序，如果某种权力或某个权威要以有意的指令，去代替大规模自我调整体系的职能，其所处的立场，就如同一个人，必须一手操控应由数千个控制杆同时操作的机器。这样做的后果，只能使整个体系陷入麻木，将较大体系的运作分割成细小的断片。[2] 可以说，波普尔和波兰尼对自发秩序的理解，充实了哈耶克极端自由主义视角的自发秩序原理，对中国实用主义视角下的自发秩序有着启发意义。

国内关于“自发秩序”的研究起步较晚，很多都是基于国外研究的翻译、阐释和延伸。其中，对哈耶克、波普尔、波兰尼等人提出的自发秩序进行了较为集中的研究。相关学者有邓正来、高全喜、姚中秋等。邓正来是哈耶克自由主义理论研究的领航者，他在翻译并研究哈耶克关于法律哲学、自由原则和知识观的基础上，提出了对自生自发秩序的理解。他以社会组织为例，分析了中国独特情境中国家和社会之间“监护型控制”和“生存性智慧”的关系。[3] 认为由于政权内部利益分化、政府失灵，特别是统治体系本身的“理性有限”和中国人特有的“生存性智慧”的实践运行，因此，中国有着独特的、符合“中国理想图景”要求的社会发育及民主转型模式。[4] 何信全则在对哈耶克的自由主义理论、法治思想和社会正义的研究过程中，对自发秩序进行了讨论。高全喜指出，在中国，阶级斗争理论和计划经济理论与哈耶

[1] ［英］卡尔·波普尔. 开放社会及其敌人（第1卷）［M］. 陆衡，等译. 北京：中国社会科学出版社，1999：300-400.

[2] ［英］迈克尔·博兰尼. 自由的逻辑［M］. 冯银江，李雪茹，译. 长春：吉林人民出版社，2002：167.

[3] 邓正来，丁轶. 监护型控制逻辑下的有效治理——对近三十年国家社团管理政策演变的考察［J］. 学术界，2012（3）：5-26，257-265.

[4] 邓正来. “生存性智慧模式”——对中国市民社会研究既有理论模式的检视［J］. 吉林大学社会科学学报，2011（51-2）：5-10.

克的自由主义无涉；人文主义的思想解放运动空有激情和批判的精神，与中国社会实际相隔膜；体制内的改革思潮惮于主义之争渐变为实用主义；[1] 而博大精深的中国文化和改革开放以来取得的成就，使得人们寻求自己理论的热情不断高涨。在这种背景下，哈耶克的思想在20世纪80年代末的中国引起关注并非偶然。高全喜同时指出，哈耶克关于社会自生自发的演变机制以及关于规则、秩序和自由传统的观点是西方保守自由主义的产物，对于中国这样一个近现代饱受创伤的国家而言，没有普遍的有效性。姚中秋在其主编的《自发秩序与理性》书里，开篇认为中国当代的问题是“古典的”，应将研究聚焦于古典意义上的“制度”，由此反省和疏通中华文化迈向未来的发展脉络。他同时认为，包括中国在内的国家里人们自主决策的领域正不断扩大，但由于普遍对交易秩序之新知识掌握有限，[2] 因此自发秩序的重构并非朝夕之功。总的来看，在中国由于乡村建设存在延后性，并且自治水平较低，因此乡村秩序不能放任自流，任其自身自灭，同时又要避免政权过度管控局面的出现，其中的边界和限度问题成为中外学者研究的重点。国内学者相关研究使我们能更好地理解国外自生自发社会秩序理论，但他们都是在研究哈耶克等理论的同时附带对自生自发社会秩序展开论述，既没有系统地研究自生自发社会秩序，也没有关于中国乡村自发秩序的深入研究，更没有形成系统的理论。

（三）关于熟人社会在乡村治理和自发秩序生成中的关系研究

传统乡村社会里，官治吏治的有限性、地方特有的乡土性以及小农经济的单一性等，乡村秩序有时表现为一种小国寡民、自生自灭的自然状态。在这种结构下，熟人社会是乡村秩序的独特情景，以“礼”为内容的天然联系约束着人们的行为。费孝通认为，乡村熟人社会里，熟人之间的关系网络和面子观念是自发调节各种社会关系的准绳。“在乡土社会的礼治秩序中做人，如果不知道‘礼’，就成了撒野，没有规矩，简直是个道德问题，不是个好人。”[3] 在这种熟人社会里，人们一般不会诉诸公权力解决冲突，因为“低头不见抬头见”，取而代之的是相互之间的包容和信任，不是万不得已不愿结怨。梁治平进一步认为，在这种环境中，“各种民间的组织和团体，在政府之

[1] 高全喜．哈耶克主义与中国语境［J］．博览群书，2008（2）：17-23.
[2] 姚中秋．自发秩序与理性［M］．杭州：浙江大学出版社，2008：编辑说明.
[3] 费孝通．乡土中国 生育制度［M］．北京：北京大学出版社，1998：48-54.

外独立地发展起来，它们形成自己的组织，追求自己的目标，制订自己的规章，以自己的方式约束和管理自己。”[1]这种相对独立且进行自我管理的熟人社会，不仅有效稀释了政府和社会之间的张力，同时在国家和原子化个体之间搭建了缓冲层，使得政权在乡村治理之中张弛有度，所以小农经济境况下的熟人社会治理历来受到政权的重视。但是，以“礼治”为内核的熟人社会并不意味着没有冲突，只是在这种乡村社会里，以血缘、共识和权威为依托的共同体关系使得冲突解决更为隐蔽。或者说，其治理方式是熟人社会特有的方式，即以自身的行动维护约定俗成，而不是通过外显化的强制力量解决问题。比如家族内的事务往往在族内自行调停，家族间的事务也往往采取共商机制化解，一般不会上升到官府层面。正如梁漱溟所言，乡村治理“除纳钱粮外，以讼狱极少，几与地方官府全无交涉”[2]。

近现代以来，尤其是现代化的冲击，使得乡土关系结构正经由熟人社会向部分陌生人社会结构转变，人与人之间关系的维系正经由情感维系到理性化转变。陈秀萍认为，现代社会里，乡村治理更多依靠以法律为重点的治权，熟人社会的“礼治”和道德的力量微弱，因此提出合作与宽容、完善民间法（诸如村规民约等约束机制）等应对策略来解决非诉讼冲突。[3] 美国学者狄恩·普鲁特注意到东西方基层治理的差异性，认为集体主义者倾向于采用间接而隐蔽的方式来解决问题，常常寻求第三方来处理问题；基层冲突源于资源和时间的稀缺性、不切实际的期望超越合理范围、零和思维和相对权力的模糊性。冲突不多的社区都有着明确的规范和熟人关系网络。[4]

张静、周庆智、邓正来、孔飞力等中外学者分别对权力与权威、政府与社会等关系进行了研究，认为基于工业化、城镇化、多元化等背景，应重新解构政权与社会之间的关系，重构乡村治理中的内部规范性。周庆智认为，面对基层社会利益群体多样性和社会结构多元化的现实，基层政府治理需要实现体制上的现代转型，以适应新的社会变化，重点是规范政府与社会、政府与市场以及市场与社会的关系，发挥多元主体的作用，并使其参与到基层

---

[1] 梁治平．清代习惯法：社会与国家［M］．北京：中国政法大学出版社，1996：28.

[2] 梁漱溟．中国文化要义［M］．上海：上海人民出版社，2005：32.

[3] 陈秀萍．变革时期法律与道德的冲突问题研究：兼论法律的伦理性［M］．北京：中国方正出版社，2008：170-180.

[4] ［美］狄恩·普鲁特，金盛熙．社会冲突——升级、僵局及解决［M］．北京：人民邮电出版社，2013：69.

治理中来。[1]

（四）关于村规民约在乡村治理和自发秩序生成中的地位研究

历经秦汉的乡里制度、北宋的保甲制，明清以来形成了种类繁多的村规民约。无论时代如何变迁，种类繁多的村规民约都不约而同指向内部规范性，在乡村治理中发挥着重要作用。费孝通认为，乡村规范具有内部调适性和外部接纳性，是保持乡村秩序的重要环节，“在一个熟悉的社会中，我们会得到从心所欲而不逾规矩的自由。这和法律所保障的不同，规矩不是法律，规矩是约定俗成的礼俗。从俗即是从心。乡土社会里从熟悉得到了信任”[2]。中华人民共和国成立后，国家权力完成到乡村的下沉，一些原有的地方村规民约被清除。贺雪峰认为，进入21世纪以来，由于权力结构、经济基础和社会文化变迁等因素的影响，传统乡村社会发生巨大变化，乡村治理面临新情况。表现有三：“一是治理之变；二是乡村基础结构之变；三是价值之变。”[3] 在由传统乡村社会向现代乡村社会转型的背景下，尤其是权力下沉乡村后引发的结构失衡，村规民约的内生约束机制式微，一定程度上造成了乡村的治理危机。

张静认为，现代化伴随的利益格局调整和思想认识多元等情况，导致了基层政府与社会之间的利益结构及其角色发生变化，当前的基层政府稳定程度较低并日益卷入社会事务之中，加之地方权威进入官制授权系统并与基层社会分离，因此，基层治理成本、效率和效果等不尽如人意，村规民约、地方权威等的作用有待发挥。[4] 哈耶克认为，一种秩序的形成不应是人为设计的结果，而是一种适应社会发展的自然结果，而这种自发秩序的形成是社会中的要素在既定的环境中遵守一定规则的结果，这种自然选择形成的规则与中国的村规民约形神相似。“只有当那些引导个人以一种使社会生活成为可能方式行事的规则是经由选择的过程而演化出来的时候，社会才可能存在。”[5] 换言之，只有社会中的每个人都遵循的规则才是一种产生秩序的规则，这种

---

[1] 周庆智．在政府与社会之间：基层治理诸问题研究［M］．北京：中国社会科学文献出版社，2015：1-27.

[2] 费孝通．乡土中国生育制度［M］．北京：北京大学出版社，1998：10.

[3] 贺雪峰．回乡记［M］．北京：东方出版社，2014：1-2.

[4] 张静．基层政权：乡村制度诸问题［M］．上海：上海人民出版社，2007：82-83.

[5] ［英］弗里德利希·冯·哈耶克．法律、立法与自由（第1卷）［M］．邓正来，等译．北京：中国大百科全书出版社，2000：29.

自发性规则正是村规民约形成的基础。随着利益分化和意识多元趋向，人们对“不假思索时的可靠”的熟人关系产生了信任危机，造成了乡村价值体系的变化，也使得村规民约的形成过程中存在着认同的困境和治理危机。波普尔对历史决定论进行了深入探讨，他认为传统有其自身的逻辑和限度，反对社会秩序永远保持的想法，他对变化的强调，尤其是对社会生活的变化的强调持承认和肯定的态度。[1] 规范性共识应该吸纳时代和社会赋予的积极要素，不能总是用那些传统的、固有的观点来制约当下之人和秩序。

（五）关于地方权威在乡村治理与秩序生成中的作用研究

地方权威主要由组织精英、文化精英、经济精英和道德精英组成，其中既包括家族能人、乡贤士绅和意见领袖等自发形成的权威个体，也包括在此基础上形成的政府默认或认可的组织和团体。费孝通、孔飞力、张静等中外学者认为，地方权威的形成与财富、文化和能力等有关，但相对于经济精英和组织精英成为地方权威具有的普适性外，学者们认为文化精英和道德精英成为地方权威显得更为独特。马克斯·韦伯认为，中国的考试制度提供了普通人向上流动的机会，有效疏解了社会底层积压的相对剥夺感，这些通过自身努力成为文化精英的人们，在乡村治理中扮演重要角色。“在中国，12 世纪以来，由教育，特别是考试规定的出仕资格，远比财富重要，决定着人的社会等第”[2]。费孝通等人认为，乡村士绅等群体成为地方权威具备一些相同的条件，有时不仅是在经济上占优，同时还是曾经受过相当教育的文化精英。[3] 张仲礼认为，中国乡贤士绅等地方权威并非都是拥有财富的经济精英，对教育文化的垄断使得地方权威更具传承性，而正是功名作为凭证的教育使绅士有资格向国家和社会提供重要的服务。[4] 由此看来，学者们对于地方权威的研究更加关注文化素养和伦理道德层面，这也是乡村治理中自发秩序生成所隐含的价值理性。因为，乡贤士绅身份不仅是民间认同的决定因素，也是其获得治理权威的基础。费孝通甚至认为，传统社会里的大家族为了获得治理权威并保证财产安全，全族人合力供养一个人去上学，考上了功名，

---

[1] 卡尔·波普尔. 开放社会及其敌人［M］. 陆衡，等译. 北京：中国社会科学出版社，1999：13-14.

[2] ［德］马克斯·韦伯. 儒教与道教［M］. 王容芬，译. 北京：商务印书馆，1995：159.

[3] 吴晗，费孝通，等. 皇权与绅权［M］. 天津：天津人民出版店，1988：10-65.

[4] 张仲礼. 中国绅士的收入［M］. 费成康，王寅通，译. 上海：上海社会科学院出版社，2001：83-102.

得了一官半职，一族人都有福了。在朝廷里没有人，在乡间想要保持财产是困难的。[1]

与此同时，学者们认为地方权威在乡村治理中的作用与地位正经历瓦解之后的重建。王沪宁（1991 年）认为，1949 年传统家族在国家政权的严厉打击之下已经不可避免地衰落了，“长”不再是维护乡村秩序的权力之一，人民公社制度的嵌入瓦解了传统村落文化。张乐天认为，乡村改造运动使传统的绅权、族权和神权被打倒了，贫下中农成为农村的主权阶层。张鸣指出，土地革命将农村的权力结构翻了过来，农民进入权力中心，成为时代的“能人”和“主宰”。周晓红则指出，也有一些中农在贫雇农尚未发动和未能充当主要政治角色的时期和地方，往往取而代之充当着领导的角色。吴思红认为，人民公社时期，农村只存在通过任命的体制内精英，体制外精英在高度政治控制和整合机制下无生长场所。贺雪峰认为，农民无力抵御凭借村级行政权力来掠夺自己的各级政府的短期行为，乡村干部不再是保护型经济而是国家经济，人民公社事实上充当了为国家现代化积累经济资源的提取者角色。周庆智等人认为，20 世纪 80 年代家庭联产承包责任制实行以后，农村非正式组织出现了普遍性重建，传统家族迅速活跃起来，乡村中出现了正式精英与非正式精英并存的多元格局，农村社会“权威”结构也发生了巨大变化，单质的一体化的权力结构开始分化和分层，农村社区的权力结构日渐复杂化、多元化，形成了以村干部为代表的政治精英，以各种能人为代表的经济精英，以家族长为代表的传统社会精英和以其他为村民操办红白喜事的新型社会精英共存的农村社区权力结构新型格局。

二、国内外相关研究的评述

从相关研究产生至今，国外学者们所处的时代跨越了近几个世纪，他们生活在不同历史阶段、不同国家、不同社会环境和不同文化背景下，如果以他们的论述为论据，甚至为依据来认识中国的现实，提出中国的方案，难免缘木求鱼，甚至适得其反；更不能以中国的实践来佐证国外理论的“正确性”，为他人作嫁衣裳。或者说，国外的相关理论并不能完全解释中国乡村治理的实际，也无法对中国自发秩序的内涵做出清楚的界定。以哈耶克的自发秩序为例，如果以中国乡村秩序的生成事实为依据，哈耶克的自发秩序或许

[1] 费孝通，吴晗，等. 皇权与绅权 [M]. 北京：生活·读书·新知三联书店，2013：10.

只是一种愿景：其一，乡村秩序规则往往是人为和自发的混成之果，并且也是在实践或行为中不断调整完善的。无论是建构秩序还是自发秩序，如果在实践中被证实缺乏效用，必然会被调适甚至淘汰。其二，哈耶克坚持自发秩序，否定建构秩序，认为建构秩序危害了个人自由，但事实上秩序没有优劣之分，更多讲求的是一种自由秩序、活力秩序和有效秩序，而这些秩序之间并非非此即彼的关系，而是一种互补和共促的关系。比如中国历史上的自发秩序看似自由，但事实上是一种小国寡民式的、宿命论式的自由无为状态，这样的自发秩序并非理想状态的秩序。其三，哈耶克对个人自由和经济自由充满了迷恋和执着，对国家的干预调控充满了惊惧惶恐，对自由市场的弊端甚至危害或视而不见或百般开脱，虽然强调了有限政府在自发秩序中的保障作用，却忽略了自由民主中多数人暴政带来的公平正义的缺失。但总的来看，哈耶克的自发秩序对权力主导的乡村秩序和传统要素迷失的当代中国来说，无疑是一种价值理性的回归，对本研究有着十分重要的启发意义。

国内学者对于乡村治理和自发秩序的研究，大部分都没有跳离国外理论的分析框架。如果说研究有独到的方面，那就是呼吁在尊重中国传统优秀文化的基础上，更加注重权力结构的稳定，以及呼吁价值共识的培育和地方权威的有限回归。其中，普遍认为熟人社会是乡村治理的伦理基础，村规民约是内生秩序的规范要素；皇权不下乡为自发秩序让渡了空间，地方势力成为乡村治理的主要力量；公共性规范是自发秩序之基，公私边界模糊是乡村治理困境之源；自然经济与自发秩序有着天然的联系，市场经济是撕裂传统乡土结构的主因等。总体而言，国内外关于“乡村治理”的研究颇多，但对于“自发秩序”的研究非常缺失，现有相关研究呈现碎片化、经验性和单线条等特征，大多研究以集权主义、社群主义、威权主义、多元主义或法团主义等为视角开出药方，但并非对症下药，在若干重要方面都没有很好地回答自发秩序在乡村治理中的价值理性问题。或者说，要回答这些问题，现有的研究显然是不够的，从理论和实践上都需要进一步探讨和研究，这也为本文的研究留下了空间。

如前所述，研究乡村治理和自发秩序的焦点主要集中在国家和社会两个主体，以及建构秩序和自发秩序两种模式上。政治与社会的互动逻辑和关系结构一直以来是政治社会学研究的焦点问题。产生于19世纪末20世纪初、形成于20世纪60年代的政治社会学，聚焦政治与社会基本关系，或以结构建构、权力限度为视角，或以权利维护和利益博弈为切入点，或以社会稳定和秩序生成为目的，进行了探索研究，强调无论是政治还是社会都应该以公平正义作为基点，重点关注国家和社会互动中的结构、权利、秩序和利益等内容，这些观点适用乡村治理和乡村的秩序建构，也是本研究的学理来源和研究脉络。本研究认为，乡村治理和秩序中隐含权力中心论、社会中心论、多元协同论和自发秩序论等结构模式，但并非哪一种模式具有优越性或优先性，不同情景基础上应区别看待，而体现公平正义、个人权利并依据权限边界基础上形成的内部规范和治理模式，应是乡村治理的基本范式。

第三节　研究的主要内容和基本观点

一、研究的主要内容

（一）以秧佑村为研究单元，探究历史变迁进程中自发秩序的生成、传承和延续

秧佑村自 1867 年树立“禁碑”以来，经历了半殖民地半封建社会、新民主主义社会、社会主义社会等重大历史时期，其中的反帝反封建、抗日战争、内战、社会主义改造、三年困难时期、改革开放等重大历史事件，都不约而同涉及重大思潮转向、重大利益调整、执政方式变化甚至政权更替等重大历史节点，这些历史嬗变蕴含着暴力性、抗争性、维权性、调适性等特征，基层秩序在此流变中跌宕起伏并或多或少卷入其中。然而，秧佑村仿佛一方净土，一直保持着良好的社会秩序。本研究围绕秧佑村 150 年来不同历史时期和重大历史节点中的秩序接续，重点研究官治、吏治、村治和民治之间的关系结构和权力逻辑，以及价值共识、行为规范和民族习俗等在自发秩序生成中的作用，试图沿着历史脉络还原中国乡村秩序的原貌。

（二）以柔性治理为切入点，探索形成自发秩序的规范性要素

秧佑村经济结构单一、人口结构同质性强、思想观念传统守旧、民族特性特征明显，加上偏居一隅，远离城镇空间拓展改造、利益博弈主战场和思想观

念交锋的困扰，因此其表现出的良好秩序可能标签化为落后的自然秩序、孤独的自然秩序或割裂的自然秩序等。然而，无论时代如何变迁，秧佑村的自发秩序，以及经历史检验和自然选择沉淀下来的积极因素，一定程度上反映出中国基层久已存在，但随着现代化进程加快正在逐渐消失的乡村秩序建构中所需要的规范性要素；尤其是以尊崇村规民约、民族习俗和传统文化为出发点和落脚点形成的规范性共识，以及基于规范性共识基础上形成的共同体文化或价值共识，对于乡村秩序的传承和延续具有十分重要的作用。但规范性要素如何化解外部性干扰，并在乡村有效治理中发挥作用，仍需深入探究。

（三）以权力结构为分析对象，探索乡村自发秩序中国家和社会的关系

毋庸置疑，权力对乡村秩序有直接或间接的影响。在中国，受道家无为而治思想、皇权不下乡制度安排与专制主义等多重影响，封建或半封建社会的乡村秩序一定程度上表现为小国寡民的、宿命论式的“自治”秩序；受多重影响，一些地方的乡村治理呈反转状态，出现权力包办秩序，或借“参与”之名实施管控的迹象，乡村治理始于政府，也止于政府。事实上，无论是权力制造秩序、权威塑造秩序，还是共识延续秩序等，单一的权力或权威都有其自身的局限和不足，在不同情境下更需要区别对待。本研究将围绕正式权力、地方权威、赋权主体和自治组织在乡村有效治理中的“为”与“不为”，探索基层秩序生成中各种权力或权威的限度逻辑；同时，围绕权力嫁接、代理治理和权力（权威）替代等，探索各种权力或权威之间的互动转换。

（四）以异质地区为比较对象，探索不同地区的乡村治理模式和权力逻辑

乡村治理中，受发展实际、发展阶段和传统习俗等因素影响，不同地区的规范性、权力性要素结构会有所差异，由此形成几种主要治理模式：地方权威和价值共识为主的柔性模式；正式权力和工具理性并重的管控模式；赋权权力和代理治理兼具的弹性模式；单一权力或权威包办秩序的刚性模式；以及多种权力或权威并存的混合型治理模式等。在中国，基于共同的历史变迁对各地的影响大同小异，现代化对各地的冲击也是相差无几，以及制度框架下的党政主导模式，因此，若干乡村治理的实践具有相似性，自发秩序往

往在实践中被忽略。本研究以传统地区秧佑村为基础分析单元，在此基础上，对其他地方的乡村柔性治理为样本进行比较研究，以期了解不同发展阶段、不同习俗文化、不同行为偏好背景下的乡村治理实践，从而探索不同权力结构和治理逻辑的优劣势、边界和耦合，提炼最大公约数，探寻新时代中国特色社会主义背景下自发秩序建构的特殊规律和一般规律。

二、研究的基本观点

国家治理体系和治理能力现代化的提出，包括民族地区在内的地方政府对乡村治理进行了积极探索，在尊重民族文化习俗多样性、发展阶段差异性和整合社会力量参与治理等方面取得了大的突破。本研究以秧佑村的治理实践为分析单元，认为自发秩序蕴含的规范性要素在乡村治理中具有明显的作用，但不同发展阶段、不同文化习俗和不同民族特性的地区在治理模式选择上应有所区别。

（一）外力型秩序不是社会可持续发展的长久之计，内生性规范、权力对公平正义环境的创设和保障是有效秩序的内在要求

如果一种秩序是可计量的，那么这种秩序必然是生命力脆弱的秩序。亦或者说，如果一种秩序只能依靠权力配置、财政投入、物资供给、人员配备和技术装备等外力型投入才能维系，那么这种秩序的内生机制必然羸弱，或者说内生的规范性要素已然缺失或正被撕裂。这种秩序里，人和人之间的相互承认或认可变得较难，权力和权威之间的结构不稳定，面对问题时人们紧绷神经，充满焦虑，害怕外力带来的未知；权力主体同样如此，担心维系秩序的资源不可持续，从而给权力稳定带来冲击；而自治组织作为权力代理和群众性组织，也会在边界模糊的治理事项中变得无所适从。可以说，这种缺少内生动力或不能自立的外力型秩序，不是一个健康社会所需要的。

（二）价值共识和地方精英是乡村治理和自发秩序的正强化因素，具有普遍的积极意义

人类的内在保守性往往会驱使他们向既存的制度投入感情。乡村经自然选择和历史沉淀保留下来的共同规范，为乡村治理注入了强大活力。这些价

值信念或被镌刻为约定俗成的文化符号，或升华为口口相传的共同记忆，成为全体村民记得住的“乡愁”和回得到的“过去”，邻里之间很难有互不信任的理由，每个人都知道自己该扮演什么样的角色，传承“规矩”、养成“自觉”之风，为乡村有效治理奠定了良好的心理基础。而在良好的自我管理机制和邻里共商机制基础上形成的乡村治理模式，则是自发秩序的真实体现。其中，地方精英在乡村社会治理中扮演着重要角色，血缘共同体的家族、心理共同体的精英、生活共同体的“村两委”、尚贤性质的民间协会、具有领导权的党委和治权的政府，共同组成“结构化”的冲突解决机制。这种“自发式”“层级式”“结构化”治理结构对于乡村治理和自发秩序有着重要的启发意义。

（三）发展阶段差异和文化习俗差异要求乡村治理和秩序建构因地制宜，但自发秩序蕴含着共通的规范性要素

一般而言，在传统落后地区，家族、乡贤、群众社团和村居委会等自然权威，以及价值共识等柔性机制是乡村治理的重要方面；在转型发展地区，除柔性机制培育外，面对动态复杂性，还需要借助现代技术或权力延伸，形成社会治理的代理治理模式。在发达地区，社会重构初步完成，在培育新型社群共同体和价值认同基础上，应偏重专业服务等为导向的联动治理模式。[1] 而无论哪一个地区的秩序建构，都会涉及正式权力、地方权威和价值观念等要素的互动，或者说，只要是人的社会，秩序建构中都会有共通的规范性要素。比如家国情怀、村规民约、邻里互助以及感恩、信任、荣誉等基于规范性共识基础上形成的共同体文化或价值共识，对于乡村秩序的传承和延续具有十分重要的作用；而正式权力、赋权权力与自然权威之间的结构关系和介入逻辑，也对化解外部干扰和生成内部秩序作用明显。

（四）权力结构稳定是乡村治理的关键要素，自发秩序应避免自生自灭的无为而治和亲力亲为的无所不为两种倾向

中国历史上，儒家的和文化、等级观和现世论，加上皇权不下乡的制度设计，乡村秩序本质上是一种小国寡民、自生自灭、丛林法则式的秩序，其中的家族势力、乡贤精英、村规民约与儒家的和文化等是乡村治理的内生力

[1] 丁胜．积极探索基层社会治理有效模式［N］．贵州日报，2017-06-29（08）．

量，也是维持秩序的关键变量。非正式权力在乡村治理和秩序生成中扮演主要角色。政党政治在中国产生以来，基层社会进入国家管制体制，乡村秩序在实践中表现为政治整合型秩序。自发性的、适应性的非建构秩序和权威体系，不仅有利于群众的心理缓冲，同时有利于问题的自我消化。但这种秩序的培育需要引导，以避免乡村回到无为状态。或者说，自发秩序应是开放式的、开发民智的和百姓有为的自发秩序，我们要做的，就是为这种秩序的生成和发展创设条件。进一步而言，权力结构越稳定、基层自治能力越好、制度化程度越高，基层社会越具凝聚力，也就越稳定。总的来看，稳定的治理结构由价值共识、自然权威、法定权力和多元力量组成，这不仅有利于多余能量的合理流动和此消彼长，也有利于秩序中权利保障和公平正义的维护。面对多而复杂的群众诉求和利益关涉方，如果总是由拥有治权的政府面对原子化的个体并负责治理各种事项，势必会出现独木难支、舍本逐末、费力不讨好甚至权力变异的局面。

三、研究的主要目的

（一）探寻乡村振兴战略下乡村治理的一般规律

党的十九大提出实施乡村振兴战略，指出要建构党领导下的协同共治体系，其中明确要健全自治、法治、德治相结合的乡村治理体系。2018 年中央“一号”文件《中共中央　国务院　关于实施乡村振兴战略的意见》再次指出：“乡村振兴，治理有效是基础。”在中国广大农村，基于不同发展阶段、不同传统习俗、不同权力（权威）结构等主客观因素，乡村治理模式有着明显差异，群众对于自发秩序的认识也有明显差异。本研究认为，现代化对乡村带来的影响是一样的，在党政主导模式下，各地区的乡村治理既有独特性，也必然有共同性。因此，本研究的目的之一是在探索乡村治理特殊规律的基础上，挖掘乡村治理的一般规律。

（二）探寻乡村振兴战略下自发秩序的核心要义

依靠外力投入才能维系的秩序不是有效治理的本质。在国家顶层设计中，乡村的治理现代化主要是在坚持党的领导下以自治、法治和德治为依归形成有效治理格局。其中，自治凸显为村民和村组织的自我治理，重点是根据自治法和内部规范进行自治，本质是一种自发秩序；法治意味着法律允许范围的自我治理，重点是按照相关法规和权限边界进行自我治理，本质上是一种自发秩序；德治表现为“内圣外王”式的自我治理，重点是依照伦理纲常进行自我治理，本质上也是自发秩序。因此，乡村振兴战略背景下的有效治理更多指向自发秩序。本研究将着重探索自发秩序、自然权威、赋权组织和治权部门等在乡村治理中的逻辑关系和结构问题，同时为乡村的持续、健康和有序发展提供参考。

（三）探寻乡村治理中的权力结构关系和中国方案

儒家文化偏向等级、秩序和现世，人们往往对权威充满敏感、崇拜和依赖，集体主义者往往也倾向于通过有权威的第三方来调和矛盾，与权力分设和制衡的制度设计存在很大差异。因此，本研究将着重研究自发秩序、自然权威、赋权组织和治权部门等在乡村治理中的逻辑关系和结构问题，破除行政发包制带来的种种弊端。同时，本研究以习近平总书记治国理政重要讲话和对乡村治理的重大关切为指引，深入探究乡村治理中的权力制约、权力监督和权力自觉问题，探索其中的为与不为。总体上，本研究拟植根中国文化背景、制度背景和发展实际，以特殊规律、一般规律和普遍原则为研究重点，探索乡村治理的中国方案。

第四节 研究中遇到的问题、困难及解决的办法、措施

一、个案研究的普遍性意义不足

人类行为具有内在的保守性，往往会向既存的制度投入感情。秧佑村作为世居少数民族村寨，“八不准”村规民约、乡贤协会、家族力量等使得村寨运转良好，明确的规范约束着人际关系，每个人都知道自己该扮演什么角色，因此，有序治理得以长期维持。与此同时，现代化冲击少、人口流动性低、产业同质性强等也是自然秩序的关联性因素。秧佑村治理展示出来的独特性、异质性和理想化特点，使得其理论参考意义和模式移植价值受到一定影响。

解决的办法：民族地区或者落后地区往往是在经济社会发展滞后的情况

下与全国“同步”进入的问题多发期和矛盾凸显期，既有独特性，也有共同性。但基于规范性、内生性和具备调适能力基础上的自发秩序，无论对哪个地区的秩序，都具有重要的参考价值，这也是本研究重点挖掘的内容。与此同时，拟在异质性地区对相同的问题进行访谈和问卷调查，发现差异，倒推理想状态下的一般性规则。

二、调研资料获取存在困难

调研资料获取存在困难，主要表现在两个方面：首先，本研究涉及历史叙事，在150多年的时间里，秧佑村始终保持与政权的高度一致性，在一些历史敏感时期，毁掉了一大批珍贵的历史文献，使得一些重大历史事件无从考证。其次，乡村秩序可以是显性的，也可以是隐性的。集体主义者往往避免直接冲突，并且反感直接的对抗，除非冲突难以隐忍，一般不会表现为显性模式。基于此，隐蔽的行为，防范的心理，加上面子观念，使得自发秩序难以有效调查并感知，给研究带来困难。

解决的办法：采取口述、问卷、访谈、观察、实物查证等方式获取有效的第一手资料。

三、治理主体的非排他性问题

乡村治理事项除非涉诉涉法涉纪，需要由具有治权或赋权的党政部门进行治理，否则乡村治理的主体可以是多元化的，不能简单地进行排序和强调某一种权力或权威的重要性；或者说，乡村治理大多时间表现为一种自发秩序形态，各治理主体的出场具有不确定性甚至非关联性。与此同时，集体主义文化具有依赖权威或赋权的第三方（非行政力量）来解决文化中的偏好，但这样的管理当前在基层尤其是乡村还是相对封闭的，一定程度上导致泛政府责任现象的发生和自发秩序的不足。由此导致研究本身面临虚化的问题。

解决的办法：行政发包制容易带来成本偏高、效果偏差和可持续性弱的问题。秧佑村的传统乡村文化中，尚贤制传统和共同体文化的传承和反哺，说明自发秩序在乡村治理中具有明显作用。本研究将挖掘价值共识、地方权威和自发秩序对基层治理的价值和意义，与建构型社会的积极因素一道，共同探索乡村自发秩序的生成之道。

四、现有理论还不能解释乡村治理及自发秩序建构的问题

无论是威权主义、多元主义、法团主义还是自由主义、社群主义、结构功能主义等，都没有对中国的乡村有效治理开出方子；而无论是政治社会学还是自发秩序建构主义，都与中国的传统和实际有着较大差异，不能很好地解释或回答中国乡村治理中的自发秩序问题。比如秧佑村治理之所以成功，部分也与其发展阶段有关系。随着现代化的加快推进，利益附着的权益争端的增加、流动性伴随的动态复杂性的增加以及信息化伴随的多元化的加快，或许会倒逼乡村治理中的规范性、结构性要素发生改变，同时影响乡村的自发秩序。

解决的办法：以中国传统和实际为依归，以规范性、内生性和结构性要素为研究重点，以当前治国理政方略为指引，立足秧佑村乡村治理实践和要素，探索相关经验。

第五节　有何特色与创新之处

乡村社会的自发秩序（或内部规范）对乡村有效治理起到什么样的功能与作用？反过来讲，近代以来“规划的社会变迁”，即组织秩序（或外部秩序）对乡村社会秩序造成的影响是什么或意味着什么？这是本研究切入的维度。也就是说，本研究要阐述这样一个中心问题：乡村自发秩序对地方共同体打造的意义是什么？或者说，它面对的一个学理问题是：乡村自发秩序如何能够成为一个共同体绵延不绝的秩序规范基础和条件，这是本研究要解释的第一个问题；乡村自发秩序在一个开放的社会结构环境中，如何能够融合外在规范于其中并成为共同体的秩序基础和基本规范条件，这是本研究要解释的第二个问题；乡村自发秩序（应该或实际）建立在什么样的规范或规则基础上，是传统的礼法秩序观上还是地方习俗、惯例、习惯和信仰的基础上，抑或这种秩序建立在地方权威结构的依附关系上，还是确立在个人权利和社会权利保障的现代公共关系基础上，这是本研究需要重点阐述的核心问题。本研究的创新之处或学术价值在于，从秩序规范来源和社会结构变迁出发，通过对一个乡村跨越一个半世纪秩序形态的考察，全面深入其秩序的方方面面，阐释维持这个秩序规范的历史文化资源和现实社会基础条件，并尝试性

地进行结构化和制度化的学理分析。

事实上，国家治理体系和治理能力现代化提出以来，地方政府对基层治理进行了积极探索，江苏太仓的“政社互动”、贵州贵阳的“新型社区”和四川成都的“三社联动”等，在整合社会力量参与治理等方面取得了大的突破。总的来看，乡村治理中的权力逻辑无论在运作方式、参与主体方面并没有大的变化。本研究以乡村治理和自发秩序为研究对象，重点研究自发秩序对于乡村治理的理论和实践意义。

本研究的特色和创新主要体现在以下五个方面：一是认为价值共识内化的自身规范，乡贤精英为主的治理主体，正式权力的让渡空间，共同成为乡村治理的三大组件，不仅是形成乡村良好秩序的正强化因素，也是乡村振兴战略下构建乡村有效治理体系的必备要素。本研究试图对乡村治理中的自发秩序构建一个理论框架。二是以中国的重大历史变迁和历史嬗变为研究脉络，以一个上百年时间没有发生过大的矛盾冲突、乡村秩序运行良好的行政村为研究单元，系统挖掘其乡村治理和自发秩序生成中的变与不变，为现代化进程中的乡村秩序建构提供参考；现有的一些研究一般以乡村密集地区或乡村事件为研究对象，以现象化、应景式和经验性研究为主。与此相比，本研究无论在选点上还是研究视角上，都有一定特色和创新。三是本研究认为，乡村自发秩序的生成必有与之相符的规范性、结构化要素作为支撑，无论是以村规民约、民族习俗和传统文化为底色形成的价值共识，还是以基于共同体文化为基础的地方权威和治理结构，都是构成乡村治理的规范性和结构性要素。现有研究无论在研究假设还是论证上都不具系统性，这也是本研究的一个特色和创新。四是本研究认为，乡村治理中存在多种权力性主体的博弈和纠缠，权力可以制造秩序，但权力隐含正式权力、非正式权力以及地方权威和赋权权力等，每一种权力内含的若干子权力在乡村治理中又表现出不同的功能性状，并直接反映在乡村秩序的建构上。本研究围绕权力这个乡村治理中的关键变量，系统探索乡村自发秩序的权力结构和逻辑，现有研究少有涉及，也是本研究的特色和创新之处。五是对比分析传统地区、转型地区和发达地区乡村治理实践，探索不同发展阶段、不同文化习俗和不同民族特性背景下的乡村治理和乡村秩序，尝试挖掘有效治理中的特殊规律和一般规律，并在此基础上提出一般性治理逻辑，也是本研究的一次创新性探索。

第六节 拟采取的研究方法

一是文献研究。以政治社会学学科背景文献为主要参考文献，重点运用国家和社会、政治和行政、冲突和治理、自发秩序与建构秩序等相关的学术文献，掌握关于本研究的基础性、权威性、前沿性研究动态；通过查阅调研地相关档案、记录和报道等，掌握实践中乡村治理的缘起、现状、程序和各方的地位，重点查阅党的组织、政府职能部门、村规民约、贤能人士等作用发挥的记录，基层政府部门治理事项的记录，以及社会组织、关系网络、媒体等在乡村秩序建构中的记录，掌握自发秩序建构中的评述性资料。

二是实证研究。通过实地访谈，深入了解乡村治理中是哪一种权力或权威在发挥主要作用，以及乡村自发秩序中有哪些支撑性要素；通过对基层群众进行问卷调查，间接了解模拟治理中群众拟采取的假设性、倾向性、意愿性行动，以此了解乡村治理中是哪一种权力或权威更加获得群众偏好；通过直接观察乡村秩序的生成和运转，重点对治理事件的发生和治理过程进行观察，更加直观地了解乡村秩序中威权代表、治权代表、关系方和当事人之间的互动博弈和调适；通过口述历史，深入了解乡村秩序建构中当事人、关系人和相关方的心路历程和心得体会，以此总结提炼自发秩序建构的规范性要素。

三是比较研究。乡村治理千头万绪，基层党委、政府直接面对原子化个体是乡村治理常态。但乡村治理关涉多方，各个地方在治理中不同力量的介入和作用发挥的差异，直接表现在治理有效、治理失效甚至上访或群体性事件的生成等方面。秧佑村作为少数民族聚居区，其村规民约、贤能协会、网片联调等在治理中发挥主要作用，形成了稳定的权力结构和良好的乡村秩序，但毕竟只是个例。为突破“一叶障目”和“只见树木不见森林”的弊端，需要进行比较研究，以此还原中国乡村治理和秩序建构全景。

第二章 国外自发秩序思想及其价值辩驳

自发秩序作为人类社会的一种主要秩序形态，历来受到学者们的广泛关注。国外自发秩序思想发展于反建构主义论争，并随着凯恩斯主义的退场而广受学界和政界重视。历经百余年时间的沉淀，国外自发秩序思想从最初意欲打破思想桎梏的一种观念解放，到探索经济社会发展模式的理论建构，再到探寻世间万物运行规律的哲学思辨，内涵和外延不断得以丰富，其中蕴含的个人自由、一般规则以及竞争调适等核心要素，对于人类社会秩序的理想状态具有一定的启发意义。需要指出的是，国外自发秩序思想推崇个人主义、迷恋自由主义并偏好权力制衡，更多是资本主义制度框架下的意识形态展示，忽略了自发秩序非人格性、社会嵌入性、少数人专权以及一致性压力等问题，因此对于其他国家和地区的秩序关照具有历史虚伪性和现实局限性。

第一节 国外自发秩序思想的理论缘起

国外较为系统的自发秩序思想可以追溯到18世纪的欧洲启蒙运动，在伯纳德·曼德维尔、大卫·休谟和亚当·斯密的社会哲学著作中更是凸显，[1]他们对契约论、劳动分工和经济计划的批判吸收，形塑了自发秩序思想的思辨框架；他们反建构理性主义的传统以及对自由主义最清晰的表述，奠定了自发秩序思想的哲学根基。在伯纳德·曼德维尔颇具争议的《蜜蜂的寓言》

[1] CHRISTINA P. Hayek's Liberalism and Its Origins——His Idea of Spontaneous Order and the Scottish Enlightenment[M]. London: Routledge, 2001: 1.

一书中，“第一次发展了所有关于有序社会结构自发增长的经典范式：法律和道德、语言、市场和货币以及技术知识的增长”[1]，这些几乎包含了自发秩序思想（the idea of spontaneous order）的基本要素。随后，苏格兰启蒙运动思想家不断将自发秩序思想向前推进，大卫·休谟和亚当·斯密做出了持久贡献，他们对那些充斥于道德规则和社会制度中的建构理性主义解释进行了攻击：大卫·休谟认为“人们智识有限”（narrow bounds of human understanding），[2] 因此道德信仰是进化的结果，秩序不需要人类理性的刻意创造；亚当·斯密虽然没有直接反对“建构主义”（Constructivism），但其支持自由市场并反对干涉主义。正如18世纪那些伟大的社会哲学家一样，他们用一种批判性的、进化性的理性主义取代早期天真的、建构性的理性主义，认为人们的智识有限和理性有限，因此制度和秩序不是可预见的，也不应该是深思熟虑设计的产物。[3] 稍晚一些的查尔斯·罗伯特·达尔文在《物种起源》著作中，开宗明义地认为“我把每一个有用的微小变异被保存下来的这一原理称为‘自然选择’，以表明它和人工选择的关系。但是……‘最适者生存’。我们已经看到，人类利用选择，确能产生伟大的结果，并且通过累计‘自然’所给予的微小而有用的变异，他们就能使生物适合于自己的用途。但是‘自然选择’，我们以后将看到，是一种不断活动的力量，它无比地优越于微弱的人力，其差别正如‘自然’的工作和‘人工’相比一样”[4]。达尔文的进化论无疑蕴含了生物学意义上的自发秩序，其中对于“人造”的隐忧跃然纸上。哈耶克将反建构理性主义的传统以及对自发秩序思想最清晰的表述，追溯到曼德维尔、大卫·休谟和亚当·密斯，认为自己是这一悠久传统的一部分。[5] 可以说，苏格兰启蒙思想家为自发秩序思想的系统化生成奠定了基础。此后，在被誉为自由主义等思想的影响下，自发社会秩序思想进一步找寻到了个人自愿和行为自发的立论依据。概言之，自由主义价值观认为，任何人的行为只有涉及他人的那部分才需对社会负责，只涉及本人的部分则具有行为上的独立性和权利上的排他性，不应该被设计或建构，也不应该受到

---

[1][3] HAYEK. New Studies in Philosophy, Politics, Economics and the History of Ideas[M]. London: University of Chicago Press, 1978: 250-253, 71-72.

[2] CHRISTINA P. Hayek's Liberalism and Its Origins—His Idea of Spontaneous Order and the Scottish Enlightenment[M]. London: Routledge, 2001: 6.

[4] 达尔文. 物种起源 [M]. 周建人，叶笃庄，方宗熙，译. 北京：商务印书馆，1997：76.

[5] CHRISTINA P. Hayek's Liberalism and Its Origins—His Idea of Spontaneous Order and the Scottish Enlightenment[M]. London: Routledge, 2001: 6.

限制和惩罚，“人类之所以有理有权可以个别地或者集体地对其中任何分子的行动自由进行干涉，唯一的目的只是自我防卫”[1]。可以说，此时的自发秩序思想已经进入学者们的视野，需要指出的是，该思想的正式提出和体系化则是奥地利经济学派的杰出贡献。

1871 年，奥地利经济学家卡尔·门格尔（Carl Menger）出版《经济学原理》，标志着该学派开始形成自己独特的自发秩序思想风格，即方法论上的个人主义、自由主义及效用主义。门格尔认为，经济学的方法必须落在个人主义的基础上，因为经济现象只不过是个人经济行为的产物，只有通过分析个人的自发行为，才可能理解总体的经济过程。[2] 米塞斯（Mises）在沿袭学派自由主义思辨传统基础上，致力于寻找某种具有哲学根基的方法论推动经济理论的系统化。19 世纪末 20 世纪初，欧洲存在各式各样的社会主义思潮，不仅影响世界政治的走向，同时对经济学界产生重大影响，围绕生产资料公有制条件下的计划经济、要素配置、货币核算以及资源效率等问题，经济学家们进行了激烈争论。米塞斯沿袭其老师维克塞的传统，一直对经济计划持批判态度，他关于没有私有财产就没有自由交换、没有自由交换就没有自由市场、没有自由市场就没有合理的市场价格、没有合理的市场价格就没有有效的资源配置等思想，不仅直接影响了哈耶克等学派传承人，同时为奥地利经济学派在世界范围内的影响力奠定了基础。总体上，米塞斯哲学思想的探寻以及“社会主义核算争论”中体现的价值偏向，蕴含了自由主义、有限理性以及自发秩序等思想；随着第二次世界大战后制度学派的渐趋衰落以及实证主义占据主流，米塞斯更加强调“自由至上主义”的重要性。他针对实证主义对人的行为进行预测、统计甚至量化的做法提出批评，认为人们的内省和自为是实现经济目标和社会秩序的方法，个人需求与一般规则的有机结合产生的秩序是自发的，也是合乎逻辑的。毋庸讳言，米塞斯此时的自发秩序思想尚显零散和保守，但形塑了自发秩序思想的雏形。

哈耶克作为米塞斯的得意门生，也是奥地利经济学派最为知名的学者，他于 1974 年获得诺贝尔经济学奖。受米塞斯影响，哈耶克从费边社会主义者转化为社会主义的坚决批判者，对经济计划以及建构秩序的反思奠定了其自发秩序思想的基础。他在 1944 年首次出版的《通向奴役之路》中批判了中央

[1] 密尔. 论自由 [M]. 许宝骙，译. 北京：商务印书馆，2015：10.

[2] 路德维希·冯·米塞斯. 人的行动：关于经济学的论文（上册）[M]. 余晖，译. 上海：上海世纪出版集团，2013：1.

计划体制和建构秩序的不可持续性，在1960年出版的《自由宪章》中提出了“自发社会秩序”的基本思想，在1988年出版的《致命的自负》中再次批判理性设计社会制度和社会秩序的不可行性，由此基本构成了自发秩序思想的主要内容。哈耶克将社会秩序分为两类，即自发秩序（spontaneous order）和建构秩序（made order），自发秩序也可用“自我生成的秩序”（self-generating order）、“自我组织的秩序”（self-organizing order）或“人合作的扩展秩序”（extended order of human cooperation）等术语代替。他指出，自发秩序可以合理地定义为任何自发成长的、不是由某个头脑特意设计的“自然的”秩序;[1] 建构秩序始终是（或一度是）服务与该秩序的创造的目的的，是一种单向建构的秩序，并没有很好地体现人们的意志。[2] 哈耶克认为，基于权力的强制性、人的理性和知识有限，秩序不应该被设计和建构，因为这不是理性能力所能达到的，而是应该在人们的生活交往中、在理性的不断认知中逐渐生成。因此，捍卫自发的社会秩序，就是要尊重那些存在于人们行动中的规范性和自然性，他主张通过以非设计性的语言、传统、习俗和共识等，作为自生自发秩序的核心要素。哈耶克甚至认为，在社会领域，真正发挥作用、并且应该成为社会科学研究对象的，恰恰是那些通过漫长的时间过程中进化而来的“自发秩序”[3]。任何人或组织如果以全知全能的姿态或命令去决定其他人应该做什么以及占有什么位置，进而对整个社会进行整体设计的做法是危险的，应该给每个人以自己的知识自由发展、自由创新的机会，建构秩序会“扼杀了促使新知识出现的机会”[4]。但哈耶克并非完全否定政府的地位和作用，“在大社会内部的各种组织中，有一种组织通常占据着一个极为特殊的位置，而这就是我们所说的政府……在一种社会的自生自发秩序中，虽然可以在没有自发的情况下存在，但是在大多数场合，为了确使那些规则得到遵守，我们称之为政府的那种组织却是不可或缺的”[5]。从这个意义上说，哈耶克的自发秩序与人造秩序之间并不是一种简单的对立关系，而是两种秩序之间的一种权力调适和结合，自发秩序需要政府营造环境和提供保护，政府则从自发秩序中受益。

---

[1] ［英］弗里德利希·冯·哈耶克. 致命的自负［M］. 冯克利，胡晋华，译. 北京：中国社会科学出版社，2000：163.

[2][5] ［英］弗里德利希·冯·哈耶克. 法律、立法与自由（第1卷）［M］. 邓正来，等译. 北京：中国大百科全书出版社，2000：57，69.

[3][4] ［英］弗里德利希·冯·哈耶克. 自由秩序原理［M］. 邓正来，译. 上海：生活·读书·新知三联书店，1997：1-7，39.

自发秩序思想一经面世，随即引发学界的广泛关注。学者们围绕自发秩序内涵与外延进行了争论，其中最有代表性的是同为奥地利学派的波普尔和波兰尼。针对秩序的历史规范性，波普尔认为秩序不像一个高度可信赖的钟摆那么有规则和可预测，而是有如气候抑或行云一样难以预测；尤其是随着人类知识的不断增长，今天更是难以预先知道明天才会发生的事情，秩序规范也是不断调适发展的。[1] 针对秩序的历史传承性，波普尔认为，传统有其自身的逻辑和限度，而社会生活是变化和发展的，因此将一种社会秩序永远保持下去的想法是不切实际的。[2] 波普尔进而认为，秩序的规范性与传承性需要吸纳时代和社会赋予的积极要素，不能用固有的观点来制约当下之人和秩序；传统有其自身的逻辑，我们从传统那里获取了许多东西，但如果把每个传统都奉若神明，或把传统视为自身具有价值这样一种态度，而不加以具体判断，那这无疑是有害的。[3] 针对不同秩序之间的互恰性，波兰尼讨论了活力秩序与计划秩序、指挥的秩序与多中心秩序、合作秩序与自发秩序概念的界定和区别，认为自发秩序既要有历史积淀的厚度，也要有自我调适的深度，更要有开放包容的宽度；有效的秩序应该是自发秩序基础上的合作秩序，如果某种权力或某个权威要以有意的指令，去代替大规模自我调整体系的职能，其所处的立场，就如同一个人，必须一手操控应由数千个控制杆同时操作的机器。这样做的后果，只能使整个体系陷入麻木，将较大体系的运作分割成细小的断片。[4] 值得一提的是，无论是波普尔还是波兰尼都对自发秩序持褒扬的态度，认为自发秩序是人们在自发安排的体系里，在较长的时间当中相互调适、融合和规范的过程和结果，在人类社会中扮演着重要角色。[5]

第二节　国外自发秩序思想的研究动态

20 世纪 70 年代石油危机引发的经济大萧条，使得被誉为“凯恩斯革命”

---

[1] 卡尔·波普. 历史决定论的贫困 [M]. 杜汝楫，邱仁宗，译. 北京：华夏出版社，1987：序.

[2][3] 卡尔·波普尔. 开放社会及其敌人（第 1 卷）[M]. 陆衡，等译. 北京：中国社会科学出版社，1999：13-14，300-400.

[4] 迈克尔·波兰尼. 自由的逻辑 [M]. 冯银江，李雪茹，译. 长春：吉林人民出版社，2002：167.

[5] 丁胜. 乡村振兴战略下的自发秩序与乡村治理 [J]. 东岳论丛，2018（6）：140-148.

带来的近40年的国外经济增长神话戛然而止，许多国家开始反思并质疑强调国家干预的凯恩斯主义，哈耶克自由主义经济学和现代自由社会思想站到了“制高点”，使得自发社会秩序研究再次受到广泛关注。通过对获取文献资料进行梳理，国外对自发秩序思想进行较为系统研究的学者主要在美国，如基尼维尔·L. 尼尔（Guinevere Liberty Nell）、保罗·A. 康托尔（Paul A. Cantor）、史蒂芬·考克斯（Stephen Cox）、托马斯·佩塞（Thomas Peyser）、克里斯多夫·C. 瑞秋（Christopher C. Rachels）、路易斯·亨特（Louis Hunt）以及斯蒂芬·斯特罗加茨（Steven Strogatz）等，他们当中不乏米塞斯研究所学者，由此可见研究的传承性。

基尼维尔·L. 尼尔是米塞斯研究所教授和知名的自由主义学者，十分推崇古典自由主义理论家的观点，即重视个人权利、偏好市场经济和厌恶政府包办，认为一个好的社会，个人必须能够在一套基本的法律或制度框架内行事，这套法律和制度平等地适用于社会中的每个人，包括领导人，认为这是最大程度允许个人自由和社会合作与繁荣出现的基础，由此出现的“美好社会”即是奥地利学派经济学家哈耶克创造的术语——自发秩序。[1] 尼尔在论述自发秩序与计划社会（planned society）关系时，认为自发秩序相对于计划秩序有其优势，这些优势包括能够适应变化，保存和分配社会中可用的知识到需要的地方，并允许最大程度的自由；继而指出，基于规则的自发系统优于计划系统，因为它能促进自发秩序的内在进化，拥有专门知识的人们之间的自由互动能够形成新的秩序；但计划社会不允许出现自发秩序，计划必须事先编制，正如等级制度不允许分散的民主决策或文化变革。在苏联，集中的生产计划取代了源于个人互动的自发计划，正是这种僵化的等级制度阻止了布尔什维克领导人设想的在进化道路上想要得到的结果。[2] 尼尔进而在论述东欧剧变时认为，等级制度里，因为文化、人性和市场是不断进化和动态发展的，因此社会有效且自由地治理共有资源（common resources）几乎是不可能的，无法产生所期望的富足、平等或自由；如果不是试图把自己的愿景强加给社会，而是通过一个缓慢的进化过程，人民能够民主地自发地提供资源，布尔什维克所面临的问题或许可能避免。[3] 最后，尼尔认为社会的三大秩序在转型之初都必须是自发秩序，这也是达到理想集体主义的三个先决条件：即经济秩序必须允许自

[1][2][3]　GUINEVERE L N. Spontaneous Order and the Utopia Collective[M]. Palgrave Mcmillan, 2014: XI, 110-112, xii.

由交换，这样才能实现丰裕；心理秩序必须允许思想的自由交换，这样才能实现启蒙；社会文化秩序必须允许不同社会阶层之间的自由交流，这样才能消除阶级。[1]

保罗·A. 康托尔是美国弗吉尼亚大学知名文学评论家，他与加利福尼亚大学斯蒂芬·考克斯教授合著的《文学与自由经济学：文化的自发秩序》一经出版，随即引起学界广泛关注。康托尔开门见山，认为自发秩序不是由哪一个单独意识所计划和设计的，而是在没有外力干预（without the intervention of an external force）情况下自发形成的秩序。康托尔对自发秩序有着独到见解，他首先对达尔文的生物进化论与奥地利的自发秩序思想做了比较，认为进化论有助于理解奥地利学派的独特主旨，但达尔文主义只是自发秩序思维的一种形式，奥地利学派的自发秩序不是社会达尔文主义——尽管双方在形式上有共同点；进而指出，因为经济社会秩序比生物进化秩序涉及更高层次的复杂性和不可预测性，因此建构理性主义和丛林法则不适于解释自发社会秩序，但“我们从生物学中学到的是，自发秩序会随着时间的推移而发展或进化，他的一些不完美终会在全面连贯性中得以共存”[2]。值得一提的是，康托尔并非认为哪一种秩序具有领先性，指出自发秩序包含历史偶然性因素，设计秩序则至少可以期望消除偶然性，因此，自发秩序总是背叛它们产生的历史，与理性设计的秩序相比较表现出一定的混乱性；但自发秩序又具有自我修正和自我调节机制，随着时间的推移，它们总是在完善自己，虽然从来没有达到完美。[3] 但康托尔同时强调，在人类领域，某些秩序是参与者非人为协调的结果，也是人类行动的结果（包含有意识的意图），但它们不是总体设计的结果，一个人的头脑不会预先规划出整个秩序。由此可见，康托尔赞美多元秩序的共存共荣，但对于建构秩序总体保持消极的态度。[4]

史蒂芬·考克斯教授对自发秩序持中肯态度，他认为社会需要自发秩序也需要权利让渡基础上的合作秩序，虽然在社会这个庞大的关系网中，无形的和非正式的等级制度往往比有形的和正式的等级制度更有效力，但整个社会秩序需要个人和社会权利的相互让渡，因为社会生活的每一步都有信息交换，如果每个人都尽可能交换对自己有利可图的信息，那么整个

---

[1] GUINEVERE L N. Spontaneous Order and the Utopia Collective[M]. Palgrave Mcmillan, 2014: 113.

[2][3][4] CANTOR P., COX S. (eds.). Literature and the Economics of Liberty, Spontaneous Order in Culture[M]. Mises Institute Press, 2009: 47, 24-33, 64.

社会就难以达成一个整体的愿景；或者说，如果每个人都不关注离自己有一两步之遥的东西，那整个社会就很难自发地形成共识并付诸行动，秩序也就渐行渐远了。[1] 美国兰多夫麦肯学院托马斯·佩塞教授参与了《文学与自由经济学：文化的自发秩序》写作，他的观点稍显温和。他认为大家所认同的一般规则是自发秩序的底线规则，也是自发秩序具有韧性和顽强存续的理由，因为“自发秩序并不是在它们存在的每一个时刻都需要自下而上地重建自己；相反，它们可以建立在一个较低水平的遵守规则的行为之上，”或者说，人性即是自发秩序的根源。值得一提的是，佩塞眼中的自发秩序并不排斥外力的介入，认为具有自洽性和目标性的秩序之间的相互融洽，是一种合作的秩序、增长的秩序和有效的秩序，“典型的自发秩序，比如在经济领域，是由个人和组织有计划的、目标驱动的活动相互作用而产生的”[2]。

克里斯多夫·C. 瑞秋是美国自由主义哲学家和奥地利学派经济学家，曾经受雇于美国空军从事情报分析工作。在他的《自发秩序——无国籍社会的资本主义案例》一书中，基于现代自由主义理论分析视角，对无国籍社会中的自发秩序进行了探讨。他认为在一个流动性和现代性的疆域中，私有财产准则是自主权原则的基础，而自主权原则允许任何尊重他人自主和自由的行动，在此基础上产生的秩序是自然的、有机的，也是促进社会和谐共生和平衡发展的方式。因为，这种自发秩序的存在为所有参与者提供了一个可持续的和丰富的环境，人们可以根据不断变化的变量不断地调整自己的方向，这种方式是任何一个中央规划者都无法企及的。[3] 或者说，这种自下而上的方法所产生的自发秩序，在自我利益和社会利益之间实现了更大的和谐；因为自下而上的自发行为抑或平等互动的自由竞争，所产生的有效劳动分工将会大量存在，并有可能淘汰效率低下的组织性机构，腾出资源和空间提供给效率更高的机构使用。[4] 瑞秋想要表明的是，如果自发的组织能够扮演好自洽角色，那么作为更大组织的政府才能更好地扮演“守夜人”的角色，将有限

---

[1] STEPHEN C. Conrad's Praxeology[M]// CANTOR P., COX S. (eds.) Literature and the Economics of Liberty, Spontaneous Order in Culture[M]. Mises Institute, 2014:398.

[2] THOMAS P. Capitalist Vistas: Walt Whitman and Spontaneous Order[M]// CANTOR P., COX S. (eds.) Literature and the Economics of Liberty, Spontaneous Order in Culture. Mises Institute Press, 2014:263.

[3][4] CHRISTOPHER C R. A Spontaneous Order: The Capitalist Case For A Stateless Society[M]. Create Space Independent Publishing Platform, 2015:90, 121-165.

的精力用于引领这些没有中心方向的分散的自发组织，同时将有限的财税等资源用于提供更多更好的公共服务，从而实现社会的整体秩序。瑞秋进而指出，国家治理中政府的缺位并不是治理缺位或社会安全网缺位，而是因为有一个美丽的自发秩序的存在，其效力和人道主义产出永远是中央法令无法媲美的。[1]

路易斯·亨特是美国密歇根州立大学詹姆斯麦迪逊学院副教授，作为政治哲学、启蒙运动以及市民社会研究的新兴学者，他与犹他州立大学皮特·麦克纳马拉编著的《自由主义、保守主义与哈耶克的自发秩序思想》受到学界广泛关注。亨特认为，自发秩序概念是哈耶克对当代社会科学最著名的贡献之一，是其谓之的复杂秩序和个人行为互动的意外之果，也是其称颂的“伟大社会”（the great society）的起源和其根本原则。在亨特看来，哈耶克的“伟大社会”思想是基于自由市场、有限政府和法治基础之上的古典自由政体的诠释，第二次世界大战后该思想得到发展并作为反对社会计划论战的一部分；“伟大社会”宏观上是一种社会秩序和政治秩序，微观上则是个人日常事务相互作用形成的，并通过同样的自发机制来维持自身的运转。[2] 即是说，虽然社会基本动态可能在不断变化，人们也处于不断调适之中，但人们对于自己所处的特定社会和政治格局往往持保守态度。因此，虽然变化无穷但有其根源，没有必要通过不及时的人为干预来干扰这种变化。麦克纳马拉关于自发秩序的观点主要凸显在社会治理中，他认为自由主义、保守主义和自发秩序是现代社会治理需要思考的关键问题。在他看来，无论是哪一种治理思想，都需要关注两个任务：一是提供公共服务，认为公共服务也可以引入竞争机制而非政府包干；二是公平正义的实施，认为这一任务看上去最为基本但实践起来最难。[3] 需要指出的是，亨特等学者虽然秉承“秩序不应该是经过深思熟虑设计或某一计划展开的结果”这一自由主义思想，但他们对于秩序的观点是开放性的，在总结哈耶克自发秩序思想含义的同时，并没有对现代社会应该持有自由主义或者保守主义下定论，也没有对介于二者之间的中间词汇“自发秩序”的应然性选择做呼应，而是认为“自发秩序这个概念就像一束手电筒的光束，照亮了现实的很大一部分，但同时也把现实的大部分

---

[1] CHRISTOPHER C R. A Spontaneous Order: The Capitalist Case For A Stateless Society[M]. Create Space Independent Publishing Platform, 2015: 233.

[2][3] LOUIS H. PETER M. Liberalism, Conservatism, and Hayek's Idea of Spontaneous Order[M]. Palgrave Macmillan, 2007: Ⅷ, 12.

留在了阴影中，留给人们继续探索”[1]。

斯蒂芬·斯特罗加茨是美国康奈尔大学教授，他因在混沌理论和复杂性理论方面的突破性发现而广受赞誉。在他的《新兴自发秩序科学》一书中，他将自发秩序思想提升到科学发现的理论层面，指出宇宙万物多而繁杂，又处于不断运动变化之中，由此产生混沌和复杂性状，没有一种既定力量能够打破这种状态；但宇宙万物又自成规律，从自然界的分子运动到宇宙的天体运动都有其自发秩序，正是这些秩序的集合形成了稳定的、持续的运行结构。[2] 斯特罗加茨谓之的自发秩序事实上是一种物质运动规律，他把其看成探索宇宙的科学方法和科学基础，对于自发秩序思想的拓展研究有着重要的方法论意义。他举例说，“每天晚上沿着马来西亚的潮汐河流，成千上万的萤火虫聚集在红树林中，在没有任何领头羊或来自环境的刺激的情况下齐声飞舞”，认为正是这种自发秩序形成了自然界美丽的风景，对于人类社会的科学探索有着启发意义：“这种探索已经把我们从最原始的协调行为形式或同步的相同节奏，带到了越来越复杂的室内和空间编排中。”[3]

第三节 国外自发秩序思想的积极意义

梳理自发秩序研究史和研究动态可知，国外学者们从最初经济领域的哲学思辨，到社会领域的学理探究，再到政治领域的思想拓展，最后到自然科学的规律探究，哈耶克之前的研究都显得较为隐晦和分散，甚至对于自发秩序概念都没有清晰的表述。哈耶克承袭了其导师米塞斯的观点，在随后近40年的社会动荡中历经论争和反思，自发秩序思想逐渐明晰起来，并在以后学者们的努力中得以完善。总的来看，国外自发秩序思想迷信自由主义、个人主义和力量制衡，反对计划主义、集体主义和建构理性主义，这些理念投射到政治实践，对社会治理产生了深远影响。需要指出的是，国外学者眼中的自发秩序与组织秩序也并非一个铜板的两面没有交集，他们主张有限政府并

---

[1] LOUIS H, PETER M. Liberalism, Conservatism, and Hayek's Idea of Spontaneous Order[M]. Palgrave Macmillan, 2007:204.

[2][3] STEVEN S. The Emerging Science of Spontaneous Order[M]. Hachette Books, 2003:8-126, 232.

赞成必要干预，认为这是形成整体秩序的需要。或者说，自发秩序并没有好坏之分，其作为存在于人类社会中的普遍现象，在于为人们提供一种哲学思辨和实践启发，这也是自发秩序思想的意义所在。

国外自发秩序思想历经百余年时间的沉淀，从最初探索经济社会发展模式的一种价值理性，逐渐拓展到探索世间万物运行规律的一种工具理性，内涵和外延不断得以丰富，核心理念日渐清晰并在一定程度上突破时代鸿沟和打破制度藩篱，试图从认识论和方法论意义上为人类社会秩序搭建一个理论框架，具有一定的启发意义。概言之，自发秩序思想蕴含的自由、规则、竞争和调适等核心理念，对于推动形成良好的人类社会秩序具有一定的启发价值。

1. 追求自由是人类的天性也是社会进步的源动力，自然自愿基础上的自发秩序符合人性假设。一直以来，无论是号召运用理智和解放思想的启蒙运动，提倡小政府和个人权利的古典自由主义，还是强调制度框架内行为的新自由主义，都将“自由”作为形塑自发秩序思想的灵魂。它们对自由主义情境下的自发力量充满信任，同时对组织性力量的冲击充满隐忧；认为自由赋予了文明以一种“创造力”，进而赋予了社会以进步的能力。[1] 这一观点在国外被学者们广泛接受，并被视为自发秩序思想具有自洽性的论点。现代政党政治背景下，自发秩序对于整体秩序而言具有一定的分散性和无序性，对此，基于自由、尊重主体意愿和制度框架内形成的自发秩序，不仅有利于满足人性假设，同时有利于整体秩序的维护和社会活力的延续，具有积极意义。

2. 价值共识是自发秩序的认同基础，一般性规则是自发秩序思想的基本遵循。从古典自由主义“看不见的手”，到新（古典）自由主义强调制度框架内的自由，都认为是为了保障人们的和平与合作，必须制定共同遵守的规则，只有这样才不至于使任何人破坏社会秩序。[2] 简言之，只有人人都遵守的平等的一般性规则的存在，自由才是可能的，秩序才是可行的，或者说一般性规则是自发秩序得以存在的必要条件。[3] 其中可见，自发秩序不是无政府主义，也不是放任自流，而是倡导共识和约定基础上的行为偏好。“信念相同的人比信念不同的人更能全心全意地合作，社会内部的团结需要一种信条，

---

[1][3] FRIEDRICH A. H. The Constitution of Liberty[M]. The University of Chicago Press, 1978:22-38,205-219.

[2] 米瑟斯. 自由与繁荣的国度［M］. 韩光明，等译. 北京：中国社会科学出版社，1994：37.

或一种行为准则，或一种占优势的思想感情，或最好是三者的某种结合；没有这类东西，社会将四分五裂，遭受暴君或外国征服者的统治。”[1] 这就暗指，无论在哪一种社会制度里，作为社会活动的参与者在他们的行动中都应当受到“适当的”规则的调整，这些规则或源自历史传承、民族记忆，或源自制度设计、道路选择，在这样的多样性世界里，一般性规则经自然选择成为价值共识，即为各地的自发秩序注入了意识，具有进步意义。

3. 容错纠错是社会进步的过程，有序竞争是自发秩序思想的运行方式。自发秩序思想反对建构理性主义，认为面对社会多而复杂的原子化个体和不确定性，人们不仅因为智识有限而无力设计整个秩序，同时应该鼓励分散化的组织形成自发秩序，只有无数个运转有序的自发秩序才能形成稳定的整体秩序。同时指出，社会秩序的形成需要竞争发挥作用，因为竞争有助于社会秩序进化，但竞争也需要依赖一般性规则，尤其是有赖于一种适合的法律制度的存在；[2] 社会秩序是进化而非设计的产物，而且这种进化的过程乃是一种竞争和试错的过程，是各种自然秩序不断竞争、累积和缓慢发展的结果。[3] 其中可见，自发秩序思想并非认为哪一种制度或秩序天生完美，而是合作选择和不断完善的结果。或者说，人们在社会发展中的明智选择，就是立基于整体秩序和自发秩序之间的张力，根据自身发展的需要并结合原子化个体的意愿去完善秩序，具有一定的现实意义。

4. 权力让渡是形成自发秩序的基础，主动调适是自发秩序思想的逻辑演进。自发秩序思想不是社会达尔文主义，即遵循弱肉强食的丛林法则，而是通过习得不断调适自身行为的过程。或者说，自然选择、适者生存和强者为王等观念在社会领域中并不适宜，因为在社会进化中，具有决定意义的因素并不是个人生理的且可遗传的特性的选择，而是经由学习、模仿和调适的结果。[4] 隐喻的是，社会是一个大的场域，没有哪一种规则能够满足所有人的期望，也没有哪一种秩序能够符合每个人的意愿，社会中的每一个主体都必须出让部分权利以换取整个社会的利益，也只有依照一般规则的主动调适才能形成整体秩序并同时为个人权利提供保护。

带给人们的思考：一是如果自发秩序是在明确可辨的限制性环境中形成，

---

[1] ［英］伯特兰·罗素．论权力［M］．吴友三，译．北京：商务印书馆，2018：124.

[2] ［英］弗里德利希·奥古斯特·哈耶克．通往奴役之路［M］．王明毅，冯兴元，等译．北京：中国社会科学出版社，1997：28-50.

[3] JOHN G. Hayek on Liberty[M]. Oxford, 1984:134-135.

[4] FRIEDRICH A. H. The Constitution of Liberty[M]. The University of Chicago Press, 1978:59.

人们在这个业已达成的规定性的边界范围内行动，基于约定性规则的自制则可以构成存量型自发秩序；二是如果自发秩序是在非限制性的环境中形成的，人们在这个开放的无边界的环境中行动，基于权利让渡和自我调适则最终可以形成增量型自发秩序，具有启发意义。

第四节　国外自发秩序思想的历史局限及其价值辩驳

国外自发秩序思想的产生有其历史背景、文化根源和制度环境，学者们意欲以此为蓝本绘就一个世界范围内的新的文明秩序，不仅低估了历史继承性、文化多样性和制度保守性对不同国家和地区的影响，同时忽略了秩序的非人格性（impersonality）、社会嵌入性（social embeddendness）、少数人专权（dictatorship of the minority）以及一致性压力（pressure of the conformity）等问题，从而陷入浪漫主义和空想主义泥潭。可以说，国外自发秩序思想是资本主义制度框架下的意识形态展示，对于其他国家和地区的秩序关照具有历史虚伪性和现实局限性。

1. 秩序具有非人格性，自发秩序存在于一切社会形态中，没有好坏优劣之分。国外自发秩序思想崇尚个人主义、迷恋自由主义，同时偏重效用主义，无论是产生背景还是实践基础都没有逃离过国外土壤，认为只有财产私有和权力制衡基础上的资本主义制度框架内的自发社会秩序才是真正意义上的好的自发秩序，由此为自发秩序概念套上了制度枷锁和意识形态羁绊。理论上看，自发秩序只是人类社会中的一种秩序形态，不是哪一种“主义”、哪一种“制度”下的独特产物。自发秩序思想的提出，在于为社会研究打开了一扇窗，提供了一个介于神圣完美（乌托邦）秩序和完全混乱（无政府）秩序之间的审慎视角，或者说，自发秩序只是人们认识社会秩序的一个中间词汇或中性词汇，不存在是非好坏的属性。因此，从理论上赋予自发秩序人格性不仅存在主观偏见，同时限制了自发秩序思想内涵和外延的拓展。实践地看，自发秩序是介于政治制度和自然社会之间的组织形式，无论在资本主义社会，还是社会主义社会，甚至封建主义社会，都有自发秩序的影子。或者说，在人类社会里，自发秩序总是与政治制度保持着若即若离的距离。任何国家都没有完全意义上的自发秩序，任何国家也不会完全没有自发秩序。因此，学者们罔顾其他国家的自发秩序实践，以国外作为研究的范例，由此导致自发秩序思想形式上的片面化与内容上的僵化，存在实践指导性弱的问题。

2. 秩序具有社会嵌入性，自发秩序存在于社会实践中，受多维因素影响与制约。基于宗教文化的影响与自由主义的信条，国外自发秩序思想一定程度上存在虚化、泛化的迹象，尤其在凯恩斯主义破灭之后更是在治国理政方面被不少国家奉若神明，在理论上和实践中排斥建构主义思想的趋向更加明显。波普尔便将宗教教义或神话寓言作为探索未知世界规律性的坐标系，同时将其作为探索社会混乱或无序的根源并强调在此基础上构建一个良善的自发秩序；哈耶克作为一个世俗主义者，却把宗教传统等视为有益的行为方式，认为这些行为方式是市场和法治制度的必要补充，即使这些传统是建立在不真实或神话的前提之上的。[1] 其中可见，存在于学者们头脑中的浓郁的宗教色彩与虚幻的自由至上观念，使得自发秩序思想明显偏离唯物史观的逻辑架构，凸显为一种自由主义乌托邦。事实上，没有一种秩序不与外界发生联系，也没有一种秩序是在真空中得以演化的。或者说，自发秩序作为一定场域内自然生成的秩序，它总是处于社会网络的一个象限之中，也总是在社会实践中不断演化，把自发秩序独立于整体秩序进行单独研究不仅是主观唯心主义的表现，同时也是机械唯物主义的表现；加之迷幻的宗教色彩和虚幻的自由至上观念，使得西式自发秩序思想难以在不同制度文化的国家和地区获得认同，自发秩序思想由此成为西式处方，难以为他国把脉并开具药方。

3. 秩序具有滞后性，自发秩序存在先验论缺陷，导致少数人专权风险。社会生活中，人们活动的轨迹一般呈现以自己为中心的辐射性状，秩序总是在个体存在基础上的社会存在。或者说，秩序是一定场域中个人利益与整体利益博弈与调和的结果，因此，其形成并不是自然而然的水到渠成，而是在尊重个体差异并检视整体利益下的产物，有时又表现为一致性压力下的产物，总是存在渐进性甚至时滞性的问题，需要调节以避免内耗并促进同步发展。与此相对应的是，自发秩序思想以先验论为假设，认为演化理性主义、自由主义等是人类社会的普世价值并优于社会实践，由此生发的自发秩序无疑是完美秩序，而基于完美秩序基础上的社会无疑是伟大社会，这一论断无疑存在本末倒置的嫌疑。事实上，自发秩序思想是基于西式文明之上的逻辑推演，学者们有意无意地忽略秩序的工具性与实践性特征，专注于自发秩序思想的

[1] LOUIS H, PETER M. Liberalism, Conservatism, and Hayek's Idea of Spontaneous Order[M]. Palgrave Macmillan, 2007: 199.

范式推演和要素解析，理论上建构了一种秩序形态，实践中却难以规避潜藏的深层风险。其中，少数人以自由民主之名或以资本主义伟大社会之名倡导的自发秩序一旦掉入资本的陷阱，便型构了一个少数人奴役多数人的专权社会。在这种社会中，资本进入到日常的社会管理之中，便会借助市场本身的“自发性”来维护其社会基本秩序和利益，市场因此成为资产阶级的政治统治工具。[1] 新自由主义作为自发秩序思想的根源之一，在维护自由竞争机制还是保证最底层人们生活的选项之间，一直主张前者优先；认为由精英阶层(经济精英、政治精英等) 带动经济社会发展具有更大的可行性，经济社会发展之后自然水涨船高，从而惠及底层公民。其中可见，资本主义社会制度设计与实际框架中，多数人在经济发展和秩序建构中事实上处于边缘地带，自由竞争是有产者或精英阶层的竞争，自发秩序也是少数人倡导的秩序；一个认为政府不应该干预的社会，通过精英操纵实现了少数人专权。

4. 秩序具有公平性，自发秩序存在一致性压力，差异公平需要整体秩序弥补。秩序是人们在长期社会活动中形成的相对稳定的关系模式和结构形态，具有一致性、公平性和连续性等特征，生活其中之人自愿地维护秩序又公平地被秩序保护，在自然演化而成的自发秩序中更是如此。但无论是何种秩序，以时间序列和空间序列作为坐标系，都会发现或多或少存在差序介入的情况，或多或少存在部分失序的情况，这些情况置于人类社会固有的传统性和保守性之中，便会导致出现差异公平的问题甚至出现多数人暴政的问题，需要基于整体性和公平性上的主动或被动调适。哈耶克等学者试图将传统定性为自发秩序，亨特等学者虽然认为这顶多是半个事实，但对于自发秩序中的传统性和保守性始终持审慎态度。[2] 可以说，人类所固有的传统性和保守性伴生的一致性压力，可能导致自发秩序中先入为主的事实以及结构失序的固化，从而直接或间接影响人们的感受和利益，造成个人主义与群体选择之间的逻辑冲突，需要适当的外部调节。另外，国外自发秩序思想源自理性有限和智识有限的假设，认为秩序不应该被设计，但这一论点事实上存在自洽悖论。因为，正是人们的理性有限和智识不足，更需要制度补足、有限引导与民主协商，以此降低决策分散风险和集体行动的试错成本；进一步而言，制度框架内的个人自由表达与理性行动边界的确定，更有利于自发秩序与整体秩序

[1] 韩璞庚，张颖聪，朱思颖. 论正义实践主体的转向［J］. 贵州社会科学，2018（2）：21.

[2] LOUIS H,PETER M. Liberalism, Conservatism, and Hayek's Idea of Spontaneous Order, Palgrave Macmillan, 2007:199.

的互洽。最后，自发秩序不是孤立的存在，不仅受到经济社会、政治制度甚至自然地理环境等影响，同时与外界发生联系，其中存在的差异性和时滞性需要外力适当的介入与矫正。

第五节　结论与讨论

奥地利物理学家埃尔温·薛定谔在《生命是什么》一书中，从物理学角度论述了“有序来自无序”和“有序来自有序”的异同，认为前者是控制宏观事件的统计力学机制，后者则是凸显生命活体行为的一般规律，而无论“有序”是来自“无序”，还是“有序”是来自“有序”，最终都是通过大分子的有序性克服小分子和原子的无序性，从而维持整个系统的有序性。[1] 带来的思考是，天地万物包罗万象而又秩序井然，正是得益于若干“小分子”的“有序性”。隐喻的是，自发秩序没有人格性但有规律性，或者说，我们虽然不能界定自发秩序是一种好的秩序或坏的秩序，但其内在的有序性对于克服原子化个体的无序性显然是具有正效应的，而稳定的整体秩序正是借由若干分散的且有序的自发秩序组合而成。具体而言，如果我们将国家作为整体秩序进行考察的话，那么域内若干运行稳定的自发秩序即是社会基石。这种由稳定的整体秩序与有序的自发秩序组合而成的社会结构，对于政府而言，可以节约大量用于秩序维护的人力物力财力，从而能够更加聚焦公共服务职能的履行；对于社会而言，可以较大限度保障个人自由，从而能够保持社会活力和激发社会创新。

17 世纪到 18 世纪，欧洲启蒙运动开启了自发秩序研究的先河，此后奥地利学派经济学家沿着自由主义的思路和有限理性的论点，对自发秩序进行了较为系统的研究，随着凯恩斯主义的退场和新自由主义的登场，国外自发秩序思想正式登台亮相，成为国外学界和政界新宠，并试图为人类社会的“文明秩序”提供新的坐标参考系。但国外自发秩序思想是自由主义的产物，对于中国这样一个近现代饱受创伤的国家而言，没有普遍的有效性。[2] 事实上，中国绵延数千年的社会进程中，蕴含着丰富的自发秩序思想，无论是道

---

[1] [奥] 埃尔温·薛定谔. 生命是什么 [M]. 罗来欧，罗辽复，译. 长沙：湖南科学技术出版社，2003：78-82.

[2] 高全喜. 哈耶克主义与中国语境 [J]. 文化思考，2008 (2)：17-23.

法自然、无为而治的道家思想，仁、义、礼、智、信的儒家思想，法、术、势的法家思想，还是兼爱、非攻的墨家思想，其中都可以找寻到自发秩序思想的影子，较之国外早了数千年之久。中国同时具有悠久的自发秩序实践，无论是古代的皇权止于县政，传统的宗法礼制社会，还是当代的村民自治制度，以及自治法治德治相结合的有效治理体系，其中都明显可见自发秩序之于中国治国理政中的重要地位。略显遗憾的是，中国丰富的自发秩序思想和长期的社会实践并没有生成自己的理论体系，而是淹没在建构秩序的认知中。“人类生活的每一天，甚至个体的全部生命史，只不过是在永远无法完成的雕塑上一点细小的斧痕。我们在进化中已经历的巨大的变化也正是由这无数斧凿汇聚成的。”[1] 中国文化源远流长并在世界文明史上留下了深刻的“斧痕”，我们要做的，就是立基于中国本土文化和长期实践，合理扬弃国外思想，探索凝练出具有一般性意义的中国自发秩序理论，为世界文明汇入更多的中国智慧。

---

[1] JOHN G. Hayek on Liberty[M]. Oxford, 1984:98.

第三章　我国传统文化中的自发秩序观及其对乡村有效治理的影响

中国较为系统的自发秩序观可以追溯到春秋时期的道家学派和儒家学派。以“道”为核心内容的道家思想绝圣弃智主张“无为”，“道”不仅涉及宇宙本体的起源、世间万物运行的规律，同时涉及人们主观意志的应然性表达等。可以说，“道法自然”是中国自发秩序观的哲学基础，“无为而治”则是中国自发秩序观的传统诉求，这一思想在历史长河中深刻地嵌入乡村治理实践之中，并在理论上形塑了中国自发秩序思想雏形。儒家思想被认为是轴心时代在中国开始的标志，以孔子为创始人的儒家思想聚焦“五天伦”“五人伦”伦理原则以及“仁义礼智信”“忠孝悌忍善”等行为准则，旨在通过规范个人行为和社会关系来实现整体的秩序。可以说，儒家思想长期以来作为中国传统文化的“正统”，聚焦宗法礼制和伦理道德，业已推动形成了一整套从价值共识到行为规范再到制度保障的治理体系，对于乡村有效治理影响无疑是久远而深刻的。

第一节　道法自然，道家自发秩序观的价值追求

道家的“无为而治”是中国自发秩序思想的最早表述，倡导以一种辩证的观点看待有形的物体或特殊的现象的本原性、多样性和统一性。老子是“无为而治”思想的提出者，他倡导遵循事物的规律，不干预社会的运行，不以教化改变人们的心智，从而实现自然的秩序，本质上是一种朴素的自发秩序观。总体上，老子的“无为而治”思想之于自发秩序的含义体现在以下四

个方面：一是以辩证的观点认知和对待事物，倡导不刻板定性和不人为干预。老子在论述有与无、美与丑、善与恶、难与易、长与短、高与低的关系时，认为如果刻意以人为的、世俗的标准去规定事物的价值，就会适得其反，况且事物是相互转化而人们的认知也是动态改变的。因此，聪明的人对待事物的最好状态就是任其自然、无为而治，即“是以圣人处无为之事，行不言之教”。二是认为治理具有层次性，最高境界是“不知有之”的治理方式。老子认为治国理政要如春风化雨一般，从狂风骤雨达到“润物细无声”的效果。按照这一进阶逻辑，老子指出治理方式与人们的感受互鉴：窒息社会活力的全面介入是最差的治理方式，必然招致人们的侮骂；较差的治理方式是凭借恐怖手段，人们害怕这样的治理方式；一般的治理方式是遵守规则之下的相安无事，人们赞誉这种治理方式；好的治理方式不以仁义道德作绑架而是教化人们没有私心欲望并回归本真，这样的治理方式受到人们的爱戴；最好的治理方式，则是让人们感知不到权力存在的“无为而治”[1]。三是统治手段不是治理的长久之计，以柔克刚才是治理之道。老子站在没落阶层的立场警告暴君，如果专靠严刑峻法治理人民必定失败，因为长期的压迫必然潜藏怨恨，当“民不畏威”“民不畏死”的时刻到来，则必然引来抵抗，更何况维护高压统治所需要的高成本本身就会压垮统治者，因此必须采取柔性治理的方式。[2] 四是反对理性建构，强调顺其自然。老子认为想要掌控天下或者按照自己的意思去治理天下，现实中是很难达到目的的，因为天下之大和复杂超出人们理性认知的范围。因此，人们应该“知不知”，即对自己的“无知”或有限理性要有所认识，“修己”才能“治人”，宣扬用柔性、退守和顺其自然的方式治理国家。[3]

庄子继承了老子“无为而治”的思想，但又向前推进了一步，将“无为而治”从玄虚的哲学思辨引入具体的治国理政实践中，其中的分工协作以及价值共识等观点无疑深刻地影响了乡村治理实践。庄子眼中的“无为而治”少了一些思辨性和普适性，多了一些具象化和层级性。首先，庄子的“无为而治”偏向具体的层级式治理架构，他以“道”为起始，沿着“道法”“道德”“仁义”“职守”“职位”“履职”“评价”“赏罚”的逻辑走向，试图设计一条各行其是而又逻辑关联的治理之道，并将这些要素的联动作为治理天下的最高境界，这是“无为而治”思想的第一次具象化表达；其中，将“赏

[1][2][3] 沙少海，徐子宏. 老子全译 [M]. 贵阳：贵州人民出版社，1989：30-114，144-149，56-143.

罚分明”作为不同身份、不同行业、不同性格的人相处合宜、各安其位的逻辑终点，这一观点看似是干预主义的结果，但在小农经济时代无疑是群众性组织价值共识的结果，这一观点事实上已经开始具有现代意义上的治理含义。其次，庄子的“无为而治”又是等级化的，指出天与地虽然玄妙但也存在尊卑、先后，因此君王与臣民的社会分工也应该是有区别的，其中各安其道的观点隐含自发秩序思想。庄子直言“无为”与君王关联、与道德关联，而臣民必须有为且有仁义，也就是说，帝王无为才能治理天下，臣子有为才能为天下用；社会治理中，宗族以血缘判定亲疏，朝廷以职位界定高低贵贱，乡里讲究老幼尊卑等，这些都是规律所在，因此，如果非议大道安排下的秩序，即是没有体悟“道”，也不能得“道”。[1] 在《杂篇·徐无鬼》中，庄子在叙述黄帝与牧童的对话中，借用牧童的话进一步将治理天下的“无为而治”比喻为在草原上牧马，应该“去除过分，任其自然”[2]。总的来说，庄子的“无为而治”是遵“天道”与守“人道”的辩证统一，他“逍遥自由”“万物齐一”的理想场景无疑受制于生产力低下的限制，因而难以科学合理地辨析事物之间的本质性差异，但同时内含了朴素自发秩序思想的动力源泉与构成要素，对乡村治理等具有深远影响。

列子同样是“无为而治”思想的推崇者与推动者。与老子和庄子有所差异的是，列子的“无为而治”思想更多是古老中国崇拜文化的展示，旨在以“看不见的禁令”规范人们的生存之道；列子还探讨了“无为而治”的理想境界，一些方面隐含着权术治理的思想。首先，列子将自然崇拜、祖先崇拜和鬼神崇拜等观念之下的自省自律自为看作“无为而治”的原初动力，暗含齐生死、等贵贱的社会人生观。他认为万物周而复始，自成规律，死亡是生命的唯一否定形式，生前虽然有贤愚之分、尧纣之别，但死后都是一样的，因此奉劝人们“不为自然之所好”[3]。亦即是说，“归人”（死去的人）得以安息是德性的回归，而“行人”（活着的人）要得以安息就需要多行善道，不可沽名钓誉。[4] 暗指的是，列子倡导的“无为而治”事实上是一种朴素的唯心主义思辨，他倡导人人平等，并将人们存在的价值作为引导德性规范和行动自律的参考系，由此生发的自发秩序观内含终极价值关怀，对于乡村治理而言凸显为一种心理慰藉和精神引领。其次，列子认为“无为而治”的理

[1][2]　庄周．庄子全译［M］．张耿光，译注．贵阳：贵州人民出版社，1992：224-229，434-436.

[3][4]　王力波．列子译注［M］．哈尔滨：黑龙江人民出版社，2004：24，16-17.

想状态即是自由而繁荣的社会。列子在《黄帝第二》篇中，开篇讲述了黄帝因受到百姓爱戴，继而担心国家没有治理好而有负百姓，于是殚精竭虑、事必躬亲，结果不仅自己身心憔悴，同时国家祸患频出。他十分懊悔，决定孤身外出三个月不问政事以明心智。其间，做梦到了数千公里之外的“华胥氏之国”，这个国家没有长官，人们无须顺从而自由自在；这里一切顺其自然，没有利益加害而秩序井然。黄帝醒来之后幡然醒悟，明白管理好百姓的至深之道并非喜、怒、哀、乐、怨“五情”的施展，而是“华胥氏之国”的“无为而治”。[1] 最后，列子“无为而治”思想与老子“治大国，若烹小鲜”的思想遥相呼应。老子指出，治理大国要像煎小鱼那样，不要经常去搅动它，否则就会破坏小鱼的完整性；继而指出用“道”来统治天下，以此达成神与圣人神形相似的目的；列子的“华胥氏之国”理想与此相似，都是说统治阶级不要以烦苛之政扰民，而是要“清静无为”和“以道莅天下”，最终实现无为中的有为。

第二节　遵循规律，道家自发秩序观的逻辑推演

道家思想中的“道”隐含原理、原则、规律等含义，“道法自然”即是遵循规律的应然性表达，“无为而治”则是遵循规律的实然性结果，对于自发秩序思想的形成和乡村社会治理实践影响深远。老子作为“道”的首创者，认为“道”既是宇宙本性，又是普遍规律，它贯穿于有形的物质世界到达无形的精神境界，是人们认知世界的始源，也是万物运行的主宰。因此，他积极倡导遵循“道”的规律的重要性：首先，德润万物是老子自发秩序观的善治本源。老子在阐述“上善若水”观点时，指出最善良的人总是像水一样滋长万物，认为这种品德源自对于“善仁”“善信”“善治”“善时”等内涵的把握与规律的遵循，以规律之柔克事物之刚，从而达到“利万物而不争”的效果。[2] 其次，遵循规律是老子自发秩序观的内在要求。老子认为社会应该是多种和谐秩序汇聚的结果，任何破坏规律企图以主观意志掌控社会的想法都是不可取的。他以自然现象隐喻人类社会的运行规律，指出“飘风不终期，

[1] 王力波. 列子译注 [M]. 哈尔滨：黑龙江人民出版社，2004：25-26.
[2] 沙少海，徐子宏. 老子全译 [M]. 贵阳：贵州人民出版社，1989：12-13.

骤雨不终日”，亦即是说，风和雨都有其自身运行规律，不可能没完没了，人类社会也是一个发育生长消亡的过程，外力改变不了；紧接着循循善诱地指出“江海所以能为百谷王者，以其善下之也”[1]。即是说，大江大海之所以是百川汇流的结果，是因为它们身处低位，遵循规律才能做到水到渠成。最后，循序渐进是老子自发秩序观的逻辑推演。老子认为事物的发展是一个渐进和累积的过程，社会秩序也不可能凭空产生或依靠外力长久保持，而是遵循规律自然演化的结果。“为之于其未有，治之于其未乱”即是一种防微杜渐的秩序观，认为事情还没有变坏之前就应该有所防备，而“合抱之木，生于毫末；九成之台，起于累土；千里之行，始于足下”的发展观，[2] 则进一步指出了规律的不可抗拒性和遵守规律的重要性，同时映射了人为干预的破坏性。

庄子延续了“道”的规定性概念，同时拓展了“道”的外溢性含义，将遵循规律的认知领域从自然界引入人类社会；值得一提的是，庄子区分了规律与规则的不同，即对客观存在和主观意识加以区分，这一点对于自发秩序中有限理性的认知具有启发意义。庄子关于规律的认知集中体现在以下两个方面：一是庄子强调遵循自然规律和社会规律的同等重要性。庄子围绕社会中“人”这个关键变量对遵循社会规律进行了逻辑推演，他将“人”划分为“天人、神人、至人、圣人、君子”等类别，认为不同的“人”应该遵循不同的规律，如此才能达成安身立命和秩序稳定的目的。其中，认为层次越高，越需要视自然为本原、视禀赋为根本、视规律为途径，如此才能预知事物的各种变化；中下层次则需要用道义来分清事理、用礼义来规范行为，谦和而又安详。进一步而言，庄子对于不同的人物图谱，认为理应依照“道法”和“规律”从事相应职务，这样才能才尽其能，做到安定民心、治理有序的目的。[3] 二是庄子区分了规律与规则的异同，强调遵循规律但反对遵守规则。他在《山木》等篇中，反复倡导无为而治、顺乎自然的重要性，认为人类社会要像自然界一样遵循规律，但不需要遵守作为工具的规则，因为规则是为了从无用的本原中创造出一个效用，是有限理性的结果，因此，唯一要遵守的规则就是没有规则。[4] 庄子对规律与规则的二分法，固然有遵循客观规律

[1][2] 沙少海，徐子宏．老子全译［M］．贵阳：贵州人民出版社，1989：42-135，129-131.

[3] 庄周．庄子全译［M］．张耿光，译注．贵阳：贵州人民出版社，1992：598-601.

[4] ［美］爱莲心．向往心灵转化的庄子——内篇分析［M］．周炽成，译．南京：江苏人民出版社，2004：188.

的积极一面，但过分强调了事物的自身运动规律而忽略了人的主观能动作用，忽略社会秩序中规则与规律的互洽性与共通性，从而导致二者处于对立面，掉入听天由命的宿命论陷阱，这一点无疑存在矛盾性，也对自发秩序的核心要素建构带来概念性混淆。[1]

列子坚守“道”是万物本源的观点，指出万物发展要遵循自身规律。较之老子、庄子，列子对规律的认知更加明确化和具体化，不仅涉及自然界、人类社会，同时延伸到家族等微观层面。首先，列子倡导世间万物要遵循发展规律，不赞成有意识的干涉。列子倡导“乐天知命”并按照规律生活，保持“虚”“静”，认为把发展说成是运用智慧使用力量，或者说是有意识的消亡生长，这都是不对的。[2] 列子在《仲尼第四》篇中以尧治理天下为例，悟出一个道理，即百姓有各自生存的规律，君王不必知晓其中的道理，只要遵循天地自然的法则即可。[3] 其次，列子认为国家整体秩序、家族自发秩序以及个体自身修为之间存在的逻辑关联。他在《杨朱第七》篇中，认为原子化个体的修身自律有利于家族的治理，而家族的治理能够延及到国家的治理，即“治身以及家，治家以及国”，这与儒家“修身齐家治国平天下”的治国理念事实上内涵相近；与此同时，列子还讲述了“大治”与“小治”的道理，认为“将治大者不治细，成大功者不成小”，即是说，治理大事不应拘泥于小节，成就大功不应纠缠于小过失。在《说符第八》篇中，列子更是直言治身、治家与治国的统一性，指出从没有听说自身修养好了，国家反而乱七八糟的，也从没有听说自身搞得乱七八糟的国家反而得到治理的。[4] 最后，列子认为“礼义”是贯穿不同层级治理逻辑演绎关系的要素。列子“智虑之所将者，礼义”“以若之治外，其法可暂行于一国，未合于人心”等思想，[5] 旨在阐述礼义是修身、齐家、治国以及成就“大治”的积极要素，但列子反对以礼义之名来获取名誉并强加于人的观念，指出自身固有礼义对于秩序是好事，但“以己之礼”治理身外事物就未必有效。也就是说，只有每个人都自愿尊崇礼义才是治理之道和秩序之源。

---

[1] 庄周. 庄子全译［M］. 张耿光，译注. 贵阳：贵州人民出版社，1992：前言，11.

[2][3][4][5] 王力波. 列子译注［M］. 哈尔滨：黑龙江人民出版社，2004：3，104-105，212-213，166-187.

第三节　宗法礼制，儒家崇拜文化引领下的自发秩序

伦理是人类社会中自发形成的道德准则和价值理性，在规范人与人、人与自然、人与社会、人与国家关系中发挥着重要作用。伦理在本质上具有主观性与共识性特征，伦理治理具有教化、调适与规范等功能。儒家思想蕴含丰富的伦理原则，旨在引领和规范各种关系结构，形塑一个价值共识基础上的自发秩序。其中，“五天伦”即“天、地、君、亲、师”，其实践意义在于塑造崇拜文化以实现终极关怀，从而指引民众自觉遵天循道，构筑一个伦理治理的理想社会。

第一，神灵崇拜含义下的“天命观”，旨在指引民众遵天循道。孔子告诫人们要知天命、畏天命，然后顺天命，其中蕴含三层意思，即从事政教活动，使天下回归正道；努力择善固本，使自己走向至善；了解命运无奈，贵在能够尽力而为。[1] 孟子的伦理哲学以性善论为基本假设，历史观则以天命论为核心观点。孟子提出“尽其心者，知其性也。知其性，则知天矣。存其心，养其性，所以事天也”，其中可见天命观的逻辑推演有三层含义，即民意代表天意，民众应追求“正命”，最终实现天人合一。由此可知，孟子的天命观将孔子时期的单向度顺从发展到了双向度融合阶段，是对传统天命观的突破。[2] 荀子是“天伦”思想的系统性首倡者，在《荀子·礼论》中开宗明义地指出：“天地者，生之本也；先祖者，类之本也；君师者，治之本也。”即将“天地、先祖、君师”作为伦理之本，并对其重要性进行了阐释，指出“上事天，下事地，尊先祖而隆君师，是礼之三本也”[3]。荀子认为天地是万物之本，指出“天地合而万物生，阴阳接而变化起”，同时认为“天”是客观存在的并有其自身规律，人类社会也有其发展规律，奉劝人们要遵循天道和人道，否则就会引致混乱，即“天行有常，不为尧存，不为桀亡，应之以治则吉，应之以乱则凶”。值得一提的是，荀子虽然是“天命观”的持有者，

[1] 孔丘. 论语 [M]. 傅佩荣，译解. 北京：东方出版社，2012：15-16.

[2] 孟轲. 孟子 [M]. 万丽华，蓝旭，译注. 北京：中华书局，2006：288.

[3] 荀况. 荀子全译 [M]. 蒋南华，罗书勤，杨寒清，注译. 贵阳：贵州人民出版社，1995：395.

但并非天命神学的迷信者，他认为人既要遵天循道但也可以认识和改造客观世界，即“制天命而用之”[1]，隐含着辩证唯物主义和人定胜天的早期思想。

第二，自然崇拜含义下的“地祇观”，旨在指引民众常怀感恩之心。孔子指出祭祀土地是饮水思源的感情表达，民众要心怀虔诚达到“祭神如神在”的境界，这是儒家重视信仰的直接体现；孔子还对祭祀土灶之神、山川之神、河流之神以及自然之神等进行了阐述，同时对祭祀的地点、穿着、言行、器皿、祭品等选择进行了阐述。孟子指出一个国家最为重要的三件事是土地、百姓和政治，即“诸侯之宝三：土地、人民、政事”。认为对土地的自然崇拜十分必要，同时指出国家应该以民为重，把祭祀土神和谷神放在次要位置，而君王只有将自己放在最后才能得到民众的爱戴和拥护，即“民为贵，社稷次之，君为轻”[2]。荀子认为土地是万物生长之基，失去土地就会消亡，这是普遍的规律，因此，人们应该敬畏土地，即“得地则生，失地则死”；荀子进而认为，正是土地的博大精深方使万物朝气蓬勃，深挖有甘泉，种植有五谷，草丰木盛，禽兽繁衍，万物在土地上面生长，死后又进入它的怀抱，其包容而谦虚的品质值得人们崇拜，即“据之得甘泉焉，树之得五谷焉，草木植焉，禽兽鱼鳖遂焉，生则立焉，死则入焉”[3]。

第三，精英崇拜含义下的“明君观”，旨在引导人们对君权神授的合法性认知。儒家的“君”更多指向皇帝等封建社会的最高统治者，儒家一贯认为是贤君明主将人们从茹毛饮血的蛮荒时代带入了文明时代，因此教导老百姓应该感恩戴德并自发维护封建统治。孔子及其弟子在《孝经》中开宗明义地认为“天子，至尊也”“明君父之尊”，即认为皇帝作为上天之子自有天之尊严，因此其“父爱式关怀”是老百姓的福祉，需要得到普天之下的尊崇。孟子认为明君应该施仁政，尤其是对老百姓拥有“恒产”进行制度保护，因为只有在有固定的财产的基础上人们才会学习礼义，才会自发地维护政权，即“若民，则无恒产，因无恒心。”“是故明君制民之产”[4]。荀子在肯定“天地”“先祖”为“生之本”和“类之本”的基础上，直接指出“君师者，治之本也”，即认为皇帝是治国理政的本体和源头，老百姓应该遵照“天子”旨意行事。[5]

第四，祖先崇拜含义下的“血亲观”，宗法礼制是自发秩序的血脉延续。

[1][3][5] 荀况．荀子全译［M］．蒋南华，罗书勤，杨寒清，注译．贵阳：贵州人民出版社，1995：346-357，635-636，395.

[2][4] 孟轲．孟子［M］．万丽华，蓝旭，译注．北京：中华书局，2006：324-333，15-21.

儒家认为，应该引导老百姓对上辈饱含感激之情，激发他们孝敬父母和追忆祖先的情怀，尤其是引导他们庄重地办理父母丧事并虔诚地追忆远代祖先，只有这样才能润育出老百姓醇厚的德性，即“慎终追远，民德归厚”。孔子对“祭祀”“禘祭”“告朔”“既灌”等场景的描述，意在激发老百姓的报本反始之心，认为一个国家只要明白尊崇祖先的道理，那么国家的治理就水到渠成了。[1] 孟子认为祖先崇拜是一种仁德，无论是谁违背祖制和德性，都会招致恶果，即“天子不仁，不保四海；诸侯不仁，不保社稷；卿大夫不仁，不保宗庙。”[2] 荀子在“礼之三本”中指出，祖先是家族的根本，也是百姓安定和社会和谐的保证。值得一提的是，荀子按照功业大小对祖先崇拜进行了礼治划分，认为天子可以建七代宗庙，诸侯可以建五代宗庙，五十里封地的大夫可以建三代宗庙，十里封地的士可以建两代宗庙，自食其力的老百姓不允许建宗庙。[3]

第五，灵魂崇拜下的“尊师观”，心灵寄托与智识教化是自发秩序的内生动力。孔子的尊师观是一个宽泛的概念，他认为人一生中都应该以老师为尊崇，教导人们要善于学习别人的优点不断地弥补自己的不足，即“三人行，必有我师焉：择其善者而从之，其不善者而改之”。值得一提的是，孔子提倡尊师重教但不抹杀学生的独立个性，认为学生只要有仁德并做正确的事，那么也不必谦让老师，即“当仁，不让于师”[4]。孟子认为只有具有德行修为的圣人才能流芳百世，即“圣人，百世之师也”，因为这样的老师能够抚慰人们的心灵，成为知识的传授者和信仰的解惑者。[5] 荀子认为社会秩序、国家法制与尊师重教是联系在一起的，在论及国家治理时，他指出一个国家的兴旺繁荣必须依赖于尊师重教，只有这样才能促进国家法度的推行并维持秩序；那些走向衰落的国家大多不重视老师和工匠，在这样的环境中人们变得轻率和放纵，由此破坏法度并引来混乱，即“国将兴，必贵师而重傅，贵师而重傅，则法度存。国将衰，必贱师而轻傅，贱师而轻傅，则人有快，人有快则法度坏。”对此，荀子进一步强调老师的重要性，认为人们纵然有优良的素质而且有很好的辨别能力，但还是必须寻求老师的帮助，以此获得进步。即“夫人虽有性质美而心辩知，必将求贤

---

[1][4] 孔丘．论语［M］．傅佩荣，译解．北京：东方出版社，2012：7-38，244.

[2][5] 孟轲．孟子［M］．万丽华，蓝旭，译注．北京：中华书局，2006：149，325.

[3] 荀况．荀子全译［M］．蒋南华，罗书勤，杨寒清，注译．贵阳：贵州人民出版社，1995：395-399.

师而事之，择良友而友之”[1]。

第四节 伦理道德，儒家人际关系规范下的自发秩序

儒家基于长幼、尊卑、血脉等伦理认知提出了“君臣、父子、兄弟、夫妻、朋友”的“人伦”假设，预设了既定关系之间的行事准则和相处模式，数千年来对于中国乡村秩序的稳定性接续有着重要影响。

第一，君臣伦理方面，儒家认为君臣之礼是立国之本，只有君臣关系稳固社会才能稳定。孔子主张“事君尽礼”“君使臣以礼，臣事君以忠”，即认为侍奉君王应该遵守礼制，如果放弃这个原则，所有的礼制都将变得可有可无，社会秩序将失去根基；因此，君王按照礼制来使唤臣子，臣子则应该尽忠职守来服侍君王。[2] 孔子进而将“君君，臣臣”的关系结构看成治国理政的主要维度，指出臣民在相互关系中应扮演符合自己身份的角色而不逾越。子夏直接指出服务君王理应奋不顾身，即“事君，能致其身”。值得一提的是，儒家认为君臣之间的伦理原则并非臣子一味地盲从，而应该主动发挥作用：比如孔子认为君臣在相互信任基础上，臣子要敢于“犯颜直谏”，即“勿欺也，而犯之”[3]；孟子认为臣子侍奉君王的目的在于引导君王走正路，用心于仁道，即“君子之事君也，务引其君以当道，志于仁而已”[4]；荀子依据臣子的身份对侍奉君王的方式进行了界定，认为下臣主要是财税汲取，中臣主要是劳烦其身，能够亲近君王的大臣则应该举贤任能，即“下臣事君以货，中臣事君以身，上臣事君以人”。如此等等，意在形成一个既有互动又有制约的君臣伦理关系。[5]

第二，父子关系方面，儒家认为父子之礼是家庭之本。孔子将孝敬父母作为家庭伦理的重点，无论是“父母在，不远游，游必有方”的忠告，还是“子欲养而亲不待”的忠告，都体现了孔子将孝道、顺从和反哺作为父子伦理关系的重点；孔子还规定了家庭相处之道，认为家庭关系中无论父母对错，

---

[1][5] 荀况. 荀子全译［M］. 蒋南华，罗书勤，杨寒清，注译. 贵阳：贵州人民出版社，1995：505-577，558.

[2][3] 孔丘. 论语［M］. 傅佩荣，译解. 北京：东方出版社，2012：38，216.

[4] 孟轲. 孟子［M］. 万丽华，蓝旭，译注. 北京：中华书局，2006：277-278.

事情是否符合自己心意，晚辈都不要去抱怨，即“事父母几谏，见志不从，又敬不违，劳而不怨”[1]。传承性是儒家考察父子伦理的一个标准，孔子认为观察一个人的德行，主要看其志向和行为在父亲过世后有无改变，如果三年没有改变，那就称得上孝顺，即“父在观其志，父没观其行，三年无改于父之道，可谓孝矣”[2]。孟子认为父子关系不能以利为中心，如果后代以功利之心对待长者，则和国家一样最终必然因利交恶而解体，即“为人子者怀利以事其父”，则“怀利以相接，然而不亡者，未之有也”[3]。值得一提的是，孟子反复强调父子之间的关系在于依存、孝道和顺从，不仅不能以利益维系，同时不能以“善”为借口进行责备或教化，认为那是朋友之间的相处之道，不适用于家庭。荀子直接指出人之所以区别于动物，是因为人有感情，即“夫禽兽有父子而无父子之亲”，继而指出道德是维系家庭关系的准绳，具有教化功能，一个家庭只有道义传家和坦诚不公，才能传承发扬下去，才能避免陷入“不诚则疏”的困境。[4] 子夏提倡对待父母要尽心尽力，即“事父母，能竭其力”。

第三，兄弟关系方面，儒家认为兄弟之礼是社会之本。孔子认为兄弟关系不仅是社会关系的反映，也是个人直接或间接参与治国理政的凭借，因此积极倡导兄弟之间和睦相处，形成“兄弟怡怡”的氛围，因为每个人只要友爱兄弟，营造这种氛围并推广到政治上去，就是一种参与政治的方式，即“孝乎惟孝，友于兄弟，施于有政。是亦为政”[5]。子夏指出，每个人“死生有命，富贵在天”，但只要遵守伦理纲常，对兄弟之礼谦恭而符合礼节，则最终会形成“四海之内皆兄弟也”的共治共享局面。[6] 孟子认为兄弟之交应摒弃功利而以品德为重，因为“为人弟者怀利以事其兄”，终将“兄弟终去仁义”，而应该“友其德也”[7]。荀子认为兄弟之礼要有始有终，面对利益相争类似情况时，需要伦理教化的介入，如此才能让兄弟之间保持谦让与和谐，将利益让给更需要的普通人，即“化礼义则让乎国人矣”[8]。

第四，夫妻关系方面，儒家认为夫妻之礼是伦理之源。孔子将夫妻伦理置于其他伦理关系结构中的首位，在于他认为先有夫妇然后有父子、有

[1][2][5][6] 孔丘. 论语 [M]. 傅佩荣，译解. 北京：东方出版社，2012：54，8，25，175.

[3][7] 孟轲. 孟子 [M]. 万丽华，蓝旭，译注. 北京：中华书局，2006：268-270，223-288.

[4][8] 荀况. 荀子全译 [M]. 蒋南华，罗书勤，杨寒清，注译. 贵阳：贵州人民出版社，1995：40-178，493-495.

父子然后有君臣等认知，即“君子之道，造端乎夫妇，及其至也，察乎天地”[1]。紧接着，孔子将“贤贤易色”作为夫妻相处的原则，认为丈夫在对待妻子时应该重视品德而忽视容貌。荀子从伦理上规定了夫妻之礼的角色扮演，认为丈夫应该尽力和睦而不放荡淫乱，与妻子十分亲近而又夫妻有别，即“致功而不流，致临而有辨”；妻子要有礼义并且温柔和顺地侍奉丈夫，如果丈夫失礼就应恐惧警惕，即“夫有礼则柔从听侍，夫无礼则恐惧而自竦也”[2]。

第五，朋友关系方面，儒家认为朋友之礼是和谐之本。无论是孔子“益者三友，损者三友”的判断，孟子“朋友有信”的忠告，还是子夏的“与朋友交，言而有信”的倡导，都是鼓励人们交往正直、诚信和见多识广的朋友，认为这是有益的，同时奉劝不要与谄媚逢迎、刻意讨好以及巧言善辩的人为友，认为那是有害的。儒家还对选择性交友做了规定，曾子的“以友辅仁”，荀子的“取友善人”，都是倡导朋友彼此帮助回归德性，不要与那些有妒忌之心的人交往，因为那样的话贤德的朋友就不会再亲近，即“士有妒友，则贤交不亲”；同时认为朋友间应相互规劝，以此杜绝不符合礼义的事的发生，即“士有争友，不为不义”[3]。

第五节　传统自发秩序观对乡村治理的影响

有学者认为，淮河是道家思想产生的源头，其中既可探寻“古之道术”的文明滋养，又可找寻水润万物的思想发端，而无论是许由的不尚贤主张、夏禹的柔弱谦下、皋陶的圣法之治、姜尚的天道自然，还是管仲的顺天应命、孙叔敖的隐者三言等都是传统思想的重要来源，有些甚至是直接转述。[4] 可以说，“道法自然”“无为而治”“与世无争”“以柔克刚”“五天伦”“五人伦”“贤能治理”等思想精髓已然成为中华民族治国理政文化的重要养分，并深刻地影响乡村治理的方方面面。

---

[1] 孔丘．论语［M］．傅佩荣，译解．北京：东方出版社，2012：6.

[2][3] 荀况．荀子全译［M］．蒋南华，罗书勤，杨寒清，注译．贵阳：贵州人民出版社，1995：244-246，559-603.

[4] 孙以楷，陈广忠，等著．道家文化寻根——安徽两淮道家九子研究［M］．合肥：安徽人民出版社，2001：1-6.

第一，道家思想濡化下的个人自发秩序，构筑起了乡村治理中整体秩序的基石。乡村治理中，原子化个体既是治理对象，也是治理主体，而只有原子化个体的分散有序，才能形成社会的整体有序。道家思想中，无论是道法自然还是无为而治的精髓，事实上都是一种精神塑造和价值引领，通过倡导人们遵循天道、地道、王道、人道等进行自我净化、自我习得和自我作为，这些价值塑造融于人们的内心世界并内化为自觉行为，无疑会形成自我规范、自我检视和自我调适的自发行为。或者说，道家主张每个人都心怀愿景并自发践行“不为”“不争”理念，个人的自发有序必然带来社会的整体秩序。乡村治理中，道法自然倡导的无为而治，宗族血亲伴随的人际约束，加上崇拜文化内涵的价值认同，开启了顺天应命的秩序传承模式，这些思想对百姓日常行为进行约束和规范，使得小农社会的中国乡村具备了极强的韧性，无论时代如何变迁，这种自我净化、自我组织的治理结构始终发挥着缓冲作用，使得乡村始终保持着总体稳定的秩序格局。

第二，“道生法”的治理逻辑，奠定了法治思维在乡村治理中的合法性基础。治理是一个追求主体多元的概念，但政权在其中的主导地位从古至今没有大的改变。亦即是说，政权之于乡村治理如影随形，但作为早期的封建社会，政权介入乡村治理需要找寻到合法性依据。毋庸置疑，同时代的儒家思想在较长时期内占据着中国主流意识形态的位置，但对于解答这一合法性依据却又显得羸弱。与此比较，道家思想和法家思想似乎走得更远。与法家“法自君出”的主张不同，道家“因道生法”的主张更具隐蔽性和迷惑性，随着社会竞争和社会分工的加剧，“道”这个看似玄虚的概念逐渐被赋予了具体内容，从早期的“出世”到后来的“入世”，几乎建构了一个从乌托邦式的“华胥氏之国”到丛林法则式的“阜落之国”的治国思想体系。乡村治理中，“道生法”的逻辑生成，不但解决了治理本身合法性来源的问题，同时为道家治世尤其是浸入乡土文化开辟了道路。值得一提的是，道家主张法则“发于人间，合乎人性而已”，即必须考虑民俗民情，其中孕育的民间法则所形塑的价值认同和人文关怀凝练成一般性规则，不仅在乡村治理中具有基础性作用，也是乡村自发秩序的重要支撑。

第三，反建构主义的传统，形塑了乡土社会中的自发性治理结构。道家更多地从“破”“导”“立”的角度来思考问题，倡导回归本源、超然脱俗和顺天应命的生活方式和精神境界，更加强调精神的自我解放，摆脱一切羁绊与约束，与天地互洽，以此获得精神世界的丰富和自由。可以说，道家思想是政治哲学层面的价值指引和信仰体系，无论是“圣人不仁”的不尚贤主张、“小国寡民”的政治倡议，“民之难治，以其上之有为”的反有限理性论争，还是“什伯之器而不用”的反工具理性倡议，甚至“鸡犬之声相闻，民至老死，不相往来”的朴素生活观，事实上都是反建构主义的体现。这些思想给乡村治理带来了深远影响，“无为而治”在道义上映衬了古代皇权不下乡制度设计的合理性，“小国寡民”为减少国家干预和保障百姓自下而上的权利提供了依据，不尚贤与少有为的主张为乡村治理中的理性退场和权力让渡提供了合理性解释，而道法自然则为百姓按自己天性生活和形塑乡村的理想秩序提供了理论养分。

又次，休养生息等治世方略，促进了乡村治理中“自治”实践的延续。比较而言，乡村治理中道家思想似乎扮演着超脱的角色——儒家的德治过于柔性，法家的法治又过于刚性，前者旨在通过无形的缰绳型构一个等级社会，后者旨在通过有形的羁绊塑造一个专制社会，而休养生息的思想却具有韧性，旨在提供一盏明灯指引人们奔向诗和远方，在它所型构的乡土社会里，人们通过“道法自然”来体悟和实现人生价值，这种桃花源式甚至有些乌托邦的乡土社会吸引着一代又一代厌倦尘世的人们的向往。事实上，梳理中国发展史，其中可见道家思想占据主导的朝代几乎是中国的鼎盛时期：西汉时期的“文景之治”，汉文帝、汉景帝因采取道家“轻徭薄赋”“与民休息”等治略，极大激发了乡村活力，确保了国家长达半个世纪的繁荣昌盛；唐朝的“贞观之治”，唐太宗采取道家“虚怀纳谏”“知人善用”“以农为本”“休养生息”等治略，为唐朝的“开元盛世”奠定了重要基础，将中国农村社会的发展推向了当时的世界巅峰；南宋北宋时期以及清朝的“康乾盛世”等，都将道家思想奉若圭臬，使得传统中国迸发了蓬勃生机，乡村治理呈现安详有序的局面，因此民间有“治世道，乱世佛，由治到乱即是儒”的说法。可以说，道家治世的示范性给历代政权带来的启示之一，即是赋予百姓“自治”的空间和权力，这种治理方式不仅赋予民间社会形成自组织，专注于治理组织内的相关事宜并形成秩序，而政权则可以以最小的治理投入换来最好的治理效果，同时因维护百姓自由获得尊崇和爱戴。概而言之，道家思想蕴含的自发秩序观无疑是中国乡村治理中“自治”的理论缘起之一，具有历史意义和当代价值。

最后，伦理道德的劝善功能，为乡村治理中的自发秩序提供了精神界标。悠悠历史长河中，儒家思想不仅是中国治国理政思想源起和延续的主脉，同时也是中国对世界治国理政思想的突出贡献。与道家开放性、平等性和自发性的秩序观比较，儒家思想似乎是一种保守性、等级性和建构性的秩序观，但如果以群体作为考察对象，尤其是以乡村熟人社会作为考察对象的话，就会发现儒家思想倡导的秩序样态是一定场域内指向自发、规范和共识基础之上的秩序。或者说，儒家思想与道家思想几乎是两种截然不同的思想体系，儒家思想所倡导的秩序样态总是与乡土社会的宗法礼制关联，似乎是一种强调秩序、规范、等级、教化等的建构秩序。事实上，如果从更为宏观的视角看待儒家思想的秩序观，就会发现儒家思想所倡导的秩序观指向更大场域和更广的人际关系，几乎搭建了一个涵括国家、社会和个人的秩序网络，在生成机理上也是源于规范人们的思想并引导形成价值共识和集体行动，因此在理论上符合自发秩序含义。其中，儒家思想认为治国可以是伦理道德，也可以是法律，但根本上要靠伦理道德，因为刑罚只能让人产生畏惧并只能治理表面的恶，只有伦理道德才能从内心根除恶的根源，从而杜绝恶的产生。剖析可见，儒家思想不相信法律的原因，源于人性向善的基本信念。正如孔子所言，“道之以政，齐之以刑，民免而无耻；道之以德，齐之以礼，有耻且格”。即是说，如果用政令辅之以刑罚去管理民众，虽然能避免民众犯罪，但也会使他们缺乏羞耻之心；而如果以道德辅之以礼制来引导民众，那么就能让每个人都具有道德的涵养，不但会有羞耻之心，而且还能自觉守规矩、走正道。[1] 由此可知，儒家德治摒弃道家的无为而治，同时否定法家的刑罚绝对论，是人性善假设基础之上的综合性立体化治理之道。其中，儒家所倡导的忠孝传家的思想，直接影响乡村孝亲文化的生成并为自发秩序注入规范；“仁义礼智信”蕴含的善信善治，直接为乡村治理中的思想共同体提供了行动遵循；见贤思齐的道德劝善，则为村民展现人生价值提供了榜样示范和价值引领，如此等等，儒家思想对于乡村治理中的自发秩序具有明显的引导和教化意义。

第六节 结论与讨论

毋庸置疑，优秀传统文化对治国理政具有重要的理论意义和实践价值，

---

[1] 孔丘．论语［M］．傅佩荣，译解．北京：东方出版社，2012：14.

对于乡村自发秩序的生成和延续同样具有深远影响。如果说道家与乡村治理中的“自治”有所关联，法家与“法治”有所关联，那儒家无疑是“德治”的重要缘起。需要指出的是，儒家思想对自发秩序的影响似乎走得更远，以至于自治、法治思想中都可以找寻到“德治”的影子。

一、主要结论

（一）德治对乡村自发秩序具有独特价值

早期社会学家在描述凝聚力消退、陷入分裂和无序的社会时，认为合理的、社会应当尊重的自由应该是一系列规范的产物，即“一系列烦琐复杂的规范总归是必需的，否则自由只不过是一种虚名”[1]。这里的规范指向基于内心信念和价值共识基础上的道德规范。英国哲学家边沁认为：“道德的最高原则就是使幸福最大化，使快乐总体上超过痛苦。”[2] 其中可见，道德濡化下的善治社会是世界范围内的共同命题。在中国，德治文明不仅指向个体层面的思想认同，同时指向群体性的价值共识和集体行动。值得一提的是，德治在历史长河中激流勇进，历经数千年的打磨和沉淀，逐渐转化为可操作化的社会实践，在乡村治理中对于自发秩序的形成具有独特价值。

（二）德治是社会资本存量的重要内容

德治作为自发秩序的生成要素和社会资本存量的映衬，不仅是组织秩序或建构秩序的有力补充，同时也是以最小治理成本换取最大治理成效的方式。乡村自发秩序需要提升以信任、共识和集体行动为内核的社会资本存量。原因在于：乡村治理是一个整体性的综合系统，随着乡村公共事务的增多，如何引导形成共建共治共享的局面需要具有德性的个人的理性行动；乡村治理需要成本，无序的个体行为会耗散更多的治理成本，从而影响甚至拉低乡村秩序的整体水平。因此，面对城镇化带来的流动性和疏离感，需要德治的道德劝善和价值共识形成集体行动；居民自愿、自发基础上的互惠和信任能有效降低乡村治理的成本，增进居民幸福感、获得感和安全感。

---

[1] ［法］埃米尔·涂尔干. 社会分工论［M］. 渠东，译. 北京：生活·读书·新知三联书店，2000：15.

[2] ［英］杰里米·边沁. 道德与立法原理导论［M］. 时殷弘，译. 北京：商务印书馆，2005：257-258.

（三）德治是乡村公序良俗的压舱石

如果人们心中没有公德，乡土社会中有时会选择趋利避害的搭便车行为，抑或为了私利忽视公义，出现邻避争议、公地悲剧，甚至整体失序。乡村共同体需要德治基础上的自发秩序，亟须儒家精神指引、价值共识、榜样劝善和行为规范基础上的道德濡化，如此才能提升居民归属感并引导形成集体行动。需要指出的是，德治软约束有其自身的运作逻辑，但德治软约束如果仅仅依靠柔性方式，必然会破坏乡村治理的权威性。因此，德治软约束在乡村治理中应该有公权力的依托，通过公权力的强制力保障德治软约束的治理效能。总体上，公权力的嵌入治理可以发挥两方面的作用：一是引导符合政治需要的道德体系，塑造家国情怀；二是推动治理权和自治权的有机融合，实现国家政治和乡村治理的同步性，进而确保乡村治理中公序良俗的健康发展。

二、主要讨论

无论是道家的无为而治、法家的缘法而治，还是儒家的伦理治理，都偏重于政治哲学层面的方向判断和精神引领，散发着人性的光辉，但实践中又存在某一种思想一度成为某一朝代的主流治国思想，有时又成为某一朝政禁止的对象，因而在悠久的历史长河中交替出现或同时存在，对于农耕社会为主的传统乡村产生了综合性深远影响。如果说儒家秩序关照偏向“德治”的话，道家秩序关照无疑更加接近“自治”的现代意蕴，与法家影响下的“法治”一道，共同构成具有中国特色的“自治、法治、德治”相结合的乡村治理理论。

关于儒家思想中自发秩序与建构秩序影响的权重，以及儒家思想伦理性和保守性对开放性活力性秩序的影响等问题，仍然需要探究。

第四章　中国共产党百年来的乡村有效治理观

探索中国共产党百年来的治国理政思想可以发现，乡村有效治理观并非线性样态，而是不同时期物质和意识辩证统一的逻辑结果；既不是简单的“国家中心论”，也不是简单的“社会中心论”，而是不同时期物质生产力和意识能动性辩证统一的逻辑结果，具有阶段性、规律性和能动性。百年来，中国共产党始终以历史唯物主义为指导，不仅在乡村扮演着领导者、组织者角色，同时十分重视人民主体作用的发挥，乡村有效治理体系行稳致远。但稍显遗憾的是，相关研究大多与威权主义、法团主义甚至全能主义等关联，使得中国共产党的乡村治理观湮没于建构秩序的认知中，亟须给予关注。一般而言，乡村治理主要涵括组织秩序与自发秩序两种形态。其中，组织秩序是政党政治建设的需要和社会主义国家制度优势的体现，属于统合型治理方式；自发秩序取决于权力让渡的空间和社会进步的程度，是国家能力建设中柔性治理的充分展示。总体上，百年来不同时期生产力与生产关系、经济基础与上层建筑矛盾运动对于乡村治理中的两种秩序形态具有深远影响。

第一节　新民主主义革命时期的乡村有效治理观

人类社会历史是不以人们主观意识为转移的客观发展过程，各时期的乡村治理也有其客观规律性。民国时期，随着王朝国家向政党国家的转型，国民党治下的乡村社会不断遭受政权力量的渗透。这一时期，基于自然经济为基础的生产力和生产关系，宗族血亲和伦理教化仍然发挥着一定的作用，但以保甲制度为典型的国家力量牢牢掌控着乡村社会，内生秩序不断弱化，建构秩序的特征迅速凸显。中国共产党成立之后，积极动员和引导群众加入反强权主义、反封建主义、反命令主义的乡村行动中来，为推动实现农民当家做主的自主秩序开辟了新纪元，乡村治理观呈现从建构到解构的过程。

一、强调有组织、有程序、有民主的乡村治理

新民主主义革命早期的中国刚从半殖民地半封建的社会中走出来，受传统人治思想的影响，乡村治理凸显为封建礼治的样态。这一时期，囿于生产力水平以及群众思想觉悟等处于比较低的阶段，因此乡村秩序表现为低水平的、富人治理的和官治之下的依附型秩序，农民基本丧失反抗能力和话语能力。在这种秩序里，无产者因处于弱小、散乱和相对愚昧的状态，需要团结起来甚至组织起来，走夺取生产资料壮大财产权为基础的自主秩序道路，中国共产党承担起这一时代重任。党的主要创始人和早期领导人之一的李达曾指出："所以资本主义的生产组织，是无政府、无秩序的状态，社会主义生产组织是有程序、有政府的状态，这两者的利害得失，我想无论何人都容易判别出来。""世间不懂社会主义的人，把社会主义看成洪水猛兽一般，当着这社会主义潮流澎湃而来的时候，这类人就大惊小怪，好像对于项城称帝、张勋复辟一样，纷纷议论顺逆的态度。"[1] 其中可见，中国共产党成立之初即强调社会主义之于旧秩序的革新意义，同时重视秩序的程序性和组织性，对于软弱涣散的乡土社会团结起来形成自发力量具有很强的指导性。中国共产党成立以后，长期扎根农村并将土地改革和乡村自治作为革命努力的方向，旨在增强农民财产权基础上的自治能力。毛泽东等在1927年的《中央委员宣言》中指出："故对于两湖广大农民运动之发展，以及农民群众进入为解决土地问题及建立乡村自治之革命行动，认为不但不应加以压抑，且认为系本党'耕者有其田'的主张渐得广大农民之认识。"[2] 这是中国共产党以民为本思想的早期表述，将破除旧有生产关系、团结群众和推动农民运动作为实现乡村自治的路径加以确定。彭公达在《关于湖南秋收暴动经过的报告》中详细记录了毛泽东等人对于土地问题、农民暴动、政权问题等的意见，认为必须鼓动农民一致下决心，推翻地主占据的土地政权并取消地租制度，通过平分土地、恢复农民协会以及乡村政权归农协等举措，引导农民开展暴动夺取政

---

[1] 中共中央党校党史教研室选编. 中共党史参考资料：党的创立时期［M］. 北京：人民出版社，1980：260-261.

[2] 中共中央党校党史教研室选编. 中共党史参考资料：第二次国内革命战争时期［M］. 北京：人民出版社，1981：2，13.

权取得自治。[1] 这一时期的中国共产党十分重视自下而上的民主权利，但认为民主权利并非迁就群众中的错误意见，跟随不正确的自发思想尾巴走，因为这样的秩序只会带来资源的耗散，不值得提倡。同时强调，游击战争以及革命根据地时期高度的地方性和自治权是必要的，克服了当时极为复杂的困难。但是，分散主义或地方主义的习惯也在无形中形成，造成了党内某些严重的无纪律状态或无政府状态，而这些对于夺取全国胜利是有害的。1948 年毛泽东在指示全党干部研究列宁《左派幼稚病》时指出："请同志们看此书的第二章，使同志们懂得必须消灭现在存在于我们工作中的某些严重的无纪律状态，或无政府状态。"[2] 总体而言，中国共产党这一时期的乡村治理观是一种强调有程序、有组织的治理观。

二、强调价值共识和思想引领在乡村治理中的作用

马克思认为，意识一开始就是社会的产物，而且只要人们存在着，它就仍然是这种产物。隐喻的是，意识既是人类社会活动的产物，也是人类社会发展的动力。共识作为意识的最大公约数，不仅反映生产力发展水平，同时对于社会发展具有强大的能动性。从半殖民地半封建社会一路走来的乡土社会里，针对农村物质相对匮乏和智识未开化的特殊情况，中国共产党主张启蒙式的秩序观，即通过引导、启发甚至教育的方式，使人们因获得知识、拓展见识和产生体悟而自觉自愿地团结起来，破除旧的生产关系，向往并通过实际行动追求当家做主。从建党开始，中国共产党就十分强调共产主义理想在乡村的宣传和与乡土精神的结合，并基于思想引领基础上团结群众、发动群众追求自治。1922 年 7 月的《中国共产党第二次全国大会议决案》中提出："系统的合理的宣传，在乡村是必要的。"[3] 新华社社论、《解放日报》社论等指出，群众是否发动起来的标准，不单看群众得到多少经济利益，而主要看群众在争取这些利益的过程中，是否已经产生了主人翁的自觉，是否相信自己组织起来的力量，是否产生了大批的积极分子和群众自己的领袖，

[1] 中共中央党校党史教研室选编. 中共党史参考资料：第二次国内革命战争时期［M］. 北京：人民出版社，1981：2，13.

[2] 中共中央党校党史教研室选编. 中共党史参考资料：第三次国内革命战争时期［M］. 北京：人民出版社，1981：435，107-108.

[3] 中共中央党校党史教研室选编. 中共党史参考资料：党的创立时期［M］. 北京：人民出版社，1980：347.

进而指出："领导的主要任务乃在于启发群众的觉悟，扫除他们的顾虑，使他们自觉到他们已经获得民主权利，并敢于以主人翁的气概，来参加运动，来揭发和反对顽固地主的抵抗企图，而不在于防止'过火'。"[1] 在中国共产党启蒙、引导和团结下，乡村产生了一些区别于地主富农的新的自然权威和意见领袖，秩序开始展现出活力的、民主的特征。毛泽东在批判封建秩序时，十分推崇思想启蒙后的意见领袖，尤其是积极分子与较好分子自觉引领的乡村秩序。他在《寻乌调查》中指出，新式会场里大家虽然乱讲一顿，却有一种自然的秩序。"这种社的会议是农民作主，不是豪绅作主，也不完全是富农作主，是大家来而'更公道'的人的话为大家所信仰，这个人就作了无形的主席。"[2] 隐喻的是，只有对先进文化和正确思想感同身受，群众才能产生共鸣并形成价值认同。正如毛泽东所言："一个党不是靠党员个人的思想自觉，而是靠赌咒发誓，它的事情就大不妙了，其命运也就可想而知了。"[3] 其中可见，价值共识是多元思想综合和互洽的逻辑结果，不仅要强调榜样示范，同时要反对命令主义，为自主秩序提供空间。

三、强调乡村强权和封建保守性对乡村治理的危害

实践表明，每一种既存阶层、制度或文化都或多或少具有保守性，对新生力量、制度和文化展现出抵制的本性，直至力量发生改变之后的调适、消亡或融入。正如马克思指出，既有阶层（比如中间等级）为了维护生存免于灭亡所进行的斗争不是革命的，而是保守的，不仅如此，甚至是反动的，只有他们不是为了维护目前而是将来的利益，进而站到无产阶级立场上来进行的斗争，才是革命的，也才是进步的。[4] 中国绵延上千年的乡村社会中，以有产阶层为代表的既得利益者偏向守成制度，以封建思想为代表的宗法礼制偏向保守主义，他们维护的秩序事实上是以既得利益和权威为目的的，乡村要实现民主式秩序，必须破除守成力量和保守规则。毛泽东等对封建地主阶级和宗法礼制的保守性提出批评，认为经济落后之半殖民地革命最大的对象是乡村宗法和地主阶级，因为无论是帝国主义还是统治阶级，他们对于农民

[1] 中共中央党校党史教研室选编. 中共党史参考资料：第三次国内革命战争时期［M］. 北京：人民出版社，1981：435，107-108.

[2] 中共中央文献研究室编. 毛泽东文集：第一卷［M］. 北京：人民出版社，2001：179，227.

[3] 中共中央文献研究室. 毛泽东文集：第三卷［M］. 北京：人民出版社，2001：386.

[4] 马克思恩格斯文集：第二卷［M］. 北京：人民出版社，2009：42.

的压迫与榨取，都是宗法和地主阶级以死力拥护的结果，因此不仅要打倒军阀，还要打倒宗法和地主。进一步而言，农民在土豪劣绅大地主几千年来持续压榨的政权中，依靠自身力量难以实现自主独立，只有推翻这个压榨的政权才能有农民的地位。在号召打倒乡村保守力量的同时，中国共产党还对封建乡绅，尤其是文化精英的保守性持批评态度。毛泽东等人深刻描述了秀才甚至举人在维护旧秩序和抵制新事物中的保守性，认为“秀才都是地主阶级的产物，但也有极少数是从贫农阶级出身，受地主的栽培而读书进学的”[1]。

因此秀才等乡绅具有较强的保守性，哪怕旧秩序已然触及自身利益也不会主动反抗，他们中的大多数虽然表面上赞成新文化，但同时又限制子女婚姻自由等，存在认知上的缺陷，在推动乡村治理中的作用减退。因此，引导和团结群众反对乡村保守性，尤其是推翻阶层压榨成为中国共产党早期的主要目标，厘清阶层结构十分关键。刘少奇在中国共产党第七次全国代表大会上指出，中国的农民占全国人口的百分之八十，所谓依靠和照顾人民群众的多数，主要就是农民这个主体，“我们党的主要部分之所以长期处在农村中，这是由于中国是一个半殖民地半封建的国家，有最广大的农民作为目前革命中的主力军，由于中国工人阶级在城市中受压迫，长时期内无法自由进行革命活动，乃派遣自己的先锋队到农村去，组织自己广大的农村同盟军，以便在适当时机配合这个同盟军解放城市。这就是我们党长期在农村中工作的实际意义”[2]。在深刻分析农村关系结构的基础上，中国共产党进一步明确在农村反对压迫和实现民主的目标，即土地革命，强调消灭封建性及半封建性剥削的土地制度，实行耕者有其田的制度，为乡村自主秩序提供保障。

四、强调自治和制度在乡村治理中的重要地位

毋庸讳言，落后生产关系中群众最初的自治权需要引导和抗争获取，正如恩格斯在考察意大利和法国市民社会时指出，市民从封建主手中争得最初的自治权后，才能朝着共同体的“公社”迈步前行。[3] 中国共产党成立不久的乡村社会里，此时落后的生产力使得统治权掌握在有产者和地方军阀手中，

[1] 中共中央文献研究室编. 毛泽东文集：第一卷［M］. 北京：人民出版社，2001：179，227.

[2] 中共中央党校党史教研室选编. 中共党史参考资料：抗日战争时期（下册）［M］. 北京：人民出版社，1981：424，277.

[3] 马克思恩格斯文集：第二卷［M］. 北京：人民出版社，2009：33.

引导群众取得最初的自治权十分必要。然而，国民党治下的旧势力对于乡村自治持有保守态度，尤其对于中国共产党坚守的革命根据地以及大后方更是持有警惕甚至打压的策略，自主秩序面临诸多困难。1944 年周恩来在“双十”节讲演中指出，国民党当局是一心一意在实行法西斯主义政治，拒绝实行三民主义，“他们在大后方，却剥夺人民自由，实行官办自治”[1]。面对强大的舆论指责和群众反抗，尤其是抗日战争即将取得胜利的大环境下，国民党短暂同意保障人民自由和地方自治，《双十协定》中国共两党一致同意保障人民自由，强调地方实行自治，即“关于地方自治问题，双方同意各地应积极推行地方自治，实行由下而上的普选”[2]。1945 年 10 月，临时全国代表大会通过的《中国民主同盟纲领》中明确地方自治为民主政治之基础，县以下行使直接民权。中国共产党代表团在 1946 年政治协商会议上提出的《和平建国纲领草案》中提出废除现行保甲制度，实行由下而上的普选，承认各民族的平等地位及其自治权。但不久之后，国民党单方面违背协定内容，开启全面内战，乡村自治沦为纸面协定。亲历国民党在大后方官治的危害以及对自治的抵制，更加坚定中国共产党寻求乡村自治的初心和使命。但需要指出的是，破除旧势力和成立新中国要求制度上的集中统一领导，以此实现动荡社会的安定团结，进而为乡村自治的回归奠定组织基础。正如毛泽东在新中国成立前夕指出：“总之，革命形势要求我党缩小（不是废除）各地方各兵团的自治权，将全国一切可能和必须统一的权力统一于中央，而在各地区和各部分则统一于受中央委托的领导机关。”[3] 其中可见，为地方自治提供制度环境和组织保障是中国共产党的一贯主张，旨在为乡村治理提供活力和动力。

第二节　社会主义革命和建设时期的乡村有效治理观

中华人民共和国的成立，乡村社会从国民党治下的强权社会进入了人民当家做主的新社会，乡村治理经历了建构之后的解构。这一时期，中国进入

[1] 中共中央党校党史教研室选编. 中共党史参考资料：抗日战争时期（下册）[M]. 北京：人民出版社，1981：424，277.

[2] 中共中央党校党史教研室选编. 中共党史参考资料：第三次国内革命战争时期 [M]. 北京：人民出版社，1981：13.

[3] 中共中央文献研究室. 毛泽东文集：第五卷 [M]. 北京：人民出版社，2001：87.

了以生产资料公有制为主体的社会主义国家，计划经济与政治整合要求解放生产力和重塑生产关系。这一时期早期，中国共产党放权赋能激发乡村活力，通过土地改革、合作化改造以及按劳分配等举措，极大激发了群众维护既有秩序的热情。之后，随着阶级斗争为纲政策的转向以及政社合一全能主义的实施，乡村治理从早期的解构进入异构，自主秩序一度陷入困境。

一、中华人民共和国成立初期，以推动土地改革和反对命令主义形塑乡村秩序

土地作为农民最重要的生产资料，一直以来是农村稳定和发展的重要保障。中国共产党历来重视土地问题，第一次国内革命战争时期和十年内战期间，就领导农民开展打倒土豪劣绅和反对重息、重租、重税的土地改革斗争。抗日战争胜利以后，中央颁布《关于清算减租及土地问题的指示》，明确把抗日战争时期的减租减息政策改变为实行“耕者有其田”的政策，随即在根据地开始了轰轰烈烈的土地运动。中华人民共和国成立之初，中央规定了土地改革的总路线和总政策，即依靠贫农、雇农，团结中农，中立富农，有步骤地有分别地消灭封建剥削制度。但在土地改革中，由于涉及多方利益的调整，因此阻力和趋利等现象时有发生，制度保障成为土地改革中维持乡村秩序的关键。刘少奇在1950年人民政协全国委员会第二次会议上强调土地改革中不能容许混乱现象的发生，必须有领导地、有计划地、有秩序地去进行，才能符合最大多数人民的利益，因此“为了有领导有秩序地去进行今后的土地改革，中央人民政府必须颁布一个土地改革法及其他若干文件”[1]，确保土地改革运动有秩序地有步骤地有分别地去完成。1950年6月30日，《中华人民共和国土地改革法》颁布实施，成为土地改革的基本法律依据。制度保障下，这一阶段的土地改革重在没收地主阶级土地分配给无地少地的农民。土地分配到户，极大地激发和调动了广大农民群众生产生活的积极性主动性，他们参与社会主义改造和建设的意识也从不自觉到自觉、从被动到主动转变。这一时期，为了规范业已形成的秩序局面，中国共产党强调反对官僚主义以及命令主义。朱德指出群众迸发的自觉性是规范权力和形成秩序的可靠力量，强调：“只有这样，才能进一步地把群众发动起来，才能作到使党员干部提高

[1] 中共中央党校党史教研室选编. 中共党史参考资料：国民经济恢复时期［M］. 北京：人民出版社，1981：52，42.

自觉，并在群众的监督之下逐渐地把官僚主义这个坏毛病克服。"[1] 毛泽东在《中国农村的社会主义高潮》中，直言不讳地指出趋利倾向的小农意识对于社会主义建设的危害，认为需要加以引导以走上兼顾公私利益的合作化道路，但他又指出引导、指导也并非一味的命令主义，甚至强调农村的事情必须获得群众的支持，少一些命令主义。在谈及合作化问题时，他指出："只要我们党当着发动群众加入合作社的时候所采用的工作方法，不是命令主义的或者简单从事的方法，而是向群众讲道理，作分析，完全依靠群众自觉自愿的方法，那末，完成合作化，并且达到增产，决不是很困难的。"[2] 其中可见，随着生产力的发展和生产关系的重塑，这一时期的中国共产党在反对盲目性和命令主义之间找寻治理平衡，以此激发乡村活力的同时保持集中有效的领导。

二、社会主义改造时期，以放权赋能和法制建设激发治理活力并保障乡村秩序

"在现代历史中，国家的意志总的说来是由市民社会的不断变化的需要，是由某个阶级的优势地位，归根到底，是由生产力和交换关系的发展决定的。"[3] 隐喻的是，一个国家的治国理政思想具有阶段性和阶级性，是生产力和生产关系互动发展的逻辑结果。在中国，农业、手工业和资本主义工商业的公有制改造，开启了经济社会共建共治共享历程。在此阶段，生产资料公有制凸显了制度优势，为进一步激发农村活力和农民动力，中央相对重视放权赋能，以此巩固合作化改造成果。毛泽东在《论十大关系》中指出："我们的国家这样大，人口这样多，情况这样复杂，有中央和地方两个积极性，比只有一个积极性好得多。" 同年，毛泽东在中央政治局扩大会议的讲话中，强调民主管理和自由的重要性，"现在我们反对自由主义，是反对在不应当搞自由的地方也搞了自由的那一部分，不是反对一切自由。"[4] 其中可见，放权赋能历来在中国共产党治国理政方略中占有重要席位，以民主自由促进乡村活力的努力也从未停止。正如毛泽东在谈到统一和分散问题时，指出抗日

---

[1] 中共中央党校党史研究室．中共党史参考资料：国民经济恢复时期［M］．北京：人民出版社，1981：42.

[2] 中共中央文献研究室．毛泽东文集：第六卷［M］．北京：人民出版社，2001：448-449.

[3] 马克思恩格斯文集：第四卷［M］．北京：人民出版社，2009：306.

[4] 中共中央文献研究室．毛泽东文集：第七卷［M］．北京：人民出版社，2001：55，52，197.

战争时期根据地有很大的独立性，但后来发展到有些根据地闹独立，应当听中央指挥的也不听，于是中央作出了关于党的领导一元化的决定来进行纠正，但同时仍然给根据地保留了很大的自治权力；解放战争时期，中央发出关于建立请示报告制度的指示，逐步把过去过于分散的状态纠正过来；社会主义改造时期又有一种偏向产生了，就是集中过多，农业生产合作社要有多大的自主权，地方要有多大的自主权，都还没有研究好，但总体上“过分的集中是不利的，不利于调动一切力量来达到建设强大国家的目的”[1]。总的来看，放权赋能在这一阶段的乡村治理中始终广泛存在。需要指出的是，每种生产形式都产生出它所特有的法的关系、统治形式等。也就是说，国家意志需要以制度和法律的方式固定下来，以此夯实执政基础。正如马克思所言：“法律在巩固分配关系方面的影响和它们由此对生产发生的作用，要专门加以规定。”[2] 中国共产党这一时期还对乡村治理的法制保障做了探索，并将其作为政府领导和政策指导的有益补充。毛泽东在1957年省市自治区党委书记会议上的讲话中指出：“法律是上层建筑。我们的法律，是劳动人民自己制定的。它是维护革命秩序，保护劳动人民利益，保护社会主义经济基础，保护生产力的。”[3] 其中可见，法制是中国共产党推进乡村治理中一以贯之的态度。

三、人民公社化运动时期，乡村治理在相对集权中探索民主自由

随着社会主义改造的结束，以公有制为基础的社会生产力迸发出巨大活力，第一个五年计划的超额完成，农业、手工业和工商业取得了前所未有的发展，初步积累了建设社会主义的经验，极大增强了社会主义优于资本主义的信心，这一时期的统合型治理方式旨在凝聚社会力量和增强国家能力。1958年第一个人民公社嵖岈山卫星人民公社在河南诞生，同年颁布《中共中央关于在农村建立人民公社的决定》，撤乡镇并大社的人民公社化运动正式开始，放权赋能逐渐被高度集权所取代。1962年“三级所有，队为基础”体制的确立，使政社合一的治理模式在中国确立并持续了20余年，直到1983年10月《中共中央国务院关于实行政社分开建立乡政府的通知》颁布。需要指

[1][3] 中共中央文献研究室. 毛泽东文集：第七卷［M］. 北京：人民出版社，2001：55，52，197.

[2] 马克思恩格斯文集：第八卷［M］. 北京：人民出版社，2009：22.

出的是，在此期间以人民为中心依然是中国共产党的执政理念和初心使命，虽然集权和分权有不同的表现形式，但总体目标还是达成组织需求和个人自由的互动，因此放手调动群众主动性积极性的思想从未动摇。毛泽东在《一九五七年夏季的形势》中指出，中国共产党领导群众建设社会主义，目的在于形成“又有集中又有民主，又有纪律又有自由，又有统一意志、又有个人心情舒畅、生动活泼，那样一种政治局面。”[1] 这一时期，中国共产党强调只有群众真正掌握了主导权，才能享有真正意义上的自治权，人民公社作为以人民为主体的基层组织形式，人民民主不可或缺。邓小平在1958年谈到集体生活中的个人自由问题时，指出凡涉及人民群众生活的事情，应当和群众商量，不能凭主观愿望办事，“总之，在集体生活中的个人选择自由，从社会主义到共产主义，不是越来越小，而是越来越大”[2]。由此可见，社会主义民主和自由在中国共产党的治国理政思想中始终占据重要地位。毛泽东1962年对自由和规律的辩证关系进行论述时，认为“自由是对必然的认识和对客观世界的改造。只有在认识必然的基础上，人们才有自由的活动。这是自由和必然的辩证规律。所谓必然，就是客观存在的规律性，在没有认识它以前，我们的行动总是不自觉的，带着盲目性的”[3]。也就是说，在认识规律和掌握真理之前，探索或多或少存在盲目性和自发性，但在掌握规律之后，我们就能很好地改造世界并服务于人民的真正自由，因此，包括人民公社在内的探索都是在追求社会主义民主和自由的过程中。

第三节　改革开放和社会主义现代化建设时期的乡村有效治理观

十年动乱结束后，乡村治理亟须从混乱到治乱转型。这一时期，计划经济逐渐显现出疲态，亟须解放生产力和变革生产关系，中国共产党重新审视乡村社会中权力过度集中、非理性自由以及政社合一的弊端，重视基层自治、组织建设以及民主集中的价值回归，同时注重发挥法治的保障作用和德治的

[1][3]　中共中央文献研究室．毛泽东文集：第八卷［M］．北京：人民出版社，2001：293，306.

[2]　中共中央文献研究室编．邓小平年谱（一九〇四——一九七四）：下册［M］．北京：人民出版社，2009：1473.

非典型政治功能，旨在引导乡村公序良俗的复归。总体上，这一时期的乡村治理重在突破全能主义时期的异构状态，为治理现代化背景下乡村有效治理体系和“三治结合”的秩序观奠定了基础。

一、重新审视权力集中的局限，推动基层自治并明确民主集中在乡村秩序中的作用

党的十一届三中全会以后，公有制为主体、多种所有制经济共同发展的基本经济制度以及按劳分配为主体、多种分配方式并存的分配制度基本确立。这一时期，中国共产党重视群众在生产中的主体地位和乡村治理中的主体作用。邓小平多次谈及“权力下放”、扩大社会主义民主以及提升群众自主权，认为“把权力下放给基层和人民，这就是最大的民主”[1]。尤其是农村改革要见成效，必须给农民更多的自主权。其中可见，“权力下放”和“调动积极性”是这一时期乡村治理的努力方向。为了实现这一目标，中国共产党聚焦基层作风转变、村民直接民主以及法制保障等重点领域。邓小平针对一些基层干部仍然沿袭“管制”模式的情况，指出：“队长不合格就淘汰，社员应该有权利，现在有些干部权力大得很，包办选举，几个人说了算。所以现在农村有霸，有霸王。不管是公社各级领导干部，还是工厂企业的管理干部，都要考核。”[2] 这是对乡村权力集中的反思，也是党的领导人以“考核”这种现代管理方式对基层治理做出要求的一次重要表述。邓小平强调社会治理中实质民主和法制建设的重要性，要求反对空头政治，指出民主集中制的中心是民主，在农村就是要实行民主选举、民主管理和民主监督。党的十一届六中全会通过《关于建国以来党的若干历史问题的决议》，明确指出权力过分集中是导致社会主义出现严重失误和挫折的重要原因，要求“在基层政权和基层社会生活中逐步实现人民的直接民主。”显然，把代表制民主同基层的直接民主、居民的广泛自治结合起来，使人民成为乡村生活中真正的主人是这一时期乡村政治的主基调。1987 年 11 月的《中华人民共和国村委会组织法》明确村民委员会是建立在农村的基层群众性自治组织，对群众在乡村治理中的主体性地位进行了确定。总体上，这一时期乡村主要经历了两件大事，一是家庭联产承包责任制、统分结合的双层经营体制的确立，给农民在生产生

---

[1][2] 中共中央文献研究室编. 邓小平年谱（一九七五—一九九七）：下册［M］. 北京：中央文献出版社，2004：1204，379.

活上带来了自主权，使得农民有了追求财产权基础上的自主性；二是人民公社体制的废除和阶级斗争为纲的结束，在政治上形成“乡政村治”格局，农民的民主权利得到制度化落实和保障。

二、面对动态复杂环境，强调基层党组织建设在乡村秩序中的作用

恩格斯认为，生产的无政府状态由生产的有计划的组织所代替是未来共产主义社会的基本特征之一，在这种社会里，劳动将由沉重的负担变成生活的第一需要，人们获得全面的发展，进而实现从必然王国到自由王国的飞跃。[1] 隐喻的是，无产阶级政党组织在解放生产力和变革生产关系中居于核心地位，是引领人们实现自我价值和社会价值统一的保障。随着社会主义现代化建设成为全党全国工作重心，我国开启了以改革、发展、稳定为主旋律的现代化建设新篇章。改革开放到党的十四大之间国家经济增长快速，同期国际形势风云变幻，特别是1987年党的十三大以后的五年里，东欧剧变、苏联解体伴随制度认同困境，自由化思想带来执政考验。面对国际国内复杂环境和机遇挑战，党和国家领导人坚持“贫穷不是社会主义，发展太慢也不是社会主义”理念，将集中精力把经济建设搞上去作为社会主义制度优越性的体现。党的十四大明确将建立社会主义市场经济体制作为经济体制改革的目标，全面开启经济发展新阶段。市场经济作为商品经济，需要加强党的领导，确保公有制为主体的社会主义制度优势，市场经济作为首次在中国大地落地的经济形态，同时需要中国优秀传统文化的加持，尤其需要道德、诚信、契约等价值共识的回归。这一阶段，市场经济伴随的逐利性、流动性以及非建构性对乡村传统观念带来了冲击。基层党组织作为党在基层的神经末梢和前沿指挥所，必须率先熟悉市场规则并引领乡村治理融入其中。党的十四大上，江泽民强调：“党的基层组织是党的全部工作和战斗力的基础。各级党委要采取得力措施，努力把基层党组织建设成为团结和带领群众进行改革和建设的战斗堡垒。农村要进一步搞好以党支部为核心的村级组织建设。”[2] 胡锦涛在1997年全国组织工作会议上指出：“要全面正确积极执行党的路线方针政

[1] 马克思恩格斯文集：第九卷［M］. 北京：人民出版社，2009：3.

[2] 江泽民. 江泽民文选：第一卷［M］. 北京：人民出版社，2006：249.

策，既要善于发现群众创造，总结基层经验，又要善于把党的路线方针政策变为群众的自觉行动，把对上级负责和对群众负责统一起来。”[1] 其中可见，中国共产党十分重视基层党组织的战斗堡垒作用，这种蕴含家国情怀的秩序观旨在提高群众活力和增强国家治理能力。

三、治理方式的现代转型，更加重视法治和德治在乡村秩序中的作用

市场经济具有规则意识、竞争意识、效率意识等社会属性，但社会主义市场经济并非冰冷的商品经济，其中的公平意识、责任意识、道德意识等饱含温情，较之西方国家自由主义视角下的市场经济更加具有集体主义属性和非典型政治功能。或者说，社会主义市场经济蕴含的法治观念和德治内涵，对乡村治理产生了深远影响。这一时期，党的工作是继续“搞活”，发挥各方积极性，同时规定比较详细的法令，以防止对自主权的曲解和滥用。1981 年，邓小平在会见日本访华代表团时，坦言若使民主变成了无政府主义，就没有什么社会秩序、社会安定和社会团结可言，“所以，没有法制不行。我们历史上的缺点就是法太少”[2]，进而指出法治之于秩序的重要性。德治作为柔性治理方式，在促进国家精神与乡村精神有机融合中意义重大。党的十四大强调社会主义法制建设要同思想道德文化建设紧密结合，因为法律可以规范人们的行为，可以强制性地惩罚违法行为，但不能代替解决人们思想、道德的问题，只有思想上、道德上的自省自觉才能推动形成整体的乡村秩序。江泽民在谈到加强社会主义民主法制建设时，指出：“总之，法是他律，德是自律，需要二者并用。在社会秩序的维系、社会风气的治理中，法制建设是很重要的一手，思想道德文化建设也是很重要的一手。”[3] 党的十六大进一步指出：“要建立与社会主义市场经济相适应、与社会主义法律规范相协调、与中华民族传统美德相承接的社会主义思想道德体系。”[4] 其中可见，自治、法治、德治融通发展的治理思想初见雏形，为治理现代化背景下乡村有效治理体系的建设提供了坐标参考系。

---

[1] 胡锦涛. 胡锦涛文选：第一卷［M］. 北京：人民出版社，2016：294.

[2] 中共中央文献研究室编. 邓小平年谱（一九七五—一九九七）：下册［M］. 北京：中央文献出版社，2004：769.

[3] 江泽民. 江泽民文选：第一卷［M］. 北京：人民出版社，2006：643.

[4] 江泽民. 江泽民文选：第三卷［M］. 北京：人民出版社，2006：560.

第四节　中国特色社会主义新时代的乡村有效治理观

改革开放以来，中国共产党基本上架构起了以党的领导为统领，以限权赋能、民主集中、基层自治为保障，以自治、法治、德治相结合为目标的乡村治理体系。党的十八大以来，我国迈上高质量发展快车道，同期面对世界百年未有之大变局以及新冠疫情等的交织影响，乡村治理需要形成坚持党领导下的协同共治格局。这一时期，中国共产党持续以解放生产力和变革生产关系为重点，举全党全国之力推进乡村振兴，乡村治理朝着治理现代化阶段迈步前行。

一、组织秩序与自发秩序共荣，着力打造党领导下的协同共治模式

恩格斯认为："把权威原则说成是绝对坏的东西，而把自治原则说成是绝对好的东西，这是荒谬的。权威与自治是相对的东西，它们的应用范围是随着社会发展阶段的不同而改变的。"[1] 隐喻的是，权威为主的组织秩序与自治为主的自发秩序并无优劣之分，而是受制于生产力发展水平和生产关系的调适程度。当时间进入 21 世纪，现代化、多元化、信息化伴随的动态复杂性，使得乡村治理中任何单一主体都难以发挥决定性作用，而是需要联合出场，以此保障乡村社会的安定和活力。党的十八大以来，习近平多次强调党的领导在维护乡村治理和保障人民权利中的重要地位和作用，要求充分依托制度优势建强基层党组织，打造党组织领导下的乡村治理体系，防范市场失灵、社会失效导致的治理失败。党的十九大上，习近平就加强农村基层基础工作指出："要处理好活力和有序的关系，社会发展需要充满活力，但这种活力又必须是有序活动的。死水一潭不行，暗流汹涌也不行。"[2] 中央统一部署下，举世瞩目的脱贫攻坚和乡村振兴全面展开，在促进共同富裕不断提升群众获得感和幸福感的同时，聚焦乡村有效治理体系的构建，以自治、法治、

[1] 马克思恩格斯文集：第三卷［M］. 北京：人民出版社，2009：337.
[2] 习近平. 习近平谈治国理政：第一卷［M］. 北京：外文出版社，2018：93.

德治夯实乡村治理的自主性、制度性和传承性，不断提升群众在乡村治理中的获得感和安全感。习近平在2020年中央农村工作会议上强调：“要加强和改进乡村治理，加快构建党组织领导的乡村治理体系，深入推进平安乡村建设，创新乡村治理方式，提高乡村善治水平。”[1] 善治作为一种开放的、合作的、共赢的秩序，是组织秩序和自主秩序互洽的逻辑结果；善治作为实现公共利益最大化的社会管理过程，也是政府、社会和市场在乡村协作共赢的有效方式。为了实现乡村善治，中国共产党不断推进治理资源的下沉和治理重心的下移，同时号召和引导全社会参与到乡村建设中来，党领导下的协同共治格局基本形成。总体上，这一时期中国共产党以治理现代化为战略方位，以建强基层党的领导为组织保障，以激活乡村自主秩序为努力方向，共建共治共享的乡村治理体系加快形成。

二、合作秩序与活力秩序联袂，更加重视人民主体性地位和基层治理经验

实践中，中国共产党在乡村治理中所采取的政策并不是直线的，而是曲线的，既明确村委会的自治地位和作用，同时注重民间组织和自然权威等新乡贤的作用发挥。或者说，基层自治的制度设计与基层党组织的嵌入治理交相辉映，既为乡村自治让渡了空间，同时又为党的领导预留了通道。在此结构中，乡村治理中既包括具有建构性质的正式权力，也包括自发形成的自然权威，同时还有赋权性质的社会组织等，形成了一个庞大且有效的治理体系并共同在乡村治理中发挥作用。需要指出的是，多种力量在乡村治理中的合作共存并非没有位序，在强调党的领导基础上，中国共产党始终坚持人民主体地位，十分重视人民创举和基层经验。习近平在十八届中央政治局第十一次集体学习时，指出同历史唯心主义英雄史观相对立，历史唯物主义群众史观坚信人民群众是历史创造者。接着在2014年的中央政法工作会议上强调，只有群众由衷感到权益得到公平对待、利益得到有效维护，才能激发活力和形成秩序。[2] 其中可见，中国共产党历来尊重人民主体性地位，认为只有始终与人民同呼吸、共命运、心连心，乡村治理才有生命力；只有维护好人民的根本利益、激发人民的主体性动力并促进共同富裕，乡村治理才有内在动

---

[1] 习近平在中央农村工作会议上强调坚持把解决好“三农”问题作为全党工作重中之重促进农业高质高效乡村宜居宜业农民富裕富足［J］. 农村经营管理，2021（1）：7.

[2] 习近平. 习近平谈治国理政：第一卷［M］. 北京：外文出版社，2018：148.

力。党的十九届六中全会上，习近平要求："全党必须永远保持同人民群众的血肉联系，站稳人民立场，坚持人民主体地位，尊重人民首创精神。"[1] 总体上，党的十八大以来以乡村治理中的若干基层创举，比如矛盾不上交的"枫桥经验"、三社联动的"相城经验"以及共识凝聚的"四在农家"等，都凸显出人民群众主体性地位的合作创举，源源不断为国家治理现代化的推进提供基层智慧。

三、传统秩序与现代秩序互洽，更加重视社会主义文化和优秀传统文化的有机融合

历史观是政党意识形态的重要组成部分，事关国家的集体记忆、民族的精神积淀和文化的基因传承。进入新时代，中国共产党始终坚持不忘本来、吸收外来、面向未来，形塑了兼具制度优势和文化优势的治理思想和治理制度。其中，制度优势为乡村治理提供了组织保障，铸造了筋骨，传统文化为乡村治理提供了价值共识，注入了灵魂，二者共同为乡村治理提供动力源。这一时期，中国共产党强调培育和弘扬社会主义核心价值体系，同时加强对优秀传统文化的挖掘，努力实现两种文化的创造性转化、创新性发展，因为只有具有当代价值的文化精神与优秀传统文化的有机结合，民族才永远充满希望。习近平强调我国农耕文明源远流长、博大精深，是中华优秀传统文化的根，"要在实行自治和法治的同时，注重发挥好德治的作用，推动礼仪之邦、优秀传统文化和法治社会建设相辅相成。"[2] 其中可见，以兼具时代精神和传统文化的价值共识引领乡村治理成为这一阶段的显著特征。可以说，将传统文化之于制度文化的重要性置于如此战略高位，可见中国共产党对文化传承和共识凝聚在治国理政中地位的重视。习近平还就中国特色社会主义制度、国家治理体系与中华文明历史底蕴之间的逻辑关系做了深刻阐释，指出中华民族灿烂的古代文明蕴含丰富的国家制度和国家治理思想，这些思想为中国的治国理政提供了重要养分。他指出："马克思主义传入中国后，科学社会主义的主张受到中国人民热烈欢迎，并最终扎根中国大地、开花结果，决不是偶然的，而是同我国传承了几千年的优秀历史文化和广大人民日用而

[1] 习近平. 中共中央关于党的百年奋斗重大成就和历史经验的决议［EB/OL］. dangshi. people. com. cn/n1/2021/1116/c436975-32284185. html，2021-11-16.

[2] 习近平. 习近平谈治国理政：第三卷［M］. 北京：外文出版社，2020：260，120.

不党的价值观念融通的。”[1] 党的十九届六中全会再次强调社会主义文化同中华优秀传统文化相结合。乡土社会是孕育优秀传统文化的温润之地，其涵养的传统文明与社会主义文化的相遇与结合，对乡村治理产生了深远影响。总体上，这一时期中国共产党乡村治理观的特征之一，即是促进以伦理道德为特征的传统秩序与政党政治为特征的现代秩序的交流互鉴。

第五节　结论与讨论

中国共产党百年来的乡村有效治理观并非线性样态，而是不同时期物质和意识辩证统一的逻辑结果。或者说，中国共产党百年来的乡村有效治理观是唯物史观在中国大地上的生动展示，无论在血与火的新民主主义革命时期、曲折动荡的社会主义改造和建设时期、全面拨乱反正的改革开放和社会主义现代化建设时期，还是进入中国特色社会主义新时代，总体上遵循生产力和生产关系、经济基础和上层建筑矛盾运动的规律，具有重要的经验启示。

一、主要结论

（一）唯物史观是中国共产党乡村治理观的根本遵循

唯物史观认为生产力发展水平决定社会发展进程和阶级意识，一个国家历史上所有事件发生的根本原因取决于物质的丰富程度，具有规律性和阶段性。正如马克思所言：“各个人借以进行生产的社会关系，即社会生产关系，是随着物质生产资料、生产力的变化和发展而变化和改变的。生产关系总合起来就构成所谓社会关系，构成所谓社会，并且是构成一个处于一定历史发展阶段上的社会，具有独特特征的社会。”[2] 隐喻的是，物质生产力是社会历史发展的根本动力，生产关系反映这一时期的生产力发展水平，具有阶段性特征。综观中国共产党百年乡村治理观，可以发现随着生产力的发展和生产关系的变革而不断调适，从自然经济时期强调组织引领、价值共识、乡村自治，到计划经济时期强调组织秩序、民主集中、政社合一，再到社会主义市场经济时期强调放权赋能、协同共治、三治结合等，其中可见源于物质和

[1] 习近平. 习近平谈治国理政：第三卷［M］. 北京：外文出版社，2020：260，120.
[2] 马克思恩格斯文集：第一卷［M］. 北京：人民出版社，2009：724，574.

意识辩证统一的内在要求。带来的思考是，百年来中国共产党始终将乡村作为安身立命、夺取政权、执掌政权以及慈乌反哺的主阵地，作为中国不断迈步现代化国家的主战场，其不同时期的乡村治理观不仅是生产力发展的阶段性产物，也是生产力和生产关系矛盾发展的直观展示，更是政党意识反作用于物质生产力的集中体现，具有阶段性、阶级性、规律性和能动性。

（二）党领导下的协同共治是意识反作用于社会存在的逻辑结果

马克思批判一切旧唯物主义者忽视人的主观能动性和实践作用的主要缺点，强调哲学家们过去只是用不同的方式解释世界，而问题在于改变世界；同时认为“共产主义和所有过去的运动不同的地方在于：它推翻一切旧的生产关系和交往关系的基础，并且第一次自觉地把一切自发形成的前提看作是前人的创造，消除这些前提的自发性，使这些前提受联合起来的个人的支配。”[1] 隐喻的是，意识对于社会存在具有强大的反作用力，共产主义更加注重联合起来的组织秩序，但始终尊重前人的自发创造。百年来，中国共产党没有受限于落后的生产力和生产关系，也没有窒息社会发展活力，而是充分发挥主观能动性，在加强基层党建以确保政权根基稳定并服务群众组织化需求基础上，通过不断健全完善制度体系和对社会放权赋能等举措，有效避免了乡村陷入僵化治理的陷阱。一方面，赋权增能，充分调动地方积极性和主动性，尤其在处理乡村事务时，明确“不论建社工作和整社工作，都应以乡村中当地的干部为主要力量，鼓励和责成他们去做；以上面派去的干部为辅助力量，在那里起指导和帮助的作用，而不是去包办代替一切。”[2] 另一方面，自治为主的差序治理格局日益受到重视并加快布局，基层组织或民间力量能够自行解决好的治理事项，治权不再第一时间介入，转而为这种自主秩序提供支持。可以说，党领导下的协同共治是政党意识能动性的鲜活例证，不仅有效巩固了乡村治理的执政基础，同时为社会力量的参与让渡了空间，对于乡村善治而言始终具有积极意义。

（三）社会主义生产关系决定乡村治理中的人民主体地位

社会主义生产关系涵括三大要素，一是生产资料公有制为基础，二是按

[1] 马克思恩格斯文集：第一卷［M］. 北京：人民出版社，2009：724，574.
[2] 中共中央文献研究室. 建国以来毛泽东文稿：第五册［M］. 北京：中央文献出版社，1991：243.

劳分配为原则，三是共同富裕为目标，其中可见共有共建共治共享的基本特征以及人民在其中始终居于主体地位。首先，公有制基础上的社会主义民主不是空泛的程序民主，而是实实在在的全过程人民民主。村民自治制度的确立，为乡村治理中的人民主体性提供了保障；乡村治理的现代转型要求碎片化的乡村社会能够进行自我治理，将权力从泛政府责任的绑架中释放出来，乡村治理中的人民主体性由此更加重要。其次，越是现代化加快推进，越是注重传统文化的非典型政治功能。中国共产党成立以来非常重视价值共识的引导和培育，尤其是党的十八大以来，“共识”“道德”“共同体”“自愿”“自发”等关键词开始频繁进入治国理政理念之中，乡村治理更加注重社会主义核心价值观的引领、更加注重优秀传统文化的回归、更加注重群众的创造力，凸显出由刚性治理转向与柔性治理并重的时代特征。最后，乡村治理中历来反对命令主义。百年来，中国共产党始终强调有组织、有目标、有活力的乡村治理观，同时反对命令主义，认为单纯的组织建构会窒息乡村活力，不利于乡村治理的持续健康发展。可以说，人民当家做主始终贯穿中国共产党乡村治理全过程，尤其是随着生产力的不断发展，乡村治理越来越强调人民主体性、文化传承性和法制保障性。

（四）不同时期的乡村有效治理观有所差异但历来反对命令主义

不同历史时期和环境形势下，中国共产党的有效治理观显现出不同特征。比如在新民主主义革命时期由于内战、抗日和解放战争，此时如果仅仅依靠乡村分散的、薄弱的、自发的、自治的力量去完成反剥削和抗击日本侵略的大业，这对于积弱积贫的中国乡村而言无疑是幻想。在这一特殊时期，自发秩序难以为继，乡村秩序抑或国家秩序必须仰仗集体的、先进的思想和力量进行组织，否则亡国危难必然加重，中国共产党义无反顾地承担起了带领群众“站起来”的重任。此后的人民公社时期、改革开放时期以及现代化建设时期，乡村秩序分别呈现出不同样态。给人反思的是，自发秩序是一种和平环境中的礼仪秩序，对于动荡时期、积弱积贫年代以及物质财富尚未达到自由的乡村治理没有特殊意义。需要指出的是，无论在哪一个阶段，中国共产党始终强调群体的有目标、有组织、有纪律和个体的主动性、积极性相融合的自发秩序，同时一直反对命令主义。正如毛泽东强调要警戒自由主义的危险，同时要反对命令主义的危害，认为命令主义如同个人主义、自由主义、散漫性这样一些东西，都是有害的。他在《切实执行十大政策》中开诚布公地指出，马列主义的方法论中批评与自我批评是一条，反对自发论的思想是又一条，尤其是面对各种困难就是不去想办法解决的任其自流，更是不值得提倡，而是要反对消极倾向，同人民打成一片，克服困难，改造世界，这才是马列主义。[1] 在谈到第二国际时，毛泽东指出第二国际崇拜自发论，一切听其自然，因此濒临失败，只有共产国际和俄国布尔什维克党恢复并发展了马克思主义，放手发动群众，壮大人民力量，然后才打倒资产阶级并建立了社会主义社会。[2] 其中可见，中国共产党治理之道在于强调有组织、有目标、有活力的秩序观，同时反对命令主义，认为命令主义会窒息乡村活力，不利于党领导下协同共治局面的形成。

（五）中国共产党历来重视财产权基础上的自发秩序

乡土社会中，如果绝大多数人丧失土地、没有生产资料或没有稳定的职业而不能维系温饱，那么他们为了生存有时不得不屈从于有产者，或者展示利益导向的趋从行为而获得生活的稳定，由此所形成的乡村秩序倾向于依附型秩序。在这样的秩序结构中，没有财产权尤其是土地所有权的普通群众既不会有物质上的自由，更不会有精神上的自由，进而不会有行动上的自由，这种人身依附、财产依附或权力依附的乡土秩序看似一种自愿的行为，但其内涵和本质已然脱离没有条件附加的自发秩序，因而是一种屈从性的自发秩序。中国共产党诞生之后，一开始就意识到财产权之于乡村革命和建设的重要性，通过土地政策等不断激发群众争取财产权利和当家做主的主动性和积极性。抗日战争时期，毛泽东就指出："中国的地主阶级、资产阶级有财产所有权，他们使大批的人破产，使农民和小资产阶级破产，财产集中在他们手里，他们自己就有独立性、个性、自由，而广大人民丧失了财产所有权，也就没有个性、独立性、自由，或者是削弱了。"[3] 其中可见，中国共产党早期领导人从一开始就意识到财产权是一切权利的基础，也是乡村秩序的奠基石，或者说，财产权对于自发秩序蕴含的自主性、独立性和自由权具有至关重要性，没有财产权的个人自由、民主权利难以真正落地。此后，为了带领群众实现财产权基础上的和谐有序，中国共产党做了大量工作，从根据地土地政策、解放区土地政策、家庭联产承包责任制、取消农业税、脱贫攻坚再

---

[1][2] 中共中央文献研究室．毛泽东文集：第三卷［M］．北京：人民出版社，2001：74，377.

[3] 中共中央文献研究室．毛泽东文集：第三卷［M］．北京：人民出版社，2001：415.

到乡村振兴，无不是将带领群众实现共同富裕作为执政追求，随着物质财富的积累，群众实质性民主权利有了巨大进步，在乡村治理中的主动性、积极性有了显著进步。

二、主要讨论

一方面，中国共产党无论在思想上还是在行动中，都十分重视乡村有效治理中组织秩序与自发秩序的融通发展，并切实在价值共识、政社互动、制度保障上创设环境和扎实推动，制度优势和传统优势不断融合并彰显出巨大活力。略显遗憾的是，中国共产党丰富的以人民为主体的自发秩序观并没有生成自己的理论体系，社会实践在压力型行政考核制中淹没于嵌入治理或代理治理中，进而使得乡村治理长期处于建构秩序的认知中。因此，如何凸显中国共产党的自发秩序观，减低乡村治理中全能主义的刻板印象，实现组织秩序和自发秩序之间的良性互动，在理论上助力生成中国特色的乡村治理理论体系，实践中破除权力直接管控、借参与进行管控或由指导异变为领导等问题，一些方面仍然值得深入探讨。

另一方面，中国共产党有效治理观中的自发秩序观是整体秩序之下的活力秩序，其中强调的自发并非自利、自由和无政府主义，而是制度优势和传统文化互洽的产物，这种自发秩序蕴含的伦理观，即是“心中有他人，心中有集体，心中有国家”，或者说，这种群体性甚至利他性为出发点的秩序观，较之国外个人主义、自由主义和制衡主义下的自发秩序观有着本质区别。中华人民共和国成立以来，越是社会稳定和经济发展，越是现代化加快推进，越是注重民主和传统的回归。在乡村，更加注重个人主动性、积极性的发挥，更加注重群众创造力，更加重视传统优秀伦理道德的回归，凸显出从刚性治理转向德治等柔性治理以及多元协同治理。但需要指出的是，由于行政考核制等压力型体制的存在，村居自治有时又表现为一种行政自治，而并非民间自治，如何实现国家“规划的治理”与村民“自主性治理”有机结合，仍然需要在理论上和实践中加以沉淀。

第五章　秧佑村社会秩序考察

秧佑村位于贵州省黔西南布依族苗族自治州册亨县境内，距县城 72. 50 千米，距镇政府驻地约 13. 20 千米，东南面与广西百色交界。全村辖 2 个自然村 5 个村民小组。第六次全国人口普查显示，该村共有 268 户，1143 人，布依族占 99%。总面积 27. 24 平方千米，耕地面积 3254. 25 亩（约 216. 95 万平方米）。其中，农田面积 1074. 75 亩（约 71. 65 万平方米），山地面积 2179. 50 亩（约 145. 30 万平方米），房屋占地面积约 6. 21 万平方米。村民房屋呈梯形状分布，目前居住着杨、岑、班、黄、王、侬等近 20 个姓氏人家。秧佑村以布依语言为主，同时使用西南官话，村名正是布依文化和汉文化的结晶。“qyaangl”（央）是布依族的自称之一，在秧佑寨子中间的社神庙下面有一口水井，井水含一种雄黄矿物质而呈现橘黄色，“雄黄”在布依语中叫“yuh”（优），因历史上全村人都饮用这口井水，因而取名为“qyaanglyuh”（央优），意为有雄黄的布依村寨，“央”和“秧”、“优”和“佑”谐音，后用汉语命名为“秧佑”。

第一节　秧佑村的区位环境与历史沿革

一个地方今天的社会秩序，总是与昨天的历史相关，并受到当前大环境的影响。秧佑村 150 多年来小事不出村、矛盾不上交的实践，必然有其独特性，但也有其共通性。或者说，秧佑村良好的社会秩序既有传统的规范性要素，也有外部的支撑性要素。其中，以共同体文化和地方权威等为核心的规范性要素是秧佑村有效治理内因，而其所处的地理位置、发展阶段和人文环境则是秧佑村远离纷争的外因。

秩佑村所在的贵州省，历史上远离政治经济文化中心，在国家战略布局中长期边缘化，被视为偏居一隅、官员贬谪的蛮夷之地。宋太祖称："惟尔贵州，远在要荒。"要荒，是要服、荒服的简称，乃"五服"中离中央王朝都城最远的地方（古代以王畿为中心，以五百里为单位进行区划，由近及远分为侯服、甸服、绥服、要服、荒服，合称"五服"）。离中央王朝越远，则越是蛮荒之地。班固在《汉书》中说："西南外夷，种别域殊。"明确将贵州和中原、西南少数民族和汉族严格区分并隔离开来，谨守"夷夏之大防"。在"夷夏之大防""怀柔远方"的国家意识下，地处"要荒"的贵州就给世人留下了野蛮、落后、荒凉的第一印象，并经历代文人"层累"式塑造，"夜郎自大""黔驴技穷""非人所居"等负面刻板印象深深烙印在国人心中。直到永乐年间，贵州才成为明代第十三个行省，建省的根本原因是"开一线以通云南"，目的是巩固云南边防，沟通四川、广西和湖广。也就是说，在中央王朝眼中，贵州建省是出于政治的需要，而不是经济社会发展的必然结果。清代设云贵总督管理云南、贵州。云贵总督起初是半年驻安顺，半年驻曲靖，后来重心向云南倾斜，最后便常驻云南。云南是名副其实的"边疆"，而且地大物博，赋税多，自然更受重视。[1] 中华人民共和国成立后数十年，贵州在国家战略部署中依然扮演着资源供给和战略后方的角色。直到西部大开发以后，随着国家对贵州的重视、投入和政策扶持，贵州面貌才发生了大的变化，以高速公路和高铁为主的基础设施建设极大地改变了贵州的面貌，2015 年贵州成为全国首个县县通高速的省份，此后到周边重要城市的高铁基本全部开通运营，以大数据、大健康、大旅游为主的产业结构日趋优化，2015 年贵州地区生产总值也首次突破万亿元大关。但基于基数小、基础差和产业支撑弱等原因，贵州整体上还处于欠发展、欠开放、欠开发阶段。与此相对应的是，贵州保存了较多的传统元素，基层社会也依托这些传统要素和尚未被现代化完全撕裂的乡土结构开展了治理创新，诸如遵义市余庆县"制度建设+群众自主"的"四在农家"、安顺市平坝区"资源确权+治理赋权"的"塘约道路"以及铜仁市"村两委+乡贤会"的"铜仁样本"等，在乡村治理相关研究中受到重视。但纵观几种治理实践，都可以发现刚性治理的痕迹，传统要素尚存但自生力量式微。比较而言，秩佑村自发秩序所展示出的强大力量和良好秩序，使得秩佑村成为乡村治理中不可多得的范例。

---

[1] 张幼琪，史继忠，王帑幸子. 贵州：开发引出的考量［M］. 贵阳：贵州人民出版社，2008：14.

秧佑村所在的册亨县，历来是贵州省最为偏远和贫困的县之一。据《册亨清代诸缘由集》以及册亨《岑氏家谱》等记载，册亨从前荒芜，旧名央兹、央豪。宋天圣元年（1023），开辟属粤西，统名为安隆世亨。[1] 明朝初年，统治者采取“移民就宽乡”的政策，采用“移民实边”的办法，把“地狭民稠”区域的居民，移往“地广人稀”的边疆，加之军事上的考虑，随着改土归流政策的推行，流官开始进入册亨，中央王朝对边远地区的控制力进一步加强。明永乐四年（1406），泗城州土官将册亨在内的江外甲分为世亨等四甲半，统称为江外世亨。清雍正五年（1727），以江外世亨四甲半设置册亨州同，从此纳入国家区划建制，寓意永世亨通，定名册亨。中华人民共和国成立后，1951 年成立册亨县人民政府，1965 年成立册亨布依族自治县，是全国唯一的布依族自治县，现辖 9 镇 1 乡 2 街道。从国家 1985 年设定贫困县标准以来，册亨县多次进入国家级贫困县名录。2016 年全县地区生产总值 45.14 亿元，财政总收入 5.56 亿元，城镇常住居民人均可支配收入和农村常住居民人均可支配收入分别为 24158.24 元和 6712.25 元；同年，贵州省 88 个县平均地区生产总值为 133.35 亿元，平均财政总收入为 27.38 亿元，城镇常住居民人均可支配收入和农村常住居民人均可支配收入分别为 26742.62 元和 8090.28 元，平均地区生产总值、平均财政收入分别是册亨县的 2.95 倍和 4.92 倍。2017 年册亨被贵州省认定为 14 个深度贫困县之一，秧佑村则被册亨县确定为脱贫摘帽村。

直接管辖秧佑村的弼佑镇，在册亨县属于比较偏远和落后的乡镇。全镇辖 10 个行政村 72 个村民小组 56 个自然村寨，通村通组公路达 100%，其中少数民族人口占全镇总人口的 98%，是一个以布依族聚居为主的少数民族乡镇。全镇有经济林 11.20 万亩（约 7466.70 万平方米），其中油茶林面积 7.20 万亩（约 4800 万平方米），是册亨县油茶种植的重要基地。2016 年，生产总值达 9024 万元，农村居民人均可支配收入 6601 元；同年，册亨县 12 个乡镇（街道）平均地区生产总值为 37618.17 万元，农村常住居民人均可支配收入 8090.28 元，分别是弼佑镇的 4.17 倍和 1.23 倍。2017 年，全镇金融机构存款余额 7063 万元，贷款余额 6261 万元，存贷基本持平。

从上可见，秧佑村所处的镇、县和省，在相同层级的行政区划中都显得较为边远落后，在整合型治理架构中也并没有异质性，但其所保存的相

---

[1] 册亨县民政局，册亨县史志办编. 中国政区大典：贵州卷 [M]. 北京：中国文化出版社，2013.

对完好的传统要素，对于追溯和回应乡村治理却具有积极的理论和实践意义。据考证，秧佑村在明朝时期属于广西泗城州江外甲中的本州半甲管辖。清雍正五年（1727），滇、黔、桂大规模的改土归流，以南盘江为界，割西隆州之江北地归黔，秧佑村属本州半甲江边亭央佑寨。民国时期，实行新宪制，改区、联保为乡（镇），册亨县划为1镇，辖11乡105保，秧佑隶属弼佑乡央佑保。1951年，册亨县人民政府成立，变保为村，故隶属弼佑乡秧佑村。1958年，册亨县并入安龙县，秧佑村隶属秧坝人民公社秧项管理区。1961年，册亨县恢复建制，设6个区，38个人民公社，秧佑村隶属秧坝区秧项人民公社秧佑生产大队。1984年行政区划变动，册亨县共辖1个区级镇、6个区37个乡，秧佑村隶属秧项乡管辖。1991年，撤区建镇并乡，册亨县共辖9个镇，5个乡，秧佑村隶属弼佑乡。2014年撤乡建镇，全县共辖1个乡，2个办事处，9个镇，秧佑村作为弼佑镇行政村建制至今。

在过去漫长而艰难的历史进程中，囿于恶劣的自然环境、闭塞的交通条件和落后的商品经济，秧佑村祖祖辈辈守着丰富的自然资源却深陷“富饶的贫困”，为了“温饱”艰辛劳作，过着“养猪为过年，养牛为种田，养鸡养鸭为了盐巴钱”的简单而自得其乐的生活。直到2003年，村里才通电，告别油灯照明岁月，拉近了与现代生活的时空距离；2007年到镇的毛路修通，告别人挑马驮年代，拉近了与外界的物理距离；2015年通村公路硬化，秧佑村开始融入城镇化进程。改革开放以后到市场经济初期，秧佑村以油茶、杉树和桐油树为主的种植业，以牛、羊为主的养殖业和外出务工收入是秧佑村的三大经济支柱，尤其是茶油和桐油收入曾经占全村收入约四成，此时秧佑村在全县属于比较富裕的村寨，人年均收入为8000元左右。2014年以后，随着油茶树老化以及杉树、桐油市场的萎缩，经济结构单一的缺陷开始显现，人均收入下降到2016年的不足5000元，由此进入册亨县贫困村行列。2016年，秧佑村贫困发生率2.57%，作为脱贫攻坚出列村；2017年有贫困户3户4人，致贫原因主要是弱体质和弱智力，作为脱贫攻坚摘帽村。随着前些年种植的3万亩茶油树进入挂果期和丰产期，以及桐油市场的回暖，2019年以后，秧佑村的两大支撑产业迎来了活力。而在贵州省大健康产业布局下，秧佑村正谋划一改以往原料粗加工或直接销售的做法，与之配套的深加工和旅游业正在布局中。

第二节　秧佑村的人文环境与村容村貌

传统乡村的人文环境是在中国独特的社会结构、文化传承与本地生产生活中交互形成的，在维系熟人社会关系、形成内部规范和保持乡土社会稳定等方面发挥着重要作用。然而，清末时期以传教士为主的西方宗教开始进入包括册亨在内的边远地区，当时的贵州石门坎一度成为云南和贵州基督教传播之地。随着政权下沉乡村以及受西方文化的影响，乡村人文环境经历了一个冲击与调适并存的过程，一些地方的人文环境因为没有根深蒂固的价值共识而趋于瓦解，各种运动也进一步肢解了乡村的人文环境。改革开放以后，工业化、城镇化、信息化等要素进一步挤压乡村的人文空间，围绕利益、表达、参与等现代性诉求，社会矛盾凸显。然而，秧佑村对外所持的感恩和信任态度、对内维护荣誉和传统的人文共识，以及倡导关爱和教育的价值追求，成为区别于绝大多数村寨的重要方面，也是秧佑村若干年来保持良好社会秩序的内生支柱。

秧佑村主街道位于长五六百米的山谷之中，从两侧的山顶到山谷之间，错落有致地分布着200多户人家，保留下来的为数不多的木质结构瓦房，穿插在新建的红砖水泥房之中，显得有些不和谐。事实上，在2010年以前，秧佑村是清一色的木房，远处看绿树青瓦，古香古色。如果仅供远距离观赏，无疑自成景色。但实际上绝大多数房屋由于年久失修，自然损毁严重：四梁八柱虫蚀严重，伴随垮塌的危险，遍布的灰尘浸入木板，生成难闻的气味，加上贵州的阴湿气候，很多房屋已经腐朽并不适合人居住。2010年以后，根据县里安排，秧佑村开始危房改造，县财政根据每户情况实行差额补助，对重新修建的每户农户补助2万元，对部分修复的根据损毁程度设定8000元、1万元和1.20万元3个标准进行补贴。在广泛征求村民意见基础上，绝大多数家庭选择新建，而不是翻新。直至今日，很多到秧佑村考察社会治理经验的人都会说秧佑村应该保持原貌，或另行选址修建，这样才有利于让秧佑村的人文看得见、摸得着。但我们的调查同时显示，如果让秧佑村的村民再选择一次，他们绝大多数依然会选择新建，同时不愿搬出旧址。原因是旧房维护成本高、风险大，故土难离，加上是长住，不是欣赏，因此新建最为恰当，带有一定的实用主义色彩。值得一提的是，秧佑村虽然地形起伏较大，建筑较为杂乱，但全村没有溢街的污水，也没有乱丢乱弃现象，加上村民自发组织的卫生小组不定期清理，因此环境卫生保持得很好。可以说，基层党委、政府在事关秧佑村的重大决策方面，体现出较高的民主化水平。在很多地方民居改造遵循行政指令再造“古村落”的趋势中，秧佑村民居由于没有整齐划一的“穿衣戴帽”而看上去有些凌乱，但外形的差异却没有降低内部的认同；相反，秧佑村人对基层党委、政府充分尊重民意表示认可，更是形成乡村治理中治理权和自治权良性互动的关键因素。

中国的少数民族都有其独特性，世居少数民族更是如此。布依族作为贵州 18 个世居少数民族之一，人文布依、山水布依的正面典型印象比较普遍。秧佑村很好地保存了这种特质，村民对万物滋生的自然崇拜、对血脉相承的祖先崇拜以及对国家和民族的认同，无时无刻不在激励村民和谐相生、展现本真并与人为善。册亨县至今不通火车，2018 年以前从贵阳乘坐客车到县城一般需要近 6 个小时，中途休息一次；从县城到弼佑镇有 51 千米，但蜿蜒曲折的公路上行车时间却要近 2 个小时，每次蹲点调研，都免不了有人晕车呕吐；新修建的弼佑镇到秧佑村水泥公路镶嵌在青山翠绿中，沿途的茶油树、桐油树和杉树交错成景，但 13 千米的行车时间也需要近半个小时。而这条建成于 2012 年的通村公路还是 2015 年才硬化的，在此之前的交通状况更是恶劣。到镇到村公路没有修通的时候，交通成为阻断大山深处的秧佑村和外界联系的屏障，但村里沿袭的血缘亲情和人文关爱却一直温暖着冷酷的群山。每逢重大节日，外面工作或务工的村民回到弼佑镇后往往临近天黑，如果再步行 10 余千米的山路回到秧佑村会非常困难，但这个担心在秧佑村略显多余，多年来形成的规矩一直延续着，即村里每逢节假日或重大活动，都会组织人员和车马到镇里迎接回家的村民，确保每一个人都能平安回家团聚。而在这些重大节日里，村里会自发组织丰富多彩的文化活动。比如布依戏，以戏剧的形式反映生产生活，对好的现象进行宣传，对不好的现象进行不指名道姓的编排，从正反两个方面提炼出应该遵循的规范和要改正的地方。而祖辈流传下来的一些经典剧目会不定期上演，以此巩固业已形成的信仰。开戏之前，在寨主带领下，全村人进行默哀式祭拜，感恩赐予、祈福安康；缅怀抵御外敌入侵的先人，同时警示后人做事不能随性随意。比如转场舞，全村人围拢在一起用特殊的方式祭祀祖先，一是缅怀祖先曾带领族人抵御外族入侵，护寨有功；二是警示教育后人，不要以强欺弱，要和谐相处，舞蹈自然简单，却饱含着民族情深之意，这样的情感表达闪烁着民族精神的光芒，是一种家国情怀的体现。

秧佑村的春节和三月三最为隆重。大年三十晚，四大家族中德高望重者到“禁碑亭”祭奠先贤和始祖，鸣四响土炮，感恩赐予，重温教化，叮嘱守礼。头炮“横扫四方侵鬼”，次炮“宣布欢度大年”，三炮“化消苦难疾病”，末炮“闭门储藏吉祥”。四声炮响后，秧佑村人便进入真正意义上的“过年”，全寨统一关闭后门，燃放爆竹，统一时间入席吃年夜饭。四声炮响后，男女老少都会自觉地细声说话，轻声走路，不讲困难、疾病、贫穷、痛苦、烦恼等方面的话题，所有的紧张、痛苦、辛劳、失败和压抑都会在这一刻全然释放，从而沉浸在吉祥、安宁、愉快和喜庆的节日气氛中。大年初三早晨，还是那几位德高望重者到“禁碑亭”旁，再次鸣四响土炮。头炮“新迎春日”，次炮“喜庆花香”，三炮“开招红利”，四炮“踏享丰年”。四声炮响后，全寨方可打开后门，走亲访友。早饭后，男女老少不约而同地聚集在禁碑亭旁，重复着百年不变的活动程序：一是寨老（近年来改成村支书）当众总结过去一年的工作，对来年的工作进行安排和计划；二是宣读碑文一遍、宣读《村规民约》一遍；三是对过去一年违反条规的村民进行处罚兑现，被处罚者当众做自我检讨，保证不会再犯，以求大家原谅，同时对表现好的村民进行表扬；四是寨老表态，对遵循村规民约等谈感受；最后选定一位德高望重的寨老，毕恭毕敬、意味深长地面向石碑自语：“先生，我辈教导无方，您的子民某某于去年做了什么事，犯了条规，辱您教诲，损秧佑人形象。但他已经悔过并接受了处罚，恳求先生不计前嫌，给他改过的机会，依旧护佑他，让他和其他村民一样安康、幸福和快乐。全体村民也相信他能改好，所以我们会宽待他，不会孤立他，请先生放心。”言毕，三鞠躬。这时，响起热烈的掌声。犯事者，或满脸通红，无地自容；或泪流满面，鞠躬致谢。场面热烈、严肃而温馨，村民在仪式化的祭拜中重新审视自己的思想和行为，涤荡心灵和增强自律。农历三月三，全村一户一名男丁到“顺射”（山名）敬射神，增强传统文化认同和民族荣誉感。系列活动真实自然、严肃有序而又温馨和谐，全村敬畏村规、信守民约的传统共识得以自然延续。

第三节　秧佑村的权力结构与治理逻辑

中国历史上，以宗族、乡绅等为代表的非正式权力在乡村治理和秩序生成中扮演着主要角色。政权下沉乡村以后，以党的领导权、政府治理权和村民自治权为主的正式权力构成了乡村治理的基本权力结构，辅之以立法监督权的人大常委会、协商建议权的政治协商会议和司法处置权的公检法等正式权力和赋权的群众社团，共同构成了党领导下的协同共治结构。在秧佑村，面对基层多而复杂的利益纠缠和矛盾纠纷，具有领导权的党委和治理权的政府，和血缘共同体的家族、心理共同体的寨老、尚贤性质的秧佑籍协会、生活共同体的“村两委”一道，共同组成“结构化”的治理机制。其中，自生自发的地方权威和赋权的群众社团在村庄治理中发挥着重要作用，家族管理责任制、四大家族共商机制、秧佑籍协会会商解决机制是对行政治理的重要补充和一大特色，也是秧佑村区别于其他地方的重要方面。

首先，家族管理责任制由家族委员会组织实施。历经长期发展和沉淀，家族管理责任制组织形式和功能作用趋于稳定。依据公信力、资历和能力基础上选举产生的家族委员会职务及其职责主要是：族长 1 人，负责管理家族内所有事务；副族长 2 人，协助族长管理家族所有事务；秘书长 2 人，负责家族拟写各种文稿工作；组织委员 2 人，负责家族重大事务相关工作的组织开展；纪律委员 2 人，负责管理家族纪律事务工作；生活委员 2 人，负责家族重大事务生活安排相关工作；宣传委员 2 人，负责家族重大事务宣传工作；监督委员 2 人，负责监督家族开展各项事务相关工作；会计出纳 2 人，负责整理家族账务相关工作。从组织架构上看，与行政科层制结构相似；从职责分工上看，与社会主义国家机构分工相仿；从人数设置上看，单数（17 个委员）可以确保少数服从多数原则的执行，家族委员会承担着协调解决族内矛盾纠纷、带领发展本族经济和协调族际关系等任务。其次，四大家族共商机制有着严格的传承。四大家族共商机制在秧佑村早已有之，以“八不准”村规民约规定为底色、与时代背景结合进行适当完善后，沿用至今。四大家族中选出的德高望重的长老或能人既主持本族事务，同时也参与村级组织，在村级组织这个平台共商发展和参与治理。2006 年农业税取消之前，四大家族的分工一直沿用禁碑规定：王姓负责指导粮食生产，督促农户向国家上交公粮；杨姓负责监督村民履行本村公约；岑姓负责化解村内各类矛盾；班姓负责管理村级地界，分工明确。农业税取消之后，王姓从公粮款督促工作中解放出来，转而负责村里的生产发展问题，其他三姓分工不变。四大家族共商机制在秧佑村的治理中扮演着威权式“调解人”的角色，由于是各自族人授权的血缘共同体组织，因此其在族际治理中的意见往往被视为具有约束性的重要意见。最后，秧佑籍协会是村庄治理中的自发性、群众性权威组织。秧佑籍协会作为秧佑村精英组织，主要由在外工作的公职人员、离退休人员和经商人士等组成，“村两委”主要负责人作为协会会员。协会成立的初衷是集中智慧和凝聚力量，传承秧佑村民风、民俗和传统文化，共同助力秧佑村发展。秧佑籍协会为理事会管理架构，设会长1人，主持协会全面工作；秘书长1人，负责起草、修订协会文件，以及负责协会文书档案的收集、归档工作；组织委员2人，负责协会开展各种集体活动的组织工作；监督委员2人，负责监督会员遵守执行《章程》情况；生活委员2人，负责协会开展集体活动时的生活安排、后勤保障工作；宣传委员2人，负责宣传协会成立的意义和作用，宣传秧佑村全体村民的生产生活情况，宣传秧佑村经济建设和社会发展情况，宣传会员先进事迹，传导协会正能量；网络管理员1人，负责协会网络管理，关注“秧佑人QQ群”和微信群动态，了解秧佑村在校学生的学习情况，了解秧佑村民的生产生活情况，并随时向协会理事会报告；会计1人，负责协会各项支出；出纳1人，负责管理协会会费。秧佑籍协会在秧佑村的村庄治理中扮演着重要角色，虽然其成员都是秧佑籍人士，但其范围来自各行各业，往往又是乡贤精英和在外的成功人士，且相当一部分是具有较高社会地位的公职人员。因此，秧佑籍协会的治理意见举足轻重。

历经社会变迁和自然选择，秧佑村逐渐形成了以家族内、家族间、村委会、乡贤协会和各方代表等为核心的“自发式”“层级式”内部治理结构。对于内部不能治理的问题，才上升到弼佑镇党委、政府或公检法司部门。根据治理逻辑表现为：首先，族内治理。各家族如发生内部矛盾、纠纷，首先由家族长老组织在家族内部调解，各家族制定严格违约责任，定期开展本家族内部法制教育，对第一、第二次违反者给予批评教育，屡教不改的就用族规处理。一致性压力带来的行动逻辑，是负强化带来的正效果，迫使族内的“异见者”遵守内部规范，“这个办法似乎很冷酷无情，但是在农村非常管用”，杨姓族长如是说。其次，族际治理。如果矛盾、纠纷涉及两个或以上族姓，就由纠纷当事人所在的家族长老出面调解。如调解无果，移交“村两委”调解。一般情况下，族际治理均能很好地调解不同族姓之间的矛盾纠纷。最后，“村两委”领导下的协会治理。族际间治理无果的问题，由“村两委”移交秧佑籍协会调解。“协会”必须按《章程》规定及时受理，并于5个工作日内形成调解意见。一般情况下，很多纠纷到协会调解这个程序，就能解决问题。如果纠纷事由复杂或者难以定性，村委会就会召集各方代表联合治理，形成的调解意见视为最权威的、最有广泛代表性的、最公平合理的意见，不容当事人不采纳、不接受。否则，将被全体村民视为“刁民”，被群众所歧视和孤立。当然，这并非具有法律约束性或强制性。如果涉事村民不满意，依然可以到党委、政府或公检法部门进行申诉。总体来看，自然权威在秧佑村社会治理中扮演着重要角色，社会秩序呈现“自发式”“层级制”和“结构化”特征，发生的矛盾纠纷首先由血缘共同体的家族自行调解，家族无法调解的，由心理共同体的权威人士调解，权威人士无法调解的，交由尚贤性质的秧佑籍协会调解，协会无法调解的，上升到生活共同体的“村两委”调解，“村两委”无法调解的，再交由具有治权的党委、政府调解。

国家权力对乡村社会的介入程度决定了乡村内生力量的发展空间，也决定了乡村自发秩序作用的发挥。现代化冲击传统经济社会结构背景下，仅仅依靠村落自生的力量显然不能实现乡村的有效治理，仅仅依靠国家的力量也不能带来乡村的有效治理。进一步而言，国家权力的过度介入造成“自治行政化”，而国家权力的退出，现阶段的乡村社会又不具备实现有效治理的能力，也会出现“自治虚弱化”。因此，领导权、治理权、自治权与自治能力在乡村治理中的效度、信度和限度关系，是破解政府行政控制与乡村自治低效的重要议题。在秧佑村，其内部治理结构脉络清晰，以地方权威和非正式权力为主，但正式权力只是让渡空间、创造条件并提供保障，并没有缺场。全村现有党员 20 多名，村党支部严格要求党员干部带头履行村规民约，将精准扶贫等若干方面工作纳入职责。政府则以网格化治理为基础进行社会管理，现有村联防队 1 个 10 人，村护寨队 1 个 10 人，学校护校队 1 个 5 人，明确了村治保会主任兼警务助理 1 人，推选了四大家族代表和具有自然威望的代表 8 人，网格化治理与自发秩序相得益彰。人大常委会代表在民意表达、收集和反馈机制上没有任何问题，但如果要他们解决问题，缺少制度安排，几乎不可能。2015 年起，册亨县人大常委会在全县范围内设置代表工作站，以补充乡镇一级仅有一个人大常委会主席作为“样本代表”的状况，通过代表工作站，重点发挥人大常委会信访功能，收集民意，形成议案；同时，人大常委会信访接访制度邀请乡镇领导参与接访，与代表工作站一起解决矛盾冲突，更多发挥一种柔性治理的作用。政协代表工作站虽然已在学界争论多年，但在实践中并没有跟进。因此，政协在秧佑村发挥作用主要依靠党委配置的资源进行再分配，比如利用专项资金或争取到的资源用于精准扶贫，扶持一些基础设施或民族文化建设，而对于基层矛盾纠纷等的调解关注并不多，仅仅在重大事件中以个案形成提案，最后流转回相关职能部门程序性回应或回答。秧佑村有县级政协委员 1 人，同时也是民族文化传承人。

第四节 秧佑村的社会治理与秩序概况

秧佑村作为世居少数民族村寨，境内熟人社会特征明显：关联的血脉亲情、相同的文化传承、稳定的社会结构以及单一的职业特征等，使得基于信任基础上的自发秩序在社会治理中显现出较高的效用性。关系结构方面，根据在册户籍统计，2017 年秧佑村 1143 人中，主要由杨、岑、班、黄、王、陇六大姓氏组成，杨（阳、扬）姓 547 人，岑姓 162 人，班（陇）姓 207 人，黄（王）姓 147 人，其余近 20 个姓氏的 80 人占总人口的比例仅为 7%，他们根据姻亲关系或者历史渊源等分别归类为几大家族联系，境内没有流动人口，千丝万缕的联系使得村寨有俱荣俱毁的心理暗示和集体行动逻辑。文化结构方面，截至 2018 年 1 月，全村人口中具有大专以上学历的 87 人，中专（高中）106 人，文盲半文盲 108 人，文盲半文盲中约 90% 的人口是 1960 年以前出生的，其余村民以小学、初中学历为主或是在校生。如果把农村的知识精英划定为大专及以上学历，那秧佑村这个群体占比不到 10%，仅为 7.60%，文盲半文盲占比 9.40%（绝大多数 50 岁以上），其余村民占比 84%，两头小中间大的学历结构，使得秧佑村既不会有知识分子焦虑情绪的蔓延，也不会有年轻文盲无知冲动的现象。年龄结构方面，分布较为均衡。1949 年以前出生的村民 105 人，占比 9.20%，其中百岁以上老人 2 人，分别出生于 1910 年 11 月 10 日和 1918 年 4 月 16 日，两位女性老人均不识字，务农；1949—1992 年出生的村民 752 人，占比 65.80%；具有完全行为能力的人 928 人，占比 81.20%；其余 16 岁以下村民占比 18.80%。由此可见，近七成村民出生或成长于市场经济制度之前，信守传统和尊重规范的意识自觉浓厚，这也是价值共识孕育自发秩序的重要原因。职业结构方面，秧佑村有 925 人在家务农，占比 80.90%，外出务工 218 人，占比 19.10%，农业经济和务工经济结构的治理困境，更多是乡村“空心化”后带来的发展难题；加之秧佑村不在城镇化改造和工业化建设之列，因此，因空间拓展改造和权益纠纷的极少。

人类行为具有内在的保守性，往往会依托既有关系结构并向既存的规范和方式投入感情，熟人社会尤其如此。秧佑村的宗姓、文化、年龄和职业结构等显性特征或许对乡村治理具有积极的影响，但无论是发达地区、发展地区还是欠发达地区，现代化带来的冲击都是一样的，物质的丰富和意识的多元潜移默化地改变着熟人社会结构，人们关注的中心不断从物向人转变，后现代伴随的无中心意识、多元价值取向、价值相对主义、怀疑主义和价值虚无主义等趋向，导致人们在思想上和行为上变得难以有效统一。因此，在分析客观条件对秧佑村秩序建构作用基础上，对村民的主观想法进行调查，有利于还原同样身处现代化时代的传统地区村民的认知，得出关于乡村治理和自发秩序的综合性判断。围绕权力结构、地方权威、诉求逻辑和价值共识等关键词，基于易理解、易填答、易分析的原则进行了问卷设计。具体问题及设计初衷如下。

1. 近三年来您和他人发生过冲突吗？人类社会冲突无所不在，设计初衷是了解善治地区秧佑村的冲突概率事件，比较与不同类型乡村之间存在的差异性。

2. 近三年来您遇到过别人发生冲突吗？设计初衷是对第一题进行补充，屏蔽主观选择性填答带来的信息失真。

3. 您对所在地的社会治理满意吗？设计初衷是了解村民真实感受，比较与官方外宣的满意度差异。

4. 您觉得乡村治理最需要的力量是什么？选项有党委、政府，村居委会，群众社团（秧佑籍协会），家族，权威人士等。目的是了解村民对权力、权威和民间组织在乡村治理中的偏好。

5. 假设您的利益受损或感觉被欺负，您会怎么办？选项包括找人说理、忍一忍就过去了、武力解决、好说好商量、看情况等，目的是了解善治地区村民面对问题时行为偏好。

6. 假设别人有事找您帮忙解决，您会怎么处理？设计初衷是为了了解善治乡村村民参与治理是否存在趋同性，同时了解不同乡村的差异性。

7. 您觉得如何解决问题最好？选项包括找基层党委、政府协调解决、找村居委会协调解决、找家族等权威人士协调解决、依靠自身力量解决以及借助媒体力量解决等，目的是了解村民面对问题时的心理趋向。

8. 您觉得构建和谐社会最主要的内容是什么？选项包括获得感、社会公平正义、自治秩序良好等方面，目的是了解自发秩序生成中的保障要素。

9. 您如何看待近年来的社会问题？

10. 您觉得未来5~10年的社会秩序是什么样的？初衷是了解村民对社会现状的主观感受和基本判断，推导善治乡村与转型乡村、发达地区乡村等潜在的心理认知差异，感知不同地区村民对乡村治理的预判和心理基础。

11. 您如何看待村规民约在乡村治理中的作用？

12. 您如何看待权威人士或能人在乡村治理中的作用？初衷是了解秩佑村村民对乡村治理内生元素的认可度，同时与不同地区进行差异性比较。

13. 您觉得导致社会失序最主要的原因是什么？目的是了解传统地区村民对有效治理要素的理解，并与不同地区进行排序比较，以期探索不同发展阶段背景下的乡村治理模式。

14. 您对乡村治理有什么意见与建议？初衷是了解村民的切身感受，弥补问卷设计认知预判的不足。

根据秩佑村人口结构等实际，在组织多次座谈、专访和田野调查基础上，问卷调查选取了200位村民集中填答问卷。学历结构上文盲半文盲18人（占比9%，由家族长安排有文化的族里人进行口述填答），小学文化程度46人（占比23%），初中文化程度58人（占比29%），中专（高中）文化程度32人（占16%），大专及以上文化程度46人（占比23%）。由于问卷填答正值2017年春节期间，秩佑村在外就读大中专学生回家过年，因此高学历样本选取上比人口结构均值略大；年龄结构方面20岁以下34人（占比17%），20~39岁55人（占比22.50%），40~59岁74人（占比37%），60岁以上37人（占比18.50%），填答人员年龄结构与秩佑村人年龄结构比例大致相似；职业结构方面，外出务工的48人（占比24%），在家务农的152人。调研显示，秩佑村人对自发秩序大多持支持态度，表现在对地方权威、自治组织以及对价值共识等要素理解比较透彻等方面。一是认为自然权威在乡村治理中的地位不可或缺。近八成的受访者认为权威人士或能人在化解矛盾中的作用“非常重要”或“重要”，没有人认为没有作用。二是认为自治组织在基层社会治理中的作用十分明显。近八成受访者认为，亲朋贤能、村委会、群众社团（秩佑籍协会）等自发力量是维护地方安定团结的主要力量；面对问题时，受访群众会选择自发力量作为治理介入主体，其余约两成认为应由党委、政府出面解决矛盾问题。三是认为自发秩序的内涵要义体现在关注公平正义、自治能力培育和群众获得感提升等方面。其中，将近一半的受访群众认为，应通过“缩小贫富差距，体现社会公平正义”来保障自发秩序，近三成认为应通过“增强社会自治能力，建立良好的人际关系”来培育自发秩序，约两成则认为应通过“大力发展经济，提升群众获得感”来凝聚和培育自发秩序。四是认为造成乡村自发秩序混乱的起因多样，相对剥夺感是主要成因之一。其中，近一半的受访群众将不公平或差异性对待产生的相对剥夺感看成导致社会失序的主要成因，其余成因由多到少分别是利益受损、缺少沟通和历史积怨等方面。总的来看，秧佑村自然权威、非正式权力和赋权主体在自发秩序中的主体性地位，对于消解国家权力在直面原子化个体带来的实际压力，以及破除“维稳”隐含的行政发包制和政绩锦标赛带来的种种弊端十分有益。[1]

与此同时，价值共识和共同体文化与秧佑村良好的社会秩序有着密切的正相关关系，表现在自我约束力强、遵守内部规范以及对未来充满信心等方面。一是村民社会治理获得感强烈，价值共识在其中发挥了重要作用。91.60%的受访群众表示对当地社会治理现状非常满意或满意，没有人表示不满意；92.60%的受访群众认为村规民约等在社会治理中的作用“非常重要”或“重要”，没有人认为不重要。二是村民自我约束力强，价值共识在其中发挥重要作用。88.80%的受访群众表示，近五年来从来没有和其他人发生过纠纷；其余受访群众表示，和他人有过细小纠纷或不同意见，但从未发生过大的纠纷。在虚拟利益受损情境中，86.60%的受访群众认为，解决利益纠纷应该“找人说理”和“好说好商量”，不能激化矛盾；6.20%的受访群众认为，应该换位思考，“忍一忍就过去了”，没有人表示会采取“到上级反映”或“武力解决”的方式。三是村民对近年来国家社会治理取得的成效给予充分肯定，同时对未来的社会秩序充满信心。97.90%的受访群众认为，近年来的社会失序现象“减少了”；94.80%的群众对未来5~10年的社会治理充满信心，认为社会失序会逐渐缩小。

第五节　结论与讨论

费孝通曾指出，中国传统乡村一直是“差序格局”，村民是按照同对方的亲疏远近关系来确定对其的信赖程度。[2] 弗朗西斯·福山在关于人类本性和社会秩序的论述中，倾向于滕尼斯的观点，即认为欧洲乡民社会也将信任度

[1] 丁胜. 积极探索基层社会治理有效模式 [J]. 贵州日报，2017-06-29 (08).

[2] 费孝通. 乡土中国 [M]. 北京：生活·读书·新知三联书店，1985：23.

限制在亲密的关系范围内，跨出圈外，乡民信任度很低。[1] 可以说，熟人社会因信任而具有较强的相互依赖性、内部规范性、价值统一性和行为一致性；而在低信任度地区，由于缺少共同的血脉纽带、价值规范和共同体文化，因而常常缺少合作治理的基础。秧佑村的自发秩序及其治理作用无疑与尚存的熟人社会规范相关，但现代化背景下的高流动性和低信任度等在秧佑村的消解，其中蕴含的价值意义无疑也是值得探讨的。

一、相关结论

（一）秧佑村的良好秩序是基层权力与自治权利之间良性互动的结果

首先，秧佑村村民具有高度的自治能力，几乎所有纠纷都化解在乡村内部。受访的绝大部分村民认为应尽量少发生纠纷，如果不可避免，那么双方首先应冷静下来，坐下来协调；如果协调无效，再通过家族、族际或秧佑籍协会处理，或通过司法调解，但绝不能武力解决；在不涉及原则性的情况下该忍就忍，退一步海阔天空。同时认为，要提高个人修养，增强自治能力，建立良好的人际关系。其次，秧佑村村民偏重自然形成的权威组织进行治理，认为能自我解决的问题不应该“麻烦政府”。针对秧佑村现有家族、族际、秧佑籍协会和村委会治理结构，村民们认为，这一自发形成的治理结构已经足以解决乡村内部纠纷，加之册亨县和弼佑镇在秧佑村里设点的司法调解和联防联控，因此家门口就能够反映诉求和解决问题。只要不存在不公平现象，“找政府”就没有必要。再次，基层政权不介入村内治理而是创设环境和提供支持，是权力让渡背景下秧佑村自发秩序形成的制度性保障。基于秧佑村的良好秩序和其所展示的良好精神风貌，弼佑镇历来不主动介入村里的矛盾纠纷。但也并非无为而治，而是将重点放在畅通村民申诉渠道、加强法制宣传、对村联防队给予支持以及在防控点实施亮化工程等，同时将秧佑村作为全县治安示范点进行扶持和宣介，正面形象有利于乡村内部增加凝聚力。最后，政村互动中重视村民的获得感和公平感。与积弱积贫、小国寡民式的原生性秩序不同，健康的自发秩序往往需要一定的物质基础和公平正义的社会环境作为支撑。囿于自然环境和历史成因，秧佑村的经济发展相对滞后，但改变的努力从未停歇。无论是

[1] 弗朗西斯·福山. 大分裂——人类本性与社会秩序的重建［M］. 刘榜离，等译. 北京：中国社会科学出版社，2002：9.

产业扶贫、文化扶贫，还是教育扶贫，册亨县和弼佑镇对秧佑村都在一直支持着，而无论是外出务工、自身创业，还是成立专业合作社，秧佑村自身的努力也从未停歇。受访镇村干部和村民认为，发展经济并提升获得感是让村民有归属感的基础；加强文化道德教育是保持秧佑村发展活力的希望；而缩小贫富差距和保持分配上的公平正义，则是减低相对剥夺感和增强乡村凝聚力的目标。

（二）现代化对传统秩序冲击的程度，取决于自发秩序的韧性和调适性，核心则是规范性要素的传承和人们普遍的遵守

事实上，秧佑村周边有的村寨也有镌刻村规民约的禁碑，也有寨老、家族长等参与乡村治理的地方权威，甚至与秧佑村一样传承着相同的民族习俗，但这些村寨的原生要素在乡村治理中的作用都不是十分明显，能传承和延续并形成规范的也只有秧佑村。在这个看似落后、孤独的乡村里，以教育为纽带的价值共识在秩序的守护中发挥了重要作用。秧佑村流传着这样一句话："法律十八条，九条人不知。"他们认为，国家的法律涉及各行各业，因此要靠学习所有的法律知识来维持秩序很难，法律是全体社会成员遵守的道德和行为规范，或者说，法律和村规民约中的道德规范性要素具有共识性和共通性，都是底线性要求。因此，人们不违法不是因为懂法，而是因为心中有戒律和道义，具体到乡村治理现实中，遵守村规民约就不会违法。也正是因为这种认识，所以祖先们制定了村规民约并将其写入禁碑。值得一提的是，秧佑村是布依族村寨，但禁碑却是用汉字书写的。据介绍，老辈人中当时不超过 20 人会说汉语，因此可以说，禁碑的形式大于内容，却彰显了秧佑村崇德向善、重视教育和团结合作的传统。他们朴素的观念认为：遵守秩序是价值层面和具体行为上的问题，不是依靠文字和宣传就能解决的问题，也不是出台多少规定就能办到的问题，比如诚实守信、邻里互助以及戒急用忍等作为软约束，仅挂在嘴上可不行，仅落在纸上也不行，只有装在心里才管用。秧佑村的先辈们似乎很久以前就具有辩证唯物主义的思维了，虽然他们认为村规民约主要是精神激励和柔性规范，形式大于内容，但同时也肯定了显性文化的重要性，因此十分重视教育。因为他们还认为，村民如果连碑文都看不懂，又如何能理解其中的意义，就可能会犯错误，因此敦促教育孩子必须读书；同时教育后代，知识再高，人必须淳朴。正是基于这些朴素的观念，秧佑村人遵守规矩之风才能代代延续：每年寒暑假，外出读书的大学生返乡，

都会主动辅导家乡的中小学生学习；春节期间家族会向外出务工人员集中叮嘱外出纪律，村委会通过短信、微信等平台向外出务工人员发送提示信息；布依戏协会自导自演正面典型戏剧等。这些看似平常却又坚守的行为，是确保秧佑村内部规范得以延续和良好秩序得以维系的原因，也是自发秩序生成并在乡村治理中发挥作用的原因。

二、主要讨论

（一）肯定与推崇是秧佑村的外部印象，自发秩序是外因与内因互动结果的显现

对于秧佑村崇德向善、知书达理和良好秩序的赞誉，调研所到之处都能深刻感受到。册亨县人大常委会原副主任梁群英表示，在中国的乡村社会里，熟人往往会对陌生人有所警惕和不信任。但在秧佑村，对于陌生人，绝大多数村民会微笑着主动打招呼，询问是否需要带路等帮助，在现代化伴生的隔阂性社会里显得尤其纯朴率真和难能可贵。梁群英还认为，公益精神是秧佑村的又一优良传统，体现在细微处。比如秧佑村寨子中间有一口井，井边常年放有葫芦瓢以方便路人饮水……这些看似不起眼的举动，事实上反映的是一个地方的善意和善行。册亨县政协常委会原副主席岑仕香认为，时代在变，人也在变，在物质接轨和精神脱轨趋向中，秧佑村却依然保持着我人依旧、我心依旧的状态，利益附着的冲突极少。岑仕香举例说，2012 年房屋改造的时候，根据每户情况实行差额补助，对重新修建的每户补助 2 万元，对修复的设定 8000 元、1 万元和 1. 2 万元 3 个标准进行补贴。但由于户额指标限制，加上一些测评标准有一定的自由裁量性或主观性，因此全村只有三分之二农户被认定需要新建或修复并得到相应补助，其余没有被纳入修复范围的农户虽然房屋或多或少存在问题，但也没有闹。这种情况在其他地方不多见。弼佑镇原纪委书记胡秀礼是直接联系秧佑村的干部，曾辗转册亨县多个乡镇工作，他坦言像秧佑村这样民风淳朴、遵守规范的村民还真是少有。比如组织召开群众大会，只要村干部用大喇叭一广播，全村老少都能积极到场开会，并且秩序很好，这在其他村是少见的。再比如在村民委员会换届选举时，参选人员上台进行竞选演说时，不论是支持竞选人的还是不支持竞选人的，只要竞选人上台进行竞选演说，群众都会给予掌声鼓励，整个选举投票的过程也是井然有序的。弼佑镇农村信用社原主任杨胜发以不良贷款为例，十分欣

赏秧佑村诚信朴实的风气。在册亨县123个行政村当中，秧佑村的农村信用环境很好，也是最早被册亨联社评为“信用村”的行政村之一。截至2017年7月，弼佑镇各项存款余额为9766万元，各项贷款2010笔，贷款金额为9756万元，不良率为2.20%。而秧佑村各项贷款301笔，金额为1405.33万元，其中不良贷款仅1笔，金额为6000元，不良率仅为0.04%。这笔不良贷款是杨姓贷款人借贷供大女儿上大学的，准备还贷时二女儿考上大学只好挪用，因此成为不良贷款（后杨氏家族筹资垫付并筹集路费让贷款人外出务工还贷）。弼佑镇司法所原负责人韦红莉感叹“要是多有一些这样的‘秧佑村’就好了”，在弼佑镇几百件人民调解案件之中，牵涉秧佑村的仅为3件，两件为土地纠纷，一件为邻里纠纷，这些案件都是在村级调解之后报备的，大大节约了基层政府司法调解的人力和物力。

改革开放以来，我国积攒已久的巨大需求与市场经济一拍即合，现代化进程的超预期发展伴随的异质化导致乡村治理模式多样。很多地方在现代治理体系尚未完全搭建，传统规范还不能发挥主导性作用的双重困境下，乡村依赖自身秩序进行有效治理或许还有一段路程要走。其中，基层政权让渡权力并创设环境是乡村形成内部规范的制度性保障，而来自社会各界的认同和支持则是乡村塑造典型形象并自我节制的外部动力。业已存在的内部规范与外部的认同往往呈现正相关关系，即因为有了好的秩序所以外部认可，而因为外部认可所以村民会刻意规范自己的行为。问题在于，如果抽离价值共识和自然权威结构所形成的内部规范，权力让渡和外部认可基础上的秩序或许只能是昙花一现，并不能形成持续有效的健康秩序。或者说，支撑秩序的要素涵括价值信念、权威体系以及权力结构等多个维度，这些要素之间的限度与边界决定着秩序的面貌。但如何安放自发这块“基础石”与权力这块“拱顶石”，仍然需要深入研究。

（二）故土与老家是秧佑村难舍的情怀，也是乡村精神生发的源头

贵州是长江水系和珠江水系保护区域，自2002年退耕还林政策施行以来，大量土地重新植树造林，用于耕种庄稼的土地减少。然而，一边是耕地减少，一边是仅存耕地的丢荒，家里没有年轻人的家庭更是如此，老人们宁愿花钱买菜也不愿种菜，这一现象在贵州一些农村较为普遍。但在秧佑村，不同的季节地里都种着庄稼，外出务工的年轻人会在春、秋两季回乡耕种，村子里也会组织在家的劳动力给没有劳力的人家种植庄稼，赖以生存的土地

在秧佑村呈现一片生机盎然的景象。

统计显示，秧佑村的房屋空置率在20%左右，这些房屋除了过年过节，平时少有人居住。其中，绝大多数是在外工作或外出务工的秧佑村人修建的。以秧佑籍协会为例，在外工作的近40人在村里都留有房屋。问及缘由，很多人表示自己更像是尘世中的一个过客，故土和老家的房子才是真正的归属。无论在哪里谋生，只要老家还在，房子还在，家就会像一块吸铁石，用那无形的力量召唤自己回归；而家乡既是灵魂深处的所在，也是思想深处的寄托。因此，以前的老木房腐朽了，就索性建一个新的，偶尔回去看看，就是一个完整的家，一个宣誓存在感和归属感的家；如果房子没有了，亲情淡了，乡愁不在了，那是花多少钱也弥补不了的。村里自然崇拜和祖先崇拜的观念深深地刻印在每个人的心灵里。他们普遍认为生命从这里开始，也应该从这里结束。他们无法阻挡现代化带来的高流动性，但他们仍然以传统的方式，执着地坚守在故土和老家，或许这也是为什么即使老家的房子没人住，也要造起来的原因；或许，故土和老家也是生发中国乡村精神的源头。

第六章　秧佑村的价值共识与有效治理

历史地看，价值共识一般都有依附的载体，有形的或无形的，或者二者兼而有之。如果一种文化既没有物化形式的内容，也没有精神层面的内容，甚至没有仪式化的表现形式，那么这样的文化很容易被历史的洪流淹没，昙花一现。考察秧佑村的自发秩序，价值共识是其中关键的内容之一。清同治四年（1865）以来，“禁碑亭”、班氏军功牌和村规民约等浸润着共识性的文化印迹成为村民看得见摸得着的“乡愁”和规范，而“秀才办私塾”的故事、布依戏的传唱等则赋予了“禁碑”枯燥碑文背后鲜活的情感维系和精神激励。以“禁碑”为主线的共识性规范犹如一张浓缩记忆的火车票，无论时代如何变化，也无论人走多远，心灵终将能够找寻到回家的路；以祖先崇拜、自然崇拜为依归的灵魂寄托，则犹如看不见的另一个自己，监督着、规范着村民的行为。可以说，秧佑村共同体文化基础上的价值共识是自发秩序的核心要素，对构建乡村有效治理体系有着积极的启发意义。

第一节　“秀才办私塾”开启的价值认同

典型人物的道德劝善和价值凝聚在乡村共同体文化生成中作用明显。村民通过比拟典型人物的道德性和展示出来的个人魅力，不断规范和塑造自己的行为和形象。这种典型人物对普通人的叙事结构和价值赋予，使社会个体对普遍规范与自身内在道德认知和道德实践之间的关系产生了关联性的认识和体悟，具有对个人如何过好现实生活，保持对未来生活前景积极想象的德化功能。秧佑村“秀才办私塾”的故事广为流传，成为激励人们崇德向善、遵守规范的共同记忆。

一、典型人物的出场与治理的内需

清咸丰八年（1858），秧佑村虽然蛰居深山，却由于土地肥沃粮产富足而不断遭受土匪惊扰。村里在进出村寨的战略高位修建了防御工事，但仍然难以阻断土匪的侵犯。这时，村里来了一位落魄的男人。据村里老人口述，来人既不投宿，也不乞食，一顶竹条编成的大帽盖在头上，一件蓑衣垫着睡在石板上。第二天早上，附近的村妇出门挑水，见而惊呼，村里男子相约慢慢围拢后女人们才敢靠近。交谈得知，男人是个秀才，土匪杀害家人后遭遇追杀才逃难于此；和衣而睡是因为不便惊扰村民；若村民有疑心或怕带来麻烦，则立即离开村寨去其他地方。村民们见他是个秀才，态度诚恳，举止端庄，又同受土匪之苦，尚文的传统和对共同灾难的切身感受让村民们心生怜悯并产生心理共鸣，便约定将他留了下来。在封建半封建时期的中国，封闭山区固有的熟人社会保守性往往会排斥一切外来的未知力量，秧佑村对落魄秀才的接纳，一定程度上体现出布依族的向善性、乐观性和开放性。秀才是外来户，居无定所且无土地等资产。经协商，秀才同意轮流给村里人家干农活换取口粮，但坚持不到农户家里住宿以防止带来不便或麻烦，依然栖息在石板上。随着时间的推移，秀才的见识、学识、诚恳和勤劳被村民们认可。村民们自发在石板处修建一个木屋给他居住。当年那个木屋，便是现在的“禁碑亭”。秀才在秧佑村的正式安家，开启了外来精英文化与本土优秀文化的交融互动，成为秧佑村可追溯的价值共识的发端。

重视文化的传统和民间对新知识的渴求，使教育在中国得到了广泛传播。城市和农村在接受初级教育方面差别不大，只要不是穷极无奈，村子里都要聘请教师并建立学校，对私人学校和私塾来说这两者是一回事，学校如果没有财产，它就完全是随任教先生的存在而存在。[1] 或者说，非制度化时期任教先生在农村的教育中起着决定性作用，直接或间接决定着农村的未来发展和影响力。秧佑村有尚文传统，却没有合适的先生和正规的学堂。秀才安定下来以后，感恩秧佑村人的淳朴善良，因怕牵连村民而不愿做上门女婿，但在寨老和秧佑村其时获兵部尚书督部堂授予五品军功的班廷珍的提议下，同意开办学堂传授知识回报村民厚爱。村里集资在木屋旁边建起了一所学堂，

[1]［美］吉尔伯特·罗兹曼主编．中国的现代化［M］．上海：上海人民出版社，1989：246.

请秀才传授知识礼义。慢慢地，秀才的饱腹诗书和仁义道德经口口相传而声名远扬，学堂越办越红火。至清同治年间，学堂发展成为一所具有一定规模的私塾，附近安龙县、贞丰县乃至广西百色等地的许多学子慕名求学，私塾培育了许多贤才能人，在黔西南布依族苗族自治州享有盛誉。清光绪六年（1880）获五品军功的杨春茂，民国时期参加蔡锷将军讨袁护国运动的班永祥，时任国民政府区长的杨定清，以及知名私塾先生黄廷儒、杨占英、杨定文等都曾是这所私塾的学子。[1]

二、精英文化的生成与时代的烙印

地方典型人物的道德劝善被置于普通人的工具理性之上，其形象的塑造往往是通过生动的情景再现、形象的价值展现、直接的人物叙事甚至是略带神话的叙事风格而得以丰满，给劝善对象一种对照自身问题可拟性的亲近感。“秀才办私塾”之所以在秧佑村影响深远并为价值共识奠定基础，除了对秀才道德品行的高度认可，还源于对其能力水平的不吝赞美。据秧佑村的百岁老人王丫亨口述，她丈夫的父辈曾在私塾读过书，对秀才的印象是为人忠厚，处事公道，且文武兼备，智德昭彰。秀才在村里一边教书一边协助寨主参与村中事务管理，他从不凌穷敬富、欺软怕硬，一切以理服人。渐渐地，很多邻里纠纷都请他评判是非，矛盾双方经他调解也都能心悦诚服，大事化小，小事化了，纠纷得以解决，只有些大事才由寨主亲自处理，寨主和民众都很信赖和敬重他。随着时间的推移，秀才处理矛盾纠纷的原则方法逐渐被村民认可和尊崇，经寨主提议和村民同意，形成了秧佑村历史上第一份包含“八不准禁碑”禁令的村规民约。秀才去世以后，村民的心里有了巨大的落差，大家不断追忆秀才在世时村里的凝聚力和影响力。渐渐地，“秀才办私塾”的故事和“八不准禁碑”村规民约等成为不灭的历史印迹和共同记忆。可以说，秀才离奇的经历、德化的知识涵养、处事的公平正义和调处矛盾纠纷的魅力，与秧佑村文化传统和价值追求的地域性、人本性、亲善性和现实性不谋而合，成为秧佑村价值共识的重要组成部分，既具有历史偶然性，也具有历史必然性。正如一部精彩的历史作品，一面描述昨天，一面映衬当前，而决定作品价值的往往还是昨天历史的延续以及对当前生活的重大启示。时至今日，秧佑村春节期间祭拜

[1] 政协册亨县委员会编．册亨风物志［M］．贵阳：贵州人民出版社，2016：22.

“禁碑亭”的传统一直没有中断过，祭拜会上寨主都会说：“我们寨子虽大事不多，但小事也常有，皆因寨民不懂国法、寨规，今先生已为我们明列规条刻于石上，众寨民要恪守典章，若有违反，必定论规处罚，绝无轻恕，以训后人。”村规宣之凛凛，警之赫赫，威严的仪式化表达经历史沉淀和现实调适，对警醒、规范村民行为和凝聚价值共识发挥了作用。

事实上，梳理“秀才办私塾”成为秧佑村价值共识的深层原因，除了典型人物的个性特质外，也还有其时代背景。首先，鸦片泛滥和匪患不断，加上晚清政府官吏的不作为，导致农村人人自危，为保安全，需要团结，而团结则需要贤能人士的带头。第一次鸦片战争以后，贵州各地鸦片馆林立。老百姓被鸦片腐蚀得没有一点进取勇气，在生活压迫下实在没有办法时也做土匪。秧佑村虽然没有鸦片之害，但身处乱世又不得不防，抵御匪患和防止鸦片毒害为秧佑村和秀才之间搭建了同心桥。其次，乡村因未来的不确定性而充满紧张，小的摩擦纠纷不断，需要贤能人士的介入并建构秩序。最后，宗教的传入对社会治理和思想观念产生明显冲击，乡村固有文化的保守性需要以特殊的方式呈现出来。1872 年法国传教士开始在黔西南布依族苗族自治州兴义府传教，1882 年在册亨县购买土地建立教堂，之后在弼佑镇等设置传教点。[1] 这就使秧佑村的价值共识既流淌着本土化的血脉，又受到宗教一些具有人类共通性观念的影响。

第二节　“八不准禁碑”浓缩的村规民约

文化符号作为地方记忆的图腾，具有很强的凝聚力和感染性。据口述历史，秧佑村荣获五品军功的班廷珍当时认为，规矩和礼义光靠口传和身带是不够的，必须将其以文字依据的形式“碑文明示，方有依据”。于是和村里寨老合议后邀请秀才组织村里文化人草拟了“八不准禁碑”碑文，形成禁令。1867 年秧佑村“八不准禁碑”村规民约完成并镌刻在“禁碑”上，成为秧佑村普遍遵循的内部规范和引以为豪的文化印迹。随着历史的演进，“禁碑”的内容并没有尘封或者固化，而是不断被赋予新的意义。村规民约好比村民手里紧握的一把锤子，一切不符合规范的行为则好比冒头的钉子，而契约基础

[1] 政协册亨县委员会编. 册亨风物志 [M]. 贵阳：贵州人民出版社，2016：303.

上的惩罚性条款则被赋予了震慑力和强制力，犹如挥舞锤子的手臂将钉子恰到好处地归位平整。村民自觉恪守条规，文明诚实、互敬互爱、和睦相处。如今，秀才早已如烟散去，当年的私塾也只是灿烂的记忆。但亭子还在，石碑还在，石碑上的条规依然一代接一代地规范着秧佑村人的言行。信守条规、敬畏碑文的自觉性依然沿袭着，继续为现代化背景下秧佑村今天和明天的自发秩序和有效治理供给智慧和凝聚力量。

一、“八不准禁碑”的历史背景与价值含义

村规民约在中国经历了长期的历史演变，最早可追溯到西周时期《周礼》中提到的六乡与六遂。“六乡的组织是五家为比，使之相保；五比为闾，使之相爱；四闾为族，使之相葬；五族为党，使之相救；五党为周，使之相赒；五州为乡，使之相宾。”[1] 之后历经秦汉的乡里制度、北宋的保甲制，明清以来形成了种类繁多的民约。传统社会里，由于皇权管辖的有限性以及地方特有的乡土性，乡村社会几乎处于地方自治的状态，在这种自治结构下，“各种民间的组织和团体，在政府之外独立地发展起来，它们形成自己的组织，追求自己的目标，制定自己的规章，以自己的方式约束和管理自己”[2]。其中，虽然士绅等精英主体在村规民约的制定中具有引领地位，他们往往通过儒家伦理和自我德性教化来引领制定村规民约，但村规民约同时反映了村民之间的共同意志和风俗习惯，是熟人社会所具有的一种自发的公共性规则和契约，具有地域性、劝善性、针对性、规范性和扬惩性等特征。历史地看，虽然村规民约都有其局限性，但在乡村社会秩序建构中发挥着凝聚共识、解决问题和维护稳定等作用。秧佑村村规民约的历史与中国其他地方并无大的差异。在鳞次栉比的寨子中间，矗立着浓缩村规民约的“八不准禁碑”，由于年代久远，这块出自秀才之手、由贵州大青石雕刻的禁碑的碑文有些模糊，为了辨识清楚，有时需要往石碑上浇清水，方能映现出字体的轮廓以便于阅读。禁碑方首，有座无帽，高 1.50 米，宽 1 米，上面篆刻“寨规”，规劝村民守本分、重教育、互帮扶和求和睦，同时要求村民履行“八不准禁碑”规定，涉及禁止黄赌毒和偷抢拐卖等内容。

---

[1] 杨开道．中国乡约制度［M］．北京：商务印书馆，2015：5.

[2] 梁治平．清代习惯法：社会与国家［M］．北京：中国政法大学出版社，1996：28.

“禁碑”与“禁碑亭”	“八不准禁碑”上篆刻的村规民约
	一不准赌博贪婪，诱惑孺子。 二不准窝贼招匪，致偷设害。 三不准勾引刁棍，凭空讹磕。 四不准互唆词讼，波害良家。 五不准估淫人妻，活夺拐带。 六不准估偷竹木，争夺田地。 七不准偷鸡盗狗，折瓜偷笋。 八不准恃尊凌卑，凶行磕索。 自立碑之日，告知我村各安守法，比户虽殊，视若一体，诸恶莫做，众条奉行，各守典则，形成天体，尚有不尊禁，违条过犯者，不拘寨头花户，理应照条实罚，依犯重究，而将资以赏罚之用。其中违犯之人，罪人亲属礼以家无全犯之事也。

图 6-1　“八不准禁碑”：秧佑村可追溯的最早的村规民约

分析可见，“八不准禁碑”禁令蕴含着时代的印迹和村民的共识。“不准赌博贪婪，诱惑孺子”是基于清末时期农村赌博盛行的实际制定的，既要求村民本人不参与各种赌博妄想不劳而获，同时严禁将不良习俗传染给下一代。“不准窝贼招匪，致偷设害”是基于当时匪患猖獗的背景制定的，要求村民远离小偷和土匪，也不允许村民偷奸耍滑坑害别人。“不准勾引刁棍，凭空讹磕”是针对非匪非偷但专横跋扈之人制定的，要求村民不准与这种难缠的“恶霸”式人物交往，也不允许无缘无故欺骗别人或无事生非。“不准互唆词讼，波害良家”是基于矛盾纠纷解决之道制定的，要求村民本着大事化小、小事化了的态度选择内部解决冲突，不允许互相教唆上交矛盾或付诸官府打官司，也不允许扩散矛盾纠纷牵连好人。“不准估淫人妻，活夺拐带”是针对作风问题制定的，要求村民坚守家庭伦理和夫妻纲常，不允许采取强制的手段或者以欺骗的方式淫乱妇女。“不准估偷竹木，争夺田地”是基于传统农耕时期土地与土地附着物作为决定性生产资料制定的，要求村民不准通过逼迫的方式取得或盗伐竹木，也不允许私自圈地占田。“不准偷鸡盗狗，折瓜偷笋”虽是生活琐事，但由于是日常生活需要且存在边界模糊性等问题，因此在农村这种情况较为普遍，也是引发矛盾纠纷最多的事由，该条禁令要求村民注意日常节制，不允许出现偷盗家禽家畜和土地作物的情况。“不准恃尊凌卑，凶行磕索”是基于传统伦理道德基础和文明秩序基础上的禁令，要求村民不准以强凌弱和欺穷敬富，也不允许野蛮的行为和发生小冲突而索要赔偿。

秧佑村的“八不准禁碑”在凝聚村民共识和规范村民行为方面发挥了重要作用。以“八不准禁碑”中的第一条“禁令”赌博为例，因其形势的严峻性和带来的破坏性而在村规民约中列为“首害”，并成为其他“禁令”的关联性条款。赌博是在漫长的历史文化传承与发展过程中遗留下来的一种传统陋习和畸形文化。赌博作为一种意在博取他人钱财，以营利为目的的行为，是人类趋利心理作祟的展示场，因其存在危害身心健康、败坏道德风气、引发社会失序等问题，因此也是文明社会不提倡或者禁止的民间行为。清朝时期政府虽然对赌博进行了较为严厉的打击，但赌博现象仍然是非常严重的社会问题。[1] 此时，贵州农村赌博行为主要以各种纸牌、麻将、骰子、铜钱等为赌具，赌博地点主要集中在村落、集市和城镇。据口述历史，清末时期的册亨县因政权混乱和匪患不断，政府基本上失去了对乡村社会治安的管控，秧佑村周围的村寨赌博泛滥成灾，以至于“不分贫富贵贱，无不会赌；逢场必有赌场，遇节必有赌节。这就导致了有的人债台高筑，卖妻弃子；有的人坑蒙拐骗，敲诈勒索；有的人铤而走险，图财害命；有的人弃农为盗，祸害乡里”。为了赌博，秧佑村的村民跑到其他村寨赌博的情况也时有发生。为遏制这一趋势的加剧和预防连锁危害的产生，秧佑村将赌博视为祸害之首，根据其他村寨秩序失范的现象并结合本村实际，制定了其他七条“禁令”。“八不准禁碑”的制定，使村民在心理和行为上得以及时规范并形成共识，进而延续下来。时至今日，每逢节假日在贵州其他一些农村地区有时存在的赌博行为在秧佑村几乎没有发生过，取而代之的是布依戏、转场舞和联欢活动等。

二、“村规民约”的时代映象与价值规范

现代化背景下的村规民约既有传统的价值共识，也有现代的契约精神和法治思维，是传统和现代的融合展示。现 150 多年过去了，“八不准禁碑”规定今天仍然是秧佑村价值共识的基础和根源，但以此为核心的村规民约也在与时俱进，其中可见对国家治理要求二次分解的痕迹。计划经济时代之后，每一届“村两委”都会依据政策法规和时代变化更新“村规民约”，并在春节期间宣读“八不准禁碑”禁令后给予重点说明和警示提醒。以《村规民约(2016 年)》（参见附件 1）为例，主要内容包括社会治安、安全生产、卫生

[1] 王美英. 清代的赌博述论 [J]. 武汉大学学报：人文科学版，2001 (3)：304-308.

整治和综合管理4个方面。社会治安有10条内容，重点要求村民知法学法守法、遵守秩序、培养德行、规范程序等，区别于其他地方的内容在于要求每个家庭对毒品隐患的“包案”，尤其是要求有子女在外务工的要做好宣传和防范工作；对尚未触犯刑律和治安处罚条例的违反者，由家族教育批评和村委会责令改正，并自觉缴纳违约金200元。安全生产有5条内容，主要涉及生产生活中的用火用电用水用油和使用交通工具等，对违反条例者，触犯法律法规的，报送司法机关处理，自觉向村委会缴纳违约金200元。卫生整治有5条内容，涉及整脏治乱和建筑规划等方面，对违反条例者进行累进式处罚，首先给予警告并发放整改通知书，累计3次不改，强制执行，产生费用由违者自负并自觉缴纳违约金100元。综合管理的8条内容是秧佑村村规民约的重点展示，大多是国家治理之外的传统性和内部性规范。比如倡导村民参与公益性事业，对不参与且蓄意破坏的给予每次100元处罚；要求村民参加群众大会，无故不参加的列为不良记录；倡导村民参加定期的义务劳动，对无故不参与的给予100元罚款；倡导村民形成良好的作息时间，上山做农活早出早归；提倡勤劳致富，不得以欺骗或变相等手段套取国家扶贫资金；鼓励村民重视教育，对于考取一本、二本大学并入学的学生分别给予1000元、500元奖励，同时积极参与协助上级部门争取相关助学金；倡导诚信建设，要求村民诚实守信，不得影响全村信用形象与等级。

从秧佑村村规民约的产生背景和过程来看，既有理念上的传统性，也有对现实的回应性，一定程度上体现出与时俱进与趋利避害的二元特征。秧佑村村规民约在由“传统”向“现代”变迁过程中，其核心价值观依然浓缩在“八不准禁碑”禁令上，而与时俱进的约定条款则填补了时代带来的张力，成为秧佑村价值共识的有力补充。村规民约历经传统浸润和现实需要而被赋予了影响力和震慑力，规范着村民的秩序。正如费孝通在《乡土中国》中讨论社会合作时讲到：“没有人可以‘任意’依自己高兴去做自己想做的事，而得遵守着大家同意分配的工作。可是，这有什么保障呢？如果有人不遵守怎么办呢？这里发生共同授予的权力了。这种权力的基础是社会契约，是同意。”[1] 同意可以理解为规则或规范的基础，或者说，村规民约作为农村自发形成的“民间法”，在规范村民行为和塑造规范等方面具有约定效力，也是乡村自发秩序延续的重要方面。在农村社会，信用记录关涉每个人的日常生

[1] 费孝通. 乡土中国生育制度［M］. 北京：北京大学出版社，1998：60.

活，在农村直接影响村民的就业就学、生产经营、外出务工、政策性贷款和精准扶贫等若干方面；信用还是传统文化的价值表现，在农村关系到面子、声誉和社会地位等。正是基于信用的传统约束功能和现代价值理性，秧佑村村规民约在对社会治安、安全生产、卫生整治和综合管理4个方面分别制定处罚条款基础上，同时还以“信用”为裁判标准制定总的奖惩条款，通过明确执行机构、执行程序和限制性条款等内容，为规范行为保驾护航。秧佑村规定由村党支部、村民委员会带头执行村规民约，每月对违反规定的村民进行评议和约定兑现，对村民违反规定而不接受处罚的建立诚信不良记录档案，并有权向各级部门出具该户的诚信不良记录证明，同时规定凡有不良诚信记录的村民在本村民委员会办事，必须先得消除诚信不良记录后才给予办理。秧佑村的这些“民间法”既有引导性，也有约束性甚至强制性，为自发秩序在乡村治理中发挥作用提供了依靠。

第三节　“班氏军功牌”引领的精神追求

“秀才办私塾”的历史为秧佑村的价值共识开创了新纪元，无论是有形的禁碑，还是无形的故事，都在规范着村民们的行为；而本土精英的崛起，则直接为这种价值共识提供了鲜活的例证，不断强化着村民们的价值认同和精神追求。“揆诸历史我们不难发现，乡村社会治理和乡村建设的成功，无一不得力于乡村本身内在力量的驱动。尽管面对乡村危机的境况，基于民族危机救治的急迫性，民国时期出现过由外在力量注入式的乡村建设运动，但最终由于乡村社会缺乏持久的内在动力而难获久远之效。”[1] 抑或说，面对清末民初时期的民族危机和乡村衰败，注入式规范与自发式共识的凝结为乡村建设提供了强大动力。秧佑村以荣获五品军功的班廷珍为代表的历史人物，他们的事迹滋养着地方价值共识的生长和自发秩序的形成。

一、“班氏军功牌”的人物出场与历史背景

中国数千年封建统治中，历代王朝为了维护政权稳定、笼络人心，都会宣扬所倡导的主流价值意识并形成示范带动效应，由此形成了主要向有

[1] 王先明．“新乡贤”与核心价值观的践行［N］．光明日报，2014-08-20．

功官员颁发功牌的惯例。清朝以前，功牌主要授予官员，清朝咸丰中期开始，功牌授予权逐步下沉到地方，授予范围也逐步扩大到有特殊贡献的民众，各省统兵的总督、巡抚、总兵等开始获得授权向下属或普通民众授予功牌。普通民众被授予功牌，相当于有了出身，获得了一定的政治地位。因而功牌既是统治者为了表彰获牌者在政治、军事及其他社会活动中所做突出贡献的勋章、奖章、奖状、嘉奖令，又是给中、下级官员定品级，加官晋爵的“任命书”“委任状”。[1] 秧佑村虽蛰居深山，但周边匪患、赌博以及恶劣的社会生态和自然环境，都呼唤精英人物的出场。综合册亨县政协委员会副主席岑仕香、班氏后人和村民口述历史，获朝廷五品军功的班廷珍自小习武，有文化，懂得用兵之策。秧佑村古时一直以土地肥沃、物产丰富而小有名气，也因此屡遭土匪入侵。为看家守业，有效防御，村里组建了护寨队并经由寨老商议由班廷珍担任负责人。护寨队成立以后，班廷珍通过分析秧佑村地形地貌、土匪惯用伎俩、护寨队人员构成以及周边村寨形势等，决定在进出秧佑村的山梁子上设置练兵场，一是为了壮大声威，二是此地易守难攻，三是利于观察敌情，至今练兵场遗迹尚存，成为回溯历史的见证。班廷珍根据土匪偷袭村寨的惯用手法，有针对性地设置了障碍物，合理布防，并将粮食和牲畜集中起来分几个地点藏匿。这样一来，土匪不仅难以进入村寨，就算进入村寨也会一无所获。班廷珍同时还十分注重护寨队队员的正规操练，对兵法有所熟悉的他和办私塾的秀才一道，不仅教授攻防之术，同时严格纪律规定，秧佑村护寨队也因此成为当时为数不多的准正规地方武装。在班廷珍的带领下，护寨队不负众望，屡次成功狙击土匪侵犯，使得秧佑村成为册亨县为数不多的几个免受土匪祸害的村寨之一。秧佑村护寨队逐渐声名远播，班廷珍也因此名气大震，以至于后来土匪不仅不敢侵犯秧佑村，甚至侵犯其他村寨时都要绕道而走，其他村寨也因此开始寻求班廷珍带领的秧佑护寨队的帮助。此时清朝政权正值内忧外患、人心思变的时代，也是人才缺乏和朝廷用人并存的年代。班廷珍因文武双全而被朝廷特招进入官府，开始代行权力围剿土匪。清同治四年（1865），班廷珍带领的队伍基本清剿了为祸册亨及其周边地区的土匪势力，鉴于其功勋卓著，荣获兵部尚书督部堂授予的五品军功。

[1] 涂爱华. 清同治六年剿捻功牌考 [J]. 苏州文博论丛，2011（11）：167-169.

班廷珍所获“军功牌” 及本文作者与班廷珍后人（右）	“军功牌”原文
 	钦命督办军务兵部尚书总督部堂署理贵州巡抚兼署提督军门张为：给发功牌奖励事，照得本部堂督办军务，凡有在事出力人等自应择优奖赏以示鼓励。查有本州半甲江边亭六品军功班廷珍军务出力，堪以赏给五品顶戴，汇案咨部外，为此牌仰该军功遵照只领，如后有功再行陲赏，务各奋勉图报，不得借牌滋生事端，切切须至功牌者。右牌给五品军功班廷珍。准此！同治四年正月十三日。督部堂行。

图 6-2　“班氏军功牌”：秧佑村价值共识与政权的联姻

此功牌内容包括颁发机构、签发人、颁发根据、拟奖品级以及获奖人籍贯、奖励事由、颁发日期等，功牌末尾盖颁发官员的关防公章，注明颁发日期，并加有防伪措施。在清朝，功牌一般为一式两份，以中间的骑缝章为界限分为左牌、右牌，左牌存档备查，右牌颁给本人收执。此功牌为纸质（宣纸），事实上，清代功牌质地初为银制，道光后逐渐由银质改为纸质。其之所以由银质改为纸质，实因节约成本，才将功牌由银质改为纸质。[1] 从军功牌内容可见，班廷珍所获功牌的题头表明了颁予者为当时的贵州巡抚张亮基，颁发功牌的原因是根据朝廷（本部堂督办）规定，班廷珍在岗位上做出了贡献（在事出力），因此给予奖励。功牌清楚记载，班廷珍原为六品军功，因在军务上有突出贡献，因此获赏五品顶戴（官职），报送中央备案并发放俸禄；功牌鼓励班廷珍再接再厉，做出更大贡献回报朝廷，同时警醒班廷珍不得因获牌而骄横跋扈滋生事端，应按照功牌要求做出典范。班廷珍所获的功牌至今保存完好，成为研究秧佑村乃至黔西南布依族苗族自治州历史的重大见证，同时也为秧佑村历来重视与政权联姻并注重规范自身秩序提供了例证。上百年来，秧佑村都始终率先回应政权要求并保持稳定的社会秩序，抛开意识形态之辩、忠愚边界之说和政权藩篱之争，其中均可窥见秧佑村价值共识的韧性和与政权的高度一致性。

[1] 姚敏．清代功牌制度考论［J］．清史研究，2017（2）：24-36.

二、“班氏军功牌”的价值内涵与现代传承

班廷珍作为秧佑村历史上第一个可查证的荣获朝廷嘉奖的精英人物，其本土性、正义性、劝善性和示范性给村民留下了宝贵的精神遗产，在秧佑村的价值共识和自发秩序中占据着重要地位。

首先，增强了秧佑村村民的文化自信，对树立大道之行的信念有所助益。“秀才办私塾”的故事和班廷珍荣获军功牌之前，秧佑村边远的地理环境和边缘的人文环境长期压抑着村庄的形象拓展和表达诉求。班廷珍身逢乱世，却通过自己的聪明才智和不懈努力获得了朝廷的认可和封赏，给村民带来了积极上进的信心，即无论身居何处，只要在学识才智上有所准备、具备惩恶扬善与追求正义的品质，终究会有所回报，班廷珍本人及其所带领的走出秧佑村的将士就是真实的写照。清光绪六年（1880）获五品军功的杨春茂、民国时期参加护国运动的班永祥，以及时任国民政府区长的杨定清等强化了这一价值共识。可以说，在纷繁复杂的晚清时期，在时代呼唤大道之行的时候，以班廷珍为典型的秧佑村村民为公众之事竭尽全力而不为一己私利的精神浓缩在朝廷赐封的“功牌”里，成为激励秧佑村人热爱本土文化、坚守普遍正义和信守承诺的特性。

其次，增强了秧佑村村民的文化自觉，形成了浓厚的尚文传统和教育风气。班廷珍十分重视文化教育，与秀才一道亲力亲为推动文化教育在秧佑村的发展。从1858年“秀才办私塾”开始，短短两年时间，1860年时秧佑村的私塾就达到了四所，是当时册亨县最为重视教育的村寨，也是私塾数量最多的村寨。吸引了大量周边学生前来求学。与此同时，秧佑村以开放的姿态办教育，走出秧佑村兴办私塾，足迹遍布册亨境内甚至周边地区。随着秧佑村的影响越来越大，这些给村寨带来荣誉、带来精气神和秩序规范的教育和文化传统从此流传下来。时至今日，秧佑村重视教育的传统从未中断，在食不果腹、衣难遮体的旧社会，苦苦挣扎在温饱线下的村民对送子女进学校读书意志坚定。改革开放以后，村里保持完全小学一所，小学入学率100%，每年村里高考进入大学本科的学生占当年高中毕业生人数的近70%，录取率在册亨县保持较高水平。节假日里，在外工作或在校的大中专学生都会返回村里，自发组织支教活动，服务对象主要为在校中小学生，他们将所见所思和有价值的知识信息传播给村里人，激发大家学习

的兴趣和探究世界的热情。村里老人总是说，如果连“禁碑”上的字都认不全，连法律法规上的字都读不懂，好坏都分不清，难免要出事。这些秧佑村人最质朴的教育观和秩序观，直接转化为村民的行为，也为自发秩序在乡村治理中发挥作用提供了支撑。

最后，功牌内涵的规矩意识，在秧佑村的传统和现实中都得以延续。秧佑村虽然由四大家族共商解决村里事务，但事实上村里有 20 多个姓氏，一些姓氏只有几户人家，显得形单影只，而四大家族中杨姓人口几乎占全村人口一半，比其他三大姓氏的人口总和还略高。据口述历史，树立“禁碑”和获得“功牌”之前，村里除了吏胥开展税收和维护秩序外，自然权威或乡绅是村里的治理主体，在小农经济模式下自生自灭的宿命论式场域里，由于缺少政权和法律的保障，秧佑村有时也还存在倚强凌弱的问题，小户人家的社会地位和生存困境并不会得到政权的过多关注，丛林法则在此时的秧佑村也还时有出现。匪患的猖獗为村里混乱的秩序和矛盾转移提供了机会，一旦乡村的视野投向一个更大的场域或遭遇不稳定的社会环境，内部的凝聚就会悄然展开。“禁碑”为秧佑村的秩序重塑和内部规范奠定了基础，而获受“功牌”后以班廷珍为代表的村民的自我约束行为则为村民提供了参照典范。如今的秧佑村，路不拾遗，夜不闭户；农作物堆放在路边也不用担心被偷；实施油茶种植项目期间，一些农户居然能割让自家的熟地、经济林地给别家，确保人人有份，秧佑村也因此成为册亨县较早的文明村寨之一，延续着良好的村风文明和自发秩序。

第四节 “布依戏”凝聚的民族情怀

戏剧是传统仪式的文化传承和舞台表达，具有宣扬价值观念和凝聚价值共识等作用。册亨县被誉为“中华布依第一县”，并拥有“中国布依文化传承保护研究基地”等文化名片，境内村寨广为流传的布依戏作为我国少数民族戏曲剧种之一，在 2006 年获批列入国家级第一批非物质文化遗产名录，在布依族文化中占据着重要位置。秧佑村历来是册亨县布依戏重镇，无论是布依戏师还是剧目创作都在册亨县甚至黔西南布依族苗族自治州声名远播。布依戏既有对天地自然神的信奉，也有对儒释道者的敬仰，还有对戏班戏神的祭拜，为乡村的价值共识和自发秩序贡献了独特力量。

一、布依戏的共识凝聚功能：自然崇拜与祖先崇拜

自然崇拜源于秧佑村祖先对自然赋予的感恩、对自然现象的敬畏和对自然灾害的恐惧。贵州是典型的喀斯特地貌山区，境内石林、瀑布、溶洞、天坑、地下暗河、峡谷遍布，导致地形破碎，山地经济往往伴随着文化的保守。秧佑村所在的黔西南布依族苗族自治州是全国石漠化较为严重的地区之一，碎片化的人居环境与世居少数民族原生态文化的不断凝结、聚合，使得当地村寨在物质匮乏和环境恶劣的同时，却孕育出古朴淳厚、绚丽多姿的民风民俗，成为贵州“文化千岛”的重要组成部分。秧佑村依山而建、靠水而居的人居环境，充分体现了“天人合一”的人居理念，也为村民借以信奉的山神、石神和龙神提供了拟人化的生活场景；秧佑村同时还信奉灶神、雷神、门神等，每一种自然崇拜物都被赋予了神力，成为村民祭拜的心理依附和心理预期。正是在这些自然环境、人文环境和历史传承基础上的自然崇拜，为秧佑村的布依戏注入了鲜活的案例示范和价值理念。其中，对大自然的感恩，使得布依戏前置了仪式感的祭拜，以稻作文化为主线的情结还原了人与自然和谐共生的理念；对自然现象的敬畏，使得布依戏中增添了些许神话色彩和唯心主义，传递了遵天道尽人道的价值引领；对自然灾害的恐惧，使得布依戏中设置了较多的苦难场景和人文关怀场景，传递出人生不易需要珍惜当下生活的理念。布依戏中，无论是基于感恩、敬畏还是恐惧基础上的自然崇拜，都蕴含着“道”的规范，辅之以鲜活的戏剧表达方式，成为村民喜闻乐见和熟悉的价值表征。秧佑村的历代布依戏师也借助诗性化的文艺形式表达着自然崇拜的神圣与天道人伦的重要性。比如戏台落地为场或搭建于庙台，舞台布景大多为耕牛图和八仙图，反映出对自然与祖先的崇拜。比如《金灵记》《一女嫁多夫》布依戏中就分别描述了瘟疫波及乡村民不聊生，以及“山寨三年遭旱灾，七年遇水灾”等场景，呼唤英雄人物出场和强调精诚团结，映射了乡贤精英的重要性和自发秩序的必要性。

秧佑村的祖先崇拜有其根源。根据村里自编自演的布依戏展演，原因可以归纳为三点：一是随着生产力的发展，村民对自然现象的认知和对自然界的改造能力大幅提升，此时，以人为中心的认识观逐渐形成，为祖先崇拜奠定了人文基础；二是随着时间的流逝，村民对祖先事迹的认识就越虚化和神话，村中每一个姓氏往上追溯，都能找到对应的神作为祖先；三是布依戏中的很多故事，都是儒家提倡积极入世的主流价值观内容，这些故事中的人伦

秩序蕴含着祖先崇拜的内容。每逢三月三、六月六等重大节日，秧佑村一般都会组织布依戏演出，演出大多放在祭祖之后进行。此时的祭祖主要是缅怀祖先曾带领族人抵御外族入侵，护寨有功；同时警示教育后人，不要以强欺弱，要和谐相处。祭祖之后，布依戏才正式开场，戏目在保持《吹睹嫖游之害》《罗细杏》《杨家将》《薛仁贵》《岳飞传》等传统剧目和移植剧目基础上，以戏师黄明亮为主的秧佑戏班常常根据发生在当地的民间故事和现实生活编剧。他编剧的内容往往以村中邻里间，以及家庭成员间的矛盾纠纷作为素材，然后通过讲述祖先如何落实仁、义、礼、智、信的故事来激励和教育村民，劝导村民以祖先为榜样，保持忠、孝、廉、耻、勇的品质。可以说，秧佑村多年来秩序良好，民风淳朴，与布依戏这种寓教于戏的编剧手法有着极大的关系。像黄明亮这样的戏师在秧佑村还有很多，他们带领布依戏班活跃在秧佑村乃至册亨县的乡村民间，为村民送上精神食粮。村民通过参与或观看仪式般的布依戏演出，映射着他们的信仰，寄托着他们对未来的希望。戏剧起源于仪式中的即兴表演，秩序则在仪式中得到展示和凝聚。“戏剧发生于祭祀礼义的视点，是合乎逻辑、普遍适用的视点。”[1] 总的来看，秧佑村布依戏从祭祖到日常，从布景到内容都充满对祖先的敬仰，对道德风尚和人伦秩序等传统信仰的尊崇，这些内容反映在生产生活中，形成了诸多习俗、禁忌和规矩，为自发秩序的形成提供了精神支柱。

二、布依戏的意识形态功能：家国情怀与和谐有序

（一）布依戏寓教于戏，蕴含着主流价值意识并凸显家国情怀

戏剧具有教化功能，保留下来并搬上舞台的戏剧如果不是历代政权扶持的结果，至少也不是政权忌惮而取缔的结果。戏剧所具有的教化功能如果符合统治需要，则会在一定范围内得以生存、扶持和发展。在中国，戏剧的产生不像西方国家遭受宗教的排挤，影响原发性戏剧命运的往往是历代统治者及其地方官吏，或者说，原发性戏剧的发展或多或少取决于政权的需要，以及政权让渡的空间和支持的力度。布依戏在秧佑村等民族村寨的广泛流行，一定程度上反映出布依戏内涵政权所倡导的“家国伦理观”。据清同治年间手抄本《欢戏历源》记载，布依戏至少在清乾隆六年（1741）就已形成，迄今

[1] [日] 田仲一成. 中国戏剧史 [M]. 云贵彬，于允，译. 北京：北京广播学院出版社，2002：3.

已有 280 多年历史。[1] 在漫长的历史发展中，布依戏总体上不温不火，传播范围也仅限于贵州的黔西南布依族苗族自治州等地；调查同时发现，布依戏过去共有剧目 120 多个，至今保留下来的不到 30 个。在保留下来的剧目当中，大体由传统剧目、移植剧目和现代剧目三部分组成。其中，传统剧目源于“摩公”的经咒、古歌、民间故事等，代表剧目如《吹睹嫖游之害》《一女嫁多夫》《打草鞋》《王三打鸟》《冯相宝・马必肖》《穷姑爷》等，这类剧目的戏话、唱词均用布依族语言，最具民族特色，蕴含并体现着自发秩序的基因；移植剧目大多是主流价值观和其他诸如京剧、豫剧等大剧移植的结果，代表剧目如《红灯记》《包公案》《薛仁贵征东》《薛丁山征西》《陈世美不认前妻》《杨家将》《说岳传》《董永卖身葬父》等，这类剧目与历代政权所提倡的主流价值和儒家思想所倡导的人伦秩序等高度契合，比如《包公案》中包拯黑白相间的面相，主要含义为白天管阳，夜晚理阴，充满“正义”的美学内涵，展示并体现出自发秩序中的主流文化价值；现代剧目是改革开放以后根据发展需要编创的剧目，代表剧目《光荣应征》《好媳妇》《罗细杏》以及传统剧目基础上升级的《三月三》《六月六》等，这些剧目立足于宣传大政方针和主流价值观，比如《三月三》合唱曲中，开篇就有的“各族救星共产党，毛主席是红太阳”等唱词，描述了旧社会布依族人民在中国共产党领导下战胜兵匪，迎来新中国的感恩心情和心理认同，相信中国共产党能带领布依族人民走向新时代成为秧佑村村民的普遍信仰。总的来看，在秧佑村广为流传的布依戏蕴含着深刻的教化思想，对自然的神化、对祖先的崇敬、对正义的崇拜、对主流价值的认同等，共同成为秧佑村自发秩序的文化因子。

（二）文化引领，布依戏融入“正史”为文化自觉注入了活力

布依戏在现代的发展和与主流价值的接轨主要源于两大因素，一是布依族文字的创设，二是文化工程的开展，两大因素也为布依戏助力和谐秩序奠定了基础。

1. 创设文字，为布依戏融入主流价值创设了条件。布依族在漫长的岁月里没有形成自己的文字，因此不像汉族那样有自己的史官，也没有文人学士记录下较为完整的历史，直接影响了布依戏等布依族文化进入正史的进程。

---

[1] 政协册亨县委员会. 册亨风物志［M］. 贵阳：贵州人民出版社，2011：255.

究其原因，首先，与布依族所在的贵州省经济社会落后有关，贵州建省600年来一直处于全国经济社会发展的末端，尽管在明末清初进行了屯田开荒、改土归流等政策，一度促使贵州经济社会有所发展，并推动布依戏在清末的繁荣，但是这些措施并非着眼于贵州本土长久的经济发展，而是暂时的策略方针，所以从根本上并不能为布依戏的长久持续发展提供经济支撑；其次，与布依戏寓教于乐的特点有关，布依戏一般是自导自演、自娱自乐兼具社会公益功能，少有商业关联和市场回报，其演出的目的主要是自发的、民间的或官方授意的，所以受众范围小、市场影响力和竞争力弱；再次，与布依戏长期只在布依族聚集区传播有关，因此没有受到官方和戏剧界人士的重视，导致布依戏剧目流失殆尽，余下剧目少有整理、编译等；最后，与戏班内演员包括戏师文化层次较低有关，不能把心中之本转变为纸上之本。基于此，布依戏的流传大多为口口相传，有剧无本。这在布依戏的展演中也可管窥一二，唱词和道白一般使用布依语，正戏中的唱词也使用布依语，只有在汉族地区演唱时才使用汉语。布依族虽然偏于一隅，但“世界的偏僻角落发生的事可以说明有关社会生活组织的中心问题”[1]，或者说，诸如秧佑村等传统落后地区所具有的看似个案式的事物，恰好在一定程度上映现出社会发展史上原汁原味的“印记”，并成为研究国家政权发展和经济社会发展的“活化石”，其中布依戏就是最为鲜活的例证。中华人民共和国成立以后，为了让布依戏等布依族文化得到更好的传承和弘扬，国家组织人员于1956年创制了以拉丁字母为基础的布依族文字，1981年在此基础上依据望谟地区的布依语进行了修改，2008年布依族被正式承认为中国18个具有自己传统民族文字的民族之一，2012年布依族古文字首次进入“中华字库”。布依族文字的创建，为布依戏深度融入国家主流价值观创设了条件。

2. 借力非物质文化遗产工程，布依戏的广泛传播伴随文化自信与文化自觉。文明和秩序既表现为一定场域内人们遵守约定和践行规范的结果，也表现为较大范围内人们因展示形象和融入社会需要而自我约束的结果。秧佑村布依戏鲜为人知的时候，更多是一种自娱自乐或内部教化的需要。当秧佑村的布依戏登上黔西南布依族苗族自治州、贵州省乃至全国性舞台的时候，它就会接受广泛的审视、考验和监督，此时展示的无疑是秧佑村积极向上的文化底蕴和精神面貌。据秧佑村戏师黄明亮口述，册亨县布依戏诞生以来，最

---

[1] ROBERT E. Order without Law, How Neighbors Settle Disputes[M]. Boston: Harvard University Press, 1991:1.

开始有包括秧佑村在内的20多支戏班，但到2005年，仅剩下包括秧佑村在内的7支戏班。随着经济社会发展、人们对多样文化的渴求以及意识形态工作的需要，国家开始重视并切实推动以非物质文化为载体的文化工程建设，2006年布依戏入选第一批国家级非物质文化遗产，包括秧佑村在内的10多支戏班得以重点扶持并投入演出。地方戏剧是民族记忆的缩影，也是文化认同、民族认同、国家认同的重要标志，[1] 为家国情怀和自发秩序注入了活力。

第五节　结论与讨论

一定场域内，人们往往会向既存的事物投入感情，这种感情转化为行动上的保守性，由此产生一致性压力和群体性行动偏好，为自发秩序提供心理基础。秧佑村作为世居少数民族村寨，其传统文化并未真正中断过，也并非处于权力“规划的社会变迁”（planned social change）浪头，因此具有本土化、系统化、规范化特征的价值共识还在发挥作用。或者说，其自发秩序和社会自治具有民族共同体的制度文化特性，而基于个人权利和社会权利之上的社会自治，是现代文明的发展方向，也是中国社会进步的方向。[2] 秧佑村从深层到表层的价值表征和行动逻辑，对形成自发秩序并在乡村治理中发挥作用有着重要意义。

一、相关结论

（一）认同和信任是价值共识的必要条件，也是化解焦虑和规避冲突的充分条件

梳理秧佑村等传统村寨的发展历史，可以发现认同和信任是村规民约形成、传承和发展的心理基础，在相当长的时间里对于维持乡土社会关系和秩序稳定发挥着重要作用，其中蕴含的共同体文化和价值共识则是凝聚力量和规范行为的关键。从北宋熙宁年间到明清时期，传统村规民约历经吕叔和的《蓝田乡约》、朱熹修订的《吕氏乡约》、王阳明的《南赣乡约》、陆桴亭的

[1] 黄定洋. 布依族歌舞之乡——册亨［N］. 黔西南日报，2012-06-01.
[2] 周庆智. 中国基层社会自治［M］. 北京：中国社会科学出版社，2017：278.

《治乡三约》以及明清诸位皇帝圣训，村规民约逐渐由老百姓自己规劝演变成为权力的代言。以至于到了清朝末年，“乡约空有宣讲，保甲空有门牌，社仓少而无谷，社学少而无人，中国乡村组织，几乎退化到一个无组织的状况”[1]。在这种境况下，如果乡民之间缺乏文化自觉和信任基础，很容易被权力架空，使得村规民约成为一纸空文，凝聚力必然衰减。因此，村规民约作为村民共同讨论制定出来供大家遵守的民间规则，它是一种自我的内在规范，是基于地方自治基础上熟人社会的运行规则。“在一个熟悉的社会中，我们会得到从心所欲而不逾规矩的自由。这和法律所保障的不同，规矩不是法律，规矩是习出来的礼俗。从俗即是从心。乡土社会里从熟悉得到了信任。”[2] 或者说，乡村社会中的群众自觉遵从并非刻意构建的规则，他们对规则的认同，是历史习惯养成的，也是心理惯性依托的。也只有当习惯养成的时候，公认或共识才能达成，“确定靠公认，公认靠习惯的养成。像这种习惯的培养，除了从乡村着手外，其他没有合适的地方。”[3] 在竞争性焦虑、压力型传导和精神性空虚潜藏不信任甚至敌意的今天，就算在熟人社会里，人们往往也会对陌生人有所警惕和不信任。但在秧佑村，信任消减了焦虑，真诚撕裂了虚伪，村民之间相互信任，对待外界也十分真诚，陌生面孔的出现，村民们都会微笑着主动打招呼，询问是否需要带路和帮助。在现代化伴生的隔阂性社会里显得尤其纯朴率真和难能可贵，对于乡村的信任建构和形象塑造具有参考价值。

（二）感恩和关爱是秧佑村价值共识的重要内容，也是共同体文化内化为行为的关键因素

有学者认为，中国的传统文化缺乏“博爱”这个极其重要的情感内核和与之相关的教育，因此终极价值关怀犹如雾里看花，是现实主义和功利主义倾向的源头。或者说，讲求和谐和等级秩序的观念与革命文化生长在同一个场域，亲近感、敬畏感和恐惧感并存，导致行为选择上的现实主义和功利主义倾向。在这样的文化环境之下，人的心理有时病态，内心深处充满敌意。但这种观点或许只是现象集成，不具有普遍性，在诸如秧佑村等传统乡村里，蕴含关爱和感恩的价值共识犹如一泓清泉，面对外界多元文化的冲击时其韧

[1] 杨开道．中国乡约制度［M］．北京：商务印书馆，2015：25.
[2] 费孝通．乡土中国：生育制度［M］．北京：北京大学出版社，1998：10.
[3] 梁漱溟．乡村建设理论［M］．上海：上海人民出版社，2011：171.

性不断消纳负面影响力，化有形于无形，确保内部规范和秩序的延续。梳理秧佑村历史，无论是历史上典型人物出场的劝善性、困难时期村民之间互助互爱的人本性，还是现代化深入推进时期村民面对利益的谦让性，都可见共同体文化蕴含的巨大力量。村寨中央的“感恩井”就是见证。据村里老人说，水井以前流淌的是黄水，但秀才去世村里厚葬以后，黄水变成了甘甜的清水，以前饮同一池井水导致的疾病消失，村民坚信秀才依然保佑和关爱着秧佑村，由此更加相信文人的魅力并心怀感恩。事实上，据水利局同志介绍，秧佑村地处煤矿区域，满山的杜鹃花就是证明，在煤山地区，流淌的溪流往往含有较高的硫黄，因此水呈黄色。而秧佑村埋葬秀才的地方，恰好堵住了煤山水流，改变了引流方向，使得山泉水得以过滤和净化。但这是后人较为科学的解释，人们也不再关心关注这种解释，自然的东西经历史沉淀变成文化的根源，赋予的是形成规范的价值理性，这也是最关键的。

（三）祖先崇拜等是中国传统的文化基因，具有历史性、现实性和地域性，西方的终极价值关怀并不适用中国价值共识的凝聚

自然崇拜在世界范围内和中国少数民族中都能找到印迹，比如对山川河流的崇拜、对日月星辰的崇拜以及对动植物图腾的崇拜等。但祖先崇拜、鬼神敬畏是中国以及东亚文化圈的独特文化现象，与西方有着明显差异。在西方，天主教就禁止祖先崇拜，因为在他们的信仰里，祖先会上天堂，由此与宗教合二为一了，神成了众祖先的化身。在中国，根据逻辑推演，祖先崇拜源于自然崇拜，理由是诸如传统农耕社会个人能力和经验是家庭的重要资源，因此被后代所模仿和推崇；农业社会基于生产力薄弱和抵御外力干扰的需要，因此需要维系家族团结和强调血脉关系；家庭择地而居以后，为寻求在定居点力量的展示和保持家族的稳定，因此强调共同的祖先以凝聚力量等。随着时间的流逝，祖先的事迹就越虚化和神话，这从中国几乎每一个姓氏往上追溯，都能找到对应的神作为祖先的传统就可以看出；而在中国占主导地位的儒家，提倡积极入世的主流价值观，其人伦秩序则规定了人们崇拜的对象。基于以上原因，中国的祖先崇拜，既是一种缺少宗教化的代偿行为，比如孔子推崇周文王，墨子搬出夏禹，孟子主推尧舜，而道家则将伏羲神农黄帝搬入殿堂；也是统治者维护政权稳定的需要，比如历代政权在乡村倡导的宗族制度和人伦秩序，就是维护统治者权威与尊严的映射。一旦宗族制度瓦解，对于祖先的崇拜也会随之淡化，取而代之的是凝聚力的式微和政权的衰败。

可以说，以血缘为纽带的祖先崇拜、以灵魂归属为依归的鬼神敬畏等与共识凝聚、行为规范和社会稳定环环相扣，是乡村自发秩序形成的内生因子，也是区别于建构秩序的逻辑进路，秧佑村经验就是例证。

二、相关讨论

（一）乡村治理中权力主导的现代转型与传统文化的保守性如何兼容

传统基层社会秩序规则融于国家权力体系进程中，既有自发秩序的性质特征，又是国家权威秩序的功能实现部分，由此型构出权力支配关系上的官治与民治互嵌式社会治理形态和社会秩序图式，并且这种传统基层社会秩序规则在近代以来的民族国家建构过程中延续下来，被熔铸到新的变化的社会结构形态当中。[1] 也就是说，乡村治理中自发秩序和建构秩序并存，呈现出传统和现代交融互动的状态。或者说，乡村治理的现代转型既需要传统的因子，也需要现代的要素，进一步而言，在一个分权与结构分化的政治社会体制下，需要形成传统和现代相互调适，各主体各司其职、和谐运行的社会治理功能体系，由此实现社会治理的现代转型。[2] 然而，乡村治理的现代转型往往遭遇传统文化所固有的保守性，因此社会治理有时表现为传统式微而现代性又不足，与理想状态下的现代转型形成二元悖论，犹如硬币两面找不到交集。

事实上，梳理近现代以来乡村治理中的传统性与现代性，权力主导的现代转型往往与自发秩序相去甚远，现代技术和理念较难与乡村的保守性相兼容，从而一定程度上导致了乡村治理中的无序和混沌。晚清政权下沉乡村以来，国家实际上加强了对乡村的管控，权力开始嵌入乡村治理，但此后中国先后进入长达数十年的政权不稳定时期和权力运动时期，一些地方原有的村规民约等内部规范逐渐淡出历史舞台。随着“乡政村治”格局的逐步形成，顶层设计赋予了乡村更大的自治权，传统乡村社会发生了大的变化，乡村治理面临新情况，表现有三：“一是治理之变；二是乡村基础结构之变；三是价值之变”[3]。在由传统乡村社会向现代乡村社会转型的背景下，乡村的组织结构与观念也逐渐发生变化，一些方面表现为传统到现代的转型。但转型中，

[1] 周庆智．中国基层社会秩序变迁及其建构涵义［J］．华中师范大学学报：哲学社会科学版，2018（1）：17-33.

[2] 周庆智．基层社会自治与社会治理现代转型［J］．政治学研究，2016（4）：70-80.

[3] 贺雪峰．回乡记［M］．北京：东方出版社，2014：1-2.

自发的保守性、权力的整合性和有限的自治性同时发生于同一场域，外部性的约束机制一定程度上导致了对自发秩序的认同危机，从而造成了乡村治理中自发秩序的不足。乡村振兴战略的提出，“有效治理体系”打出了自治、法治、德治协同治理的“组合拳”，以村规民约等为内容的柔性治理理念在此进程中无疑会受到应有重视，传统积极因素的回归已然提上日程。但当前来看，在“乡政”的覆盖中“村治”依然薄弱。或者说，基于压力型考核和资源分配的垄断性，虽然顶层设计中凸显了村民自治的地位并极力发展基层民主，但实践中有时也还体现为基层权力的“无限参与”和村民的“有限参与”，而权力有时又会借助“参与”实现对乡村的监督甚至管控，最终被压在下面的，还是村民的“参与”。乡村治理的现代转型在权力主导的现代性和传统文化的保守性之间，依然处于交困的境地。

（二）乡村治理中的“伦理束缚”与“理性支配”如何调适

诸如秧佑村等传统乡村的村民无疑身处伦理束缚之中，血缘、亲缘、地缘等生成了相互关联的社会网络和传统文化，为自发秩序注入了基因；但现代化由物到人关注的转变进程中，个人对利益的诉求、宣示存在感以及感知到的相对剥夺感的不良体验等，在信息化的便捷和法制化的助力下，个人理性有时试图挣脱集体主义的藩篱，向传统的乡村治理发起了挑战。诚然，乡村基于信任基础上的传统文化因素并不会随着现代化的推进而自动退出，儒家伦理与宗族血亲依然是无法绕开的依靠力量，乡村社会的习俗、传统与信仰也无时无刻不在影响着村民行为。因此，要发挥市民公约、乡规民约等基层规范在社会治理中的作用，培育社区居民遵守法律、依法办事的意识和习惯，使大家都成为社会主义法治的忠实崇尚者、自觉遵守者、坚定捍卫者。换言之，以村规民约等为载体的价值共识无疑出自村民行为的传统性和情感上的认同，它主要是村民在日常生产与生活中形成的维系自身行为方式和道德观念的体现，也是村民自治与德治的伦理基础，与法治相互映衬，共同成为维护乡村秩序的重要因素。

总的来看，伦理纲常与场域内的约定俗成通过嵌入村规民约等内部规范，形成了乡村治理中的价值共识体系和柔性的约束机制。乡村自治组织或地方权威往往通过传统伦理的教化和对个人理性的抑制来实现对乡村秩序的维系，是一种柔性的束缚。但随着现代化进程的推进，工业现代化带来了文化的现代化与市场化，信息现代化带来了治理的民主化与多元化，也带来了对传统价值理念的冲击，不同观念和信仰从不同层面、不同阶层以不同方式显现出来，传统意义上的内在约束和平衡机制被破坏，村民开始摆脱土地和礼俗的束缚，朝着个人本位和自我理性的方向进发。法治化、契约化等理念也随之在乡村社会形成，带来乡村社会认同理念的变迁。进一步而言，在现代化伴随的多中心、多元化和利益依附中，村民是否还一如既往坚守村规民约等内部规范，或者说，伦理束缚与理性支配孰优孰劣，或者如何融合发展，也还需要深入探索。

三、调研札记

在信任缺失和压力传导的社会里，人人似乎都有假想敌或者潜藏着敌意，但人又不得不去压抑这种敌意，由此源源不断地产生焦虑。令人印象深刻的是，在秧佑村村委会召开的调研座谈会上，参与座谈村民（包括寨老、家族长、村委会成员、秧佑籍协会成员和一般村民）围绕村规民约、信仰、家族等在乡村治理中的作用积极发言，寨老杨力功重点叙说了荣获五等军功牌的班廷珍在秧佑村的事迹，其余人进行了补充叙述。由于人多且是方言叙述，虽然秩序井然，但笔者听得并不是十分完整和准确。这时，在隽秀的现场签名名单上，竟然发现没有众人谈及的班氏代表参会。陪同调研的弼佑镇领导介绍，由于正值贵州省举办非物质文化展演周活动和册亨县创建省级文明城市，秧佑村作为传统文化和布依戏传承地，班家有关人员都抽调外出参加了相关活动。在信任、认可和承认变得艰难甚至支离破碎的今天，在笔者等认为四大家族共存必然潜藏着竞争的预设下，村民们对曾经给予村寨辉煌的班氏的赞颂让人可以理解，但班氏后人并不在场，又何以如此热情？参加座谈的村民对班氏的贡献充满感情和感激，而不是简单的表态、附和或恭维，那种真挚、善意、虔诚让调研组人员感慨颇多。在秧佑村，一个人也好，一个家族也好，只要是遵循内部性规范并有所贡献，就会被承认、被认可，无须在场。

第七章　秧佑村的地方权威与有效治理

如果以权力是否提供公平正义的制度环境作为衡量标准，传统意义上的乡村自治本质上是一种小国寡民、丛林法则式的无为而治。彼时，虽然以县衙、吏胥和保甲制等为代表的正式权力或社会组织在名义上将乡村社会纳入了皇权管制范围，但实际上皇权不下乡的制度设计和落后的自然经济使得正式权力在乡村的配置极少，以宗族、乡绅等为代表的地方权威在乡村治理和秩序生成中扮演着主要角色。清末政权开始实质性下沉乡村，但此后经过时代变迁和政权更替，乡村由保甲长和地主阶层代行政权进行治理，扮演着“乡村包税人”角色，但基于税收和抓壮丁等暴戾和盘剥行径，因此很多时候与村民离心离德，乡村总体上还是依靠血缘宗族和乡贤精英的自治。中华人民共和国成立以后，党的领导权、政府治理权和村民自治权构成乡村治理的基本权力结构，辅之以立法监督权的人大常委会、协商建议权的政治协商会议等正式权力和民间群众社团，共同构成了乡村治理中的协同共治格局。在此流变中，秧佑村传统的地方权威和独特的人文环境始终发挥着重要作用，形成了既有共通性，又具独特性的乡村治理结构。其中，家族、寨老、秧佑籍协会是秧佑村区别于其他地方的主要方面，正是基于家族管理责任制、四大家族共商机制和秧佑籍协会会商解决机制，才使得秧佑村若干年来一直保持着良好的乡村秩序。

第一节　“乡贤精英”的历史变迁及其在秧佑村的出场

乡贤精英主要由组织精英、文化精英、经济精英和道德精英等组成，既包括家族能人、乡贤士绅和意见领袖等自发形成的权威个体，也包括在此基础上形成的政府默许或认可的组织和团体。帝制时期，乡贤精英主要承担着公益活动、排解纠纷、兴修公共工程、组织团练、征税、维护寺院、学校和贡院等职责。[1] 其中，排解纠纷等是乡贤精英在乡村社会治理中扮演的重要角色，具有非典型政治的功能。现代乡贤精英是一个具有标志性的社会群体，他们既是乡村道德模范、价值观的引导者，也是村民行为的规范者和约束者，同样在乡村治理中扮演着关键角色。秧佑村传统意义上的乡贤精英包括寨老、家族族长、摩公和布依戏师等，现代意义上的乡贤精英包括秧佑籍协会成员、村委会成员、在外工作的公职人员、返乡创业的才俊等。一直以来，乡贤精英在秧佑村发挥着凝聚乡村力量、实现上通下达、协调矛盾冲突、维护社会公正以及发展乡村经济等作用。

一、乡贤精英的内涵及其外延

"乡贤"一词古已有之。唐朝刘知九在《史通·杂述》中记载："郡书赤矜其乡贤，美其邦族。"明朝朱栴主持编修的《宁夏志》中专门列举了"乡贤"类人物，并为其设立乡贤祠加以祭祀。清朝时不但建有乡贤祠，还把乡贤列入当地志书。近现代以来，乡贤含义有了拓展，《汉语大词典》将"乡贤"解释为"乡里中德行高尚的人"，指本乡本土有德行、有才能、有声望而深被本地民众所尊敬的贤人，他们除了具备良好道德品格外，常常还有才干和声望，一般是立德、立功、立言的典范。也就是说，评判乡贤的标准大致有三个方面：一是德行，即道德品行，应该具备高尚的道德情操；二是能力，有才能，具备一定的知识并能将其用于改造实践，从而对社会产生一定的影响；三是地域，即本乡本土的，一般情况下指的是生长于本乡村的精英式人物。但需要指出的是，随着社会的进步和认识的拓展，尤其是城镇化进程的推进，乡贤不再拘泥于乡村场域，一些中小城市的名人也被称之为"乡贤"，如湖南凤凰的沈从文、厦门集美的陈嘉庚等。事实上，这一含义的拓展也有其现实意义，随着改革开放的不断深化，中国社会发生了巨大的变化，人口流动性使得地域概念日渐模糊，离开自己的家乡到外地工作生活的人越来越多，其中不乏一些德才兼备的能人，他们在异乡的土地上挥汗如雨，忘我地辛勤工作，把自己的青春甚至一生都奉献给了自己的第二故乡，并成为家乡和第二故乡的骄傲和乡贤式人物。因此，评价是否乡贤，不能仅看出生何地，

---

[1] 张仲礼. 中国绅士 [M]. 上海：上海社会科学院出版社，1999：48.

工作或生活在本乡本土范围内，德才兼备的人都可以算作本地的乡贤。综上，乡贤泛指出生于或者生活工作于一定地域范围内，有德行、有才能并为地方经济社会发展做出相当贡献的人。

管窥乡村治理中的乡贤精英，无论是帝制时期还是政党政治产生以来，他们在乡村的治理中都占据着特殊的地位并发挥着显著的作用。以时间和空间为坐标轴进行分类，乡贤精英主要有以下两种类型，同时具有关联的支撑性要素。一是“传统乡贤”和“新乡贤”。传统乡贤内涵与乡绅的概念具有较多的重合性，主要由历史上那些具有功名身份、学品、学衔和官职而退居乡里者构成，具备身家清白、品行优良等特质，具体所指本乡本土有知识、有德行、有才能、有声望之人；今天的乡贤，或成长于乡土，弄潮于商海；或出自乡村，成就于城市，是当代乡里德行高尚，且于乡里公共事务有所贡献的人。值得一提的是，新乡贤的范围有所扩大，拓展到了农村优秀基层干部、道德模范、身边好人等先进典型，一般与政党政治所倡导的主流价值观和先进人物特质吻合，具有劝善性、示范性和带动性等意识形态功能。二是“在场乡贤”和“不在场乡贤”。“在场”乡贤是指那些扎根本土，把现代价值观传递给村民的乡贤，即土生土长，工作生活于本地的乡贤；“不在场”的乡贤是指那些出去奋斗，有了成就再回馈乡里的乡贤，即那些在本土出生、在外地求学、工作或生活的，后来衣锦还乡、回报故乡，或由于其不俗的成就使家乡人民引以为豪的乡贤。

二、“乡贤精英”的演进及其在乡村治理中的角色

（一）帝制时期，乡绅在乡村治理中扮演着关键角色

乡绅自治是中国历史上一种非正式制度的国家代理治理模式。乡贤精英既非百姓选举的代表，也不是政府任命的代表，但在乡村自治中发挥着关键作用。彼时，乡村治理中的另一个重要力量，就是“百官者虚名，而柄国者吏胥”[1] 中的吏胥。吏胥主要负责乡村税收和治安，但作为官僚体系的差役，他们并不在行政官僚体系内。因此，对于皇权而言，乡绅和吏胥在维护基层秩序方面并没有本质的区别。或者说，国家权力、吏胥、乡绅共同控制和分割基层权力，维持着一个形似自治的乡村社会治理体系。宋朝实行保甲

---

[1] 顾炎武. 日知录［M］. 合肥：安徽人民出版社，2007：470.

法，随后元明清时期实行牌甲和里甲制度，很多乡绅被选举进入代行乡村治理的权力体系，履行调解纠纷、督缴赋税、监督生产等工作。这种向上的流动性，给平民百姓提供了愿景和动力，蕴含的荣誉激发了乡村活力，同时使得乡绅在民间具有较广泛的被接受的合法性。政权需要乡绅，乡绅依附政权，村民信赖乡绅，乡绅依靠村民，成就了帝制时期乡村治理中的和谐景象。在正常情况下，政权和乡绅的主要利益是一致的，并且为保持社会的运转，他们相互合作。或者说乡绅一般被视为可与地方官具有同等治理权力。虽然官吏倚重于乡绅的辅佐，以管理民众，但官员也留意于他们是否找麻烦，因为他们可能带领民众对政府产生威胁和危害。[1] 简言之，乡绅自治与正式制度如县衙及保甲制度（也称乡里制度）等共同构成乡村社会治理权力。[2] 清末科举制的废除割断了乡绅与国家权力之间的利益纽带，致使传统仕进之路猝然断绝。乡绅失去了晋升的希望和制度性保障，“功名”身份也愈发显得不合时宜。自此，乡绅在乡村治理中的权威整体上处于衰落态势。清末“新政”以及此后的立宪运动，进一步加速了清政府权威的式微和官绅权争的纷乱。辛亥革命后“权绅化”进程愈益加速，并最终形成绅权的体制化，权绅实质上已蜕变为只代表本阶层利益的、游离于国家与社会之外的一种乡土“权势”力量。

（二）民国时期，乡绅在维护地方秩序中作用明显

民国初期，由于受西方自由主义和个人主义政治观的影响，废弃了保甲制度；但随后国民党对工农红军军事“围剿”之时，当权者认为“剿共”不力的原因之一是民众不支持政府，因此开始研究并恢复保甲制度，初期颁布的《县组织法》规定县政府监督地方自治事务，此后颁布的《县各级组织纲要》规定县政府办理全县自治事项，由“监督”自治事务到“办理”自治事项，完成了权力配置和机构设置上的政权到村，在县以下设置了区、乡(镇)、保、甲等基层组织。但其间由于各种势力相互纠缠和内外战争，因此乡村治理无论是人员还是机构都比较弱，保甲长是地方治理的主要力量，他们很多时候由当地地主、土豪、顽劣担任，国民政府竭力通过保甲长牢牢控制民众，“使每一保甲长均能兼政治警察之任务”；权力与地方恶势力的结合，

[1] 张仲礼. 中国绅士：关于其在 19 世纪中国社会中的作用的研究［M］. 上海：上海社会科学院出版社，1991：33-34.

[2] 周庆智. 中国基层社会自治［M］. 北京：中国社会科学出版社，2017：16.

使得政权和纳税人之间平白多出了一个食利的包税人（保甲长与地主阶层），政府事事都得依靠他们，这种权力代理滋生了层层盘扣的贪腐行为和欺压百姓的恶劣行径，从而导致村民对国家政权的疏离。此时的乡村秩序几乎完全依靠地方权威和宗族力量进行维系。但乡绅诸如寨老、家族长、文人等往往成为地方权力主要“关照”和争取的对象，政权试图通过对自发精英阶层的掌控，达到对乡村的实际控制，乡贤精英夹在政权和村民之间，处境艰难。

（三）“乡政村治”后，乡绅逐步复苏并重新参与乡村治理

社会主义三大改造的完成，实现了权力在乡村的全面覆盖。乡村社会经过改良之后，传统的乡绅基本上不复存在。农村公社瓦解以后，“乡政村治”的制度设计下农村建立了村民自治组织村民委员会，承担本村事务自治。此时，为了改变包括广大农村在内的贫穷落后的面貌，改革开放与社会主义市场经济体制先后施行，同期农村进入“村民自治”阶段。改革开放初期的20世纪80年代，由于许多家庭财产几乎清零，都处于贫困的起点上，因此农村的关系结构主要围绕生存展开，利益交集和矛盾纠纷不多，偶尔发生的纠纷往往经由亲属朋友或地方权威调解，乡村秩序中的熟人规范还在发挥作用。20世纪90年代到21世纪前十年，随着经济的发展、技术的进步和流动性的加强，利益附着引发的纠纷开始显现，这时的熟人社会规范开始肢解，面对纠纷多发的实际，“一票否决”的维稳机制开始出现，与信访机制一道，成为国家维护乡村秩序的主要方面，此时农村乡贤精英的流失几乎瓦解了农村的内生治理机制。治理现代化提出以后，民主协商、政社互动、三社联动、网格化治理等成为农村维护社会稳定和增强群众回应性的创新实践，但乡村秩序总体上表现为权力整合型秩序，自发秩序并没有引起地方的高度重视。随着乡村振兴战略的实施，建构自治、法治、德治相结合的乡村有效治理体系，需要乡贤精英的加盟，乡贤精英的回归正逐渐成为常态，并在官方和民间的双重期待中深层次融入地方治理和发展之中。

三、秧佑村的乡贤精英与乡村治理

（一）秧佑村的良好秩序蕴含“三大组件”，乡贤精英是其中的关键一维

秧佑村1867年树立“八不准禁碑”以来，与中国绝大部分基层社会一样

都经历了诸多重大历史变迁和重大历史事件，这些变迁和嬗变都不同程度涉及重大思潮转变、重大利益调整、执政方式巨变甚至政权更替等历史节点，蕴含着复杂性、动态性、冲突性和抗争性等特征，基层秩序在此流变中跌宕起伏并或多或少卷入其中。然而，比较而言，秧佑村却又好似一方净土，无论时代变迁的力量激起多大的浪花，都保持了稳定的社会秩序；改革开放以后，也抵制住了利益驱动导致的行为失范和现代化伴生的思想变化，未曾发生过一起涉访涉案涉毒事件；甚至连每年外出务工的数百人，也展示出良好的社会形象，没有发生过一桩纠纷事件。其中，价值共识内化的自身规范，乡贤精英为主的治理主体，正式权力的让渡空间并创设环境，共同成为秧佑村村庄治理的三大组件，由三大组件形成的带有自发特征的治理结构好似太极推手，将外部的影响力化于无形，共同保障了秧佑村的良好秩序。人作为秩序的对象，同时也是秩序的主体，其中具有自律性、德化性、劝善性和示范性等特征的村民基本上具备了成为乡绅的个体条件，而其中能够突破狭隘性，胸襟豁达，能力较强且具备一定资源或财力的村民，他们在获得村民认可并在行动上与权力倡导同向而行后，往往成为乡村精英人物，他们既要成为价值共识的践行者和引领者，也要成为政权的代理人和村民的代言人，由此集自发秩序“三大组件”要求于一体，成为地方治理和秩序维护的关键角色。简言之，秧佑村的乡贤扮演着参与者、沟通者、监督者和协调者等角色，能够弥补乡村治理中的错位、缺位，及时调解乡村矛盾和纠纷，降低乡村社会的治理成本，进而提高乡村治理绩效，化解乡村治理危机。

（二）秧佑村近现代治理结构变中趋稳，乡贤精英始终发挥主导作用

1867年以来，正值国家政权进一步深入乡村社会的时期，贫穷和落后的乡村无法与富于千般诱惑的近代都市相抗衡。乡村难以阻止乡贤精英等人才的流失，但此时也正值用人之际，一些比较开明的地方政权通过吸纳乡绅名流为国家效力。因此，彼时也是秧佑村人才辈出的时期。据口述历史和实地考察，秧佑村由于偏居一隅，交通不便，因此保甲制度的施行较为宽松，抓壮丁等现象也少有发生，地方权威在乡村治理中依然发挥着主要作用，有些乡绅因为治理有方而声名鹊起，成为影响秧佑村以及周边地区的名人。关联地看，秧佑村近代乡贤的出现与秀才办私塾的偶然性相关，但其必然性却是时代的召唤和秧佑村浓厚的人文环境使然，因此走出了以班廷珍为代表的乡贤精英。作为乡村组织领袖，他们存在并处于官与民之间的枢纽地位，以至

于秧佑村的社会治理呈现官、吏、绅、民的基本利益与权力结构，但作为村里走出去的“官”，班廷珍等人不仅主导参与了秧佑村“八不准禁碑”禁令的制定，同时为秧佑村的方方面面提供关照并直接参与到乡村治理中来，为经济社会的发展和乡村秩序的稳定献智出力。

民国时期，参加讨袁护国运动的班永祥，时任国民政府区长的杨定清，以及知名私塾先生黄廷儒、杨占英、杨定文等，他们大多在秧佑村有事迹传颂，道德劝善、行为利他、遵守规范和感恩回馈等是后人对他们共同的评价，这些乡贤成人成才于村里，主要贡献在村外，其外部事迹则由于时空阻隔带来的虚幻性和想象力而成为秧佑村长期的精神勉励和自觉比拟，对于乡村的自发秩序有着示范效应。1945 年后，“共产党在农村实行的土地革命和‘村选政治’，以各级‘劳模’和‘群英’为主体的乡村新式权威逐渐控制了乡村政治生活，传统权威的政治影响力大幅消退。对于中国乡村社会而言，绅士权势地位的最终退出，才真正标志了一个时代的终结。”[1] 但此时的秧佑村依然保持着家族式治理模式，时政带来的影响也不如地处政治、经济、文化等中心的乡村那么强烈，由于千丝万缕的血亲关系和裙带关系，尤其是习俗养成内化的传承性和自觉性，因此外出担任公职的权势人物非但没有在村里有欺行霸市的行为，反而为村里的治理和发展提供支持，加之家族长和寨老等传统权威一直在发挥作用，由此延续了秧佑村良好的秩序面貌。

（三）秧佑村自发治理结构的瓦解与重构，乡贤精英重新回到自发秩序的中央

当布依戏师等传统权威被打倒后，寨老、家族长等被取缔但依然发挥作用。改革开放以后，随着村民自治制度在全国的推行，大量德才兼备的乡村精英通过竞选村干部来施展自己的才能和抱负，一些家族能人（包括族长）进入村委会（四大家族均有代表）开始代行权力并代理村民，寨老作为村里德高望重的自然权威则一直扮演着仲裁者的角色。与此同时，随着国家对传统文化的重视和恢复，尤其是对非物质文化的保护，使得摩公重新进入村民视野，布依戏师也开始登台亮相并培养自己的传承人，政府通过嵌入主流价值观和支持引导等举措，使得布依戏师等在秩序生成中发挥了习俗治理、文

---

[1] 王先明. 变动时代的乡绅——乡绅与乡村社会结构变迁（1901—1945）[M]. 北京：人民出版社，2009：485.

化治理和精神激励等作用，成为政府信任和村民敬重的当代乡贤，再次回归乡村治理之中并扮演着“心理导师”的角色。

当前来看，秧佑村传统意义上的乡贤精英包括家族族长、寨老和布依戏师等，现代意义上的乡贤精英则包括秧佑籍协会成员、村委会成员、在外担任公职的秧佑籍人员、返乡创业的才俊、秧佑籍大学生以及成功的商界人士等。他们不仅心系秧佑村的发展，同时通过传统的关系结构、现代的组织网络和技术手段等，为秧佑村的社会治理贡献力量。寨老、家族长、村委会和秧佑籍协会直接参与治理；布依戏师等通过威望影响村民的行为；村委会既是政权的代理人，又是村民的代言人和利益的辩护者，在社会治理中承担着组织实施和意见反馈的功能。

第二节　秧佑村的“四大家族”及其治理逻辑

在贵州的世居少数民族村寨或较为封闭的传统农村，人们一般不愿诉诸公权力解决冲突，一是低头不见抬头见，二是诉诸公法的成本太高，三是第三方调解往往能有效平息争端，这些都为乡村治理中的“熟人规范”发挥作用预留了较大空间。在这种环境中，一些较大家族的共识性文化经过沉淀形成成文规范固定下来，以自己的方式约束和管理家族成员；基于时空的不可分割性，村寨内的家族之间也在漫长的交往和博弈中形成了较为正式的矛盾纠纷化解办法。秧佑村的家族管理责任制和四大家族共商机制就是其中的典型，他们以自身的行动维护约定俗成，而不是通过外显化的强制力量进行治理，为自发秩序在乡村治理中发挥作用提供了依靠和保障。

一、秧佑村家族管理责任制及其治理逻辑

（一）秧佑村家族管理责任制的变迁

血缘关系是一种天然的黏合剂，血脉相承的活化效力能有效聚拢个体之间凝而不聚、聚而不久的难题。受家训族规的庇护、伦理纲常的影响以及共同抵抗外力的需要，家族管理责任制具有明显的秩序功能，突出表现在血缘凝聚功能、礼义规范功能以及自我调适功能等方面。据口述历史和实地考察，

秧佑村可追溯的家族管理办法源于“八不准禁碑”设立之后，“八不准禁碑”条款基础上的村规民约是家族管理办法的“母本”，并在其后随着政权的要求而有所调整。

从1982年到1986年，国家重心转移到恢复秩序和发展经济上来。以家庭联产承包责任制为基础的改革为发挥农民积极性、凝聚农村力量和发展农业创设了条件，农民从国家性的地方政治经济共同体的束缚中解脱出来并重新归入个体家庭组织中，乡土社会的传统性开始复归。与此同时，“乡政村治”的治理模式开始进入实践。然而，历经多年的政治运动和管控模式，此时乡村的传统性要素已经变得微弱甚至荡然无存，权力的退出与自治力量的弱化并存使得农村很多问题浮出水面，导致权力在乡村治理中有时处于进退维谷和若即若离的状态，为维稳承包制和压力型考核等复垦了土壤。1986年，秧佑村开始重新试行家族自治管理责任机制，但主要是对“四大家族”在村内事务中的自治进行分工，家族自身治理依然没有得到过多关注。

我国实行市场经济尤其是加入世贸组织以后，多元化、多样化和信息化引发的治理困境使得传统的统合管控方式捉襟见肘，群众自治和有限赋权开始实质性进入国家视野。2004年，中国共产党十六届四中全会提出“打防结合、预防为主，专群结合、依靠群众”的社会治安综合治理方针后，秧佑村因依靠村民自觉和自发秩序而上百年没有发生治安刑事案件的事实进入人们视野，由于其治理方式与国家提倡的方针相吻合且成效明显而获得省、州、县的表彰，荣获“百年无刑案村”等美誉，并通过宣传广为人知，之后秧佑村作为地方典型得到政府的扶持，包括家族管理责任制、家族间共商机制等得以重新认识和选择性恢复。在此背景下，“四大家族”分别选举产生了家族管理委员会，并制定了家族管理办法，目的是让治理更加规范化。

（二）家族管理委员会及其作用发挥

2004年以后，秧佑村“四大家族”以村民委员会组织法、“八不准禁碑”和“村规民约”为依据，选举产生了家族委员会，同时制定了自己的家族管理办法。比较发现，各家族委员会设置和管理办法大同小异，其中大族杨氏最具代表性。经过较长时间的酝酿和准备，2016年，在族长、杨姓秧佑籍协会成员和村委会成员提议下，杨氏家族第一届委员会诞生，职务及职责为：族长，负责管理家族所有事务；副族长，协助族长管理家族所有事务；秘书长，负责拟写家族各种文稿；组织委员，负责家族重大事务组织工作；纪律委员，负责管理家族纪律事务工作；生活委员，负责家族重大事物生活安排；宣传委员，负责家族重大事务宣传工作。同期制定了以族规和族训为内容的家族管理办法，负责家族事物的组织实施。

杨氏家族管理责任制的内容由族规、族训和杨氏家族章程（表 7－1）三部分组成。首先，族规规定：手持正义，肩挑道义，与人为善，与邻为友；举止稳重，言语文明，尊老敬贤，扶危济困；积谷防饥，积德防老，夫妻相敬，举案齐眉；遵纪守法，谦恭礼让，自爱自重，自尊自律；瓜田李下，各别嫌疑，见功思过，见利思义；对贤当举，小人当疏，孝悌当崇，五毒当诛；学高为师，身正为范，尊师重道，志存高远。其次，族训（“十不准”）要求：不准违反本家族章程及族规族训的内容；不准偷牛盗马、乱摘乱折他人瓢瓜；不准虐待父母和妻子儿女；不准奢侈淫逸、贪得无厌；不准侮辱、诬告陷害、诽谤他人；不准侵占他人屋基和田边地角；不准参与赌博、吸毒贩毒、拐卖儿童；不准破坏他人婚姻和家族荣誉；不准放火烧山、乱砍滥伐；不准弄虚作假、好逸恶劳。族规族训中蕴含着忠孝廉耻勇、仁义礼智信与温良恭俭让等传统思想，而正是这些特质，展示了秧佑村内部的良好人际和自发秩序。杨氏家族章程分为 3 章共计 27 条。第一章 10 条，开门见山指出家族议事实行民主集中制原则，各分支一律平等，强调维护家族秩序，专门提出“缅怀先辈业绩，激励后代奋发有为”，同时强调“通过修订族谱来疏通家族成员的血缘与脉络，保证族源的纯正”。体现出家族治理的威权性、激励性和保守性。第二章 14 条，其中要求“家族成员要常常检点自己的不足，不背地说别人闲话”，提出“与大家交往时，要说话和气、谦虚谨慎，发生纠纷时要互谅互让，大事化小，小事化了，不可轻易动怒，更不能打骂他人”，同时强调禁止破坏婚姻自由，禁止虐待老人、妇女和儿童。以上几点，一定程度上反映出农村当前存在的主要冲突源和弱势群体，具有明显的自律性、克制性和劝善性。第三章 3 条，对设置家族委员会和举行年会等进行了规定。其中，明确家族委员会由各家族分支推选代表组成，体现了民主和制约思维。

表 7-1　杨氏家族章程（2017）

第一章　总纲

第一条　家族制度是保障我族成员言有章行有法，构建文明家族的有效载体。禁止任何组织或者个人破坏家族制度。

第二条　家族的一切权力属于家族成员。

第三条　家族议事实行民主集中制原则。

第四条　本族各分支一律平等。家族保障各若干家族的合法的权利和利益，维护和发展家族的平等、团结、互助关系。禁止对任何弱势家族成员的歧视和压迫，禁止破坏家族团结和制造家族分裂的行为。

第五条　维护家族制度的统一和尊严。

第六条　家族厉行节约，反对浪费。

第七条　维护家族秩序，抵制一切对家族的侵扰活动。

第八条　家族通过各种聚会，加强族人之间的联络，增加信息的交流和感情的沟通。

第九条　家族通过举行对祖先的祭祀活动来缅怀先辈的业绩，激励后代奋发有为，寄托对祖宗的哀思，牢记自己的祖宗，牢记自己的族源。每年清明，家族必须指派专人祭扫祖宗坟墓。

第十条　家族通过修订家谱来疏通家族成员的血源与脉络，保证族源的纯正。

第二章　家族成员的基本权利和义务

第十一条　凡具有本家族血源的人都是本家族成员。

第十二条　本家族成员在家法面前一律平等。另有规定的除外。

第十三条　族人和本家族成员享有家法规定的权利，同时必须履行家法规定的义务。

第十四条　家族成员的人格尊严不受侵犯。禁止用任何方法对家族成员进行侮辱、诽谤和诬告陷害。

第十五条　家族成员要常常检讨自己的不足，不背地说别人闲话。

第十六条　坚决反对不劳而获，骄奢淫逸，通过自己的辛勤劳动创造美好生活。

第十七条　家族成员对家族弱势群体、生存困难的族人有帮助的义务。

第十八条　培养家族青年、少年、儿童在品德、智力、体质等方面全面发展。

第十九条　家族成员有受教育的权利和义务。父母有抚养教育未成年子女的义务，成年子女有赡养扶助父母的义务。

第二十条　家族成员有团结族人、亲朋、邻居的义务，与大家交往时，要说话和气、谦虚谨慎，发生纠纷时，要互谅互让，大事化小，小事化了，不可轻易动怒，甚至于打骂他人。

第二十一条　婚姻、家庭、母亲和儿童受家族的保护。禁止破坏婚姻自由，禁止虐待老人、妇女和儿童。

第二十二条　家族成员要积极参与家族事物，不持观望态度。

第二十三条　家族成员有维护家族荣誉和利益的义务，不得有危害家族荣誉和利益的行为。

第二十四条　谱书是记载家族的史料，从中可以知晓家族的来源和事迹。家族成员有妥善保存谱书的义务。

第三章　家族机构

第二十五条　杨氏总家族委员会行使家族事物管理权。

第二十六条　家族委员会由各支族选出的代表组成。

第二十七条　家族代表大会和家族委员会会议每年至少举行一次，由家族委员会召集。

二、四大家族共商机制及其治理逻辑

（一）族际共商治理机制的形成

族际共商治理的效力来自族人的授权、村委会的赋权和正式权力的让渡，其治理逻辑事实上是三种权力的代理治理。族际共商之所以会产生足够大的权威，也正是由于“乡村权威产生于代表各宗派、集团以及国家政权的通俗象征的部分重叠及相互作用之中”[1]。或者说，族际治理在乡村治理中具有非典型政治的功能。秧佑村的“四大家族”共商治理机制早已有之，既有同治四年“八不准禁碑”碑文的内容，也有改革开放以后时代的印迹，但基于家族、村委会、秧佑籍协会以及正式权力的存在，因此“四大家族”共商治理只是“习惯法”，没有“成文法”。1982年，国家开始实行政社分开、重建乡政府，但包括贵州在内的部分省同期恢复了一些县辖区，不少地方的县辖区实际上拥有节制乡镇政府的权力。1986年，为了减少行政层次及增强乡镇政府的权力和独立性，中央决定“拆区并乡”。1987年开始，贵州等地陆续将村委会下沉到自然村。自此，秧佑村开始恢复家族自治管理责任机制，同期完善新时期族际间共商治理机制。“四大家族”共商治理虽然没有形成规范文本，但分工明确，适用至今。

（二）“四大家族”共商治理的程序与实效

总体上看，家族在秧佑村的治理中扮演着重要角色，自发秩序呈现差序累进特征。简言之，家族内部长老调解、跨家族长老（族际）调解、“村两委”调解和秧佑籍协会调解都不成功的矛盾纠纷，最后由“村两委”发起并组织各有关方面形成“调委会”进行联合调解，与“合议庭”功能有所类似，形成的调解意见也被视为最权威的、最有广泛代表性的、最公平合理的意见，不容当事人不采纳、不接受；否则，将被全体村民视为“刁民”，被群众所歧视和孤立。事实上，虽然秧佑村村民之间的矛盾纠纷从来没有上升到需要成立调委会进行“终审”的阶段，但这样的程序和机制在处理涉及群体性、差异性的问题中有过实践。比如危房改造中围绕整体改

---

[1] ［美］杜赞奇. 文化、权力与国家——1900—1942年的华北农村［M］. 王福明，译. 南京：江苏人民出版社，1994：29.

造、部分修复以及另行选址等不同的政策和标准，在其他地方往往成为引发不满的原因，但秧佑村为确保公平正义和矛盾纠纷及时化解，从项目启动到结束都有各方代表参与的“调委会”，为项目的顺利开展提供了保障，这也是自发秩序在乡村治理中的直接体现。依据这一治理逻辑，近年来秧佑村“四大家族”共商机制处理了一些较为典型的矛盾纠纷。比如前些年实施油茶种植项目时，村里 7 户农户的熟地因人口自然变更、土地边界模糊与集中连片种植等原因需要重新规划和分配，引发相关方不满情绪和纠纷，后经涉事家族长老协商后妥善处置，最终按现有人口重新分配，实现现有人口人人有份、油茶种植集中连片和体现各方利益的目标。比如村民杨某某因道路交通事故与班某某引发经济纠纷，杨氏家族长老和班氏家族长老出面调解多次，最后本着既解决问题又保护权益的原则解决了纠纷。再比如，2014 年 6 月，岑姓和杨姓两家人的土地边界纠纷，也由家族间协调解决。

第三节　群众性组织“秧佑籍协会”及其治理逻辑

1982 年《中华人民共和国宪法》修订第一百一十一条，规定“村民委员会是基层群众自治性组织”。自此以后，“乡政村治”重新释放乡村活力，但由于维稳等行政承包制的实际压力，因此权力介入村内治理的情况并无大的改变。“村两委”的行政化代理和村民面对权力时的无力感，使得村民在寻求权力庇护中自发组建组织，弥补乡村治理结构中自身力量的不足。秧佑籍协会在此进程中经过酝酿，最终得以成型并在乡村治理中发挥作用，其治理逻辑是基于正式权力让渡与自然权力授权之间的一种赋权性结果，有效弥补了正式权力的刚性和自然权利的柔性。

一、秧佑籍协会的源起与组织架构

（一）秧佑籍协会的成立背景与发展脉络

在我国，自发性群众组织的产生一般与政权的需求相吻合，某种程度上既是群众性需求，也是权力嵌入和让渡的结果。当然，这样的组织还需要乡贤精英的倡议和加盟，其作用的发挥则取决于域内群众的认可和授权。在过去漫长而艰难的历史进程中，囿于恶劣的自然环境、闭塞的交通条件和落后的商品经济，秧佑村守着丰富的自然资源却深陷“富饶的贫困”。为抱团发展和集合乡贤精英式人物的力量改变秧佑村贫穷落后的面貌，1999年，时任册亨县人大常委会办公室副主任的岑秀文作为发起人，开始筹划秧佑籍协会的组建工作，但此时的秧佑村尚未通电通水通路，因此实质性工作难以开展。2003年，村里通电，告别油灯照明岁月，拉近了与现代生活的时空距离。2006年年底到镇的毛路修通，告别人挑马驮的年代，拉近了与外界的物理距离。同年，秧佑籍协会正式成立，会员主要是在外工作（主要是担任公职）的秧佑籍人员，同时还有村委会成员和寨老等。章程规定了协会宗旨，即加强维护全体会员和秧佑全体村民的合法权益和正当利益，集中智慧和力量，共同为秧佑村的经济建设和社会发展，为家乡亲人的幸福安康，为推进和谐的秧佑村民风民俗，为弘扬文明的秧佑村礼节礼义贡献力量。现实中，秧佑籍协会在促进家乡发展，协调解决村内矛盾纠纷，以实际行动感恩父老乡亲的养育之恩等方面都做出了积极努力并取得了看得见的实效。也正因如此，经时间沉淀和实践证明的秧佑籍协会在秧佑村拥有很高的声誉，在乡村治理中成为地方党委政府信得过、用得上的治理力量，在一些方面扮演着权力代理的角色。其后续的影响是：秧佑籍协会成员逐渐获得每个家族成员的心理认同，其内涵的尚贤性、典范性和正义性不断激励族人追求上进和崇德向善；与此同时，由于存在不能因个人形象而损坏整体形象的心理暗示和道德约束，因此村内每一个人也都很自律。

（二）秧佑籍协会的组织架构与分工

秧佑籍协会采用理事会结构（表7-2），有会员45人。其中，中小学教师17人，册亨县直属机关13人，乡镇政府工作人员8人，村委会成员4人，经商人员2人，以及黔西南布依族苗族自治州州直属机关1人。45名会员中，有理事会核心成员12人，会长也是秧佑籍协会的发起人，任县供销社联社主任，主持协会全面工作；秘书长是县教育局安全股负责人，负责起草、修订协会文件，以及负责协会文书档案的收集、归档工作；组织委员2人，分别是县公安局和弼佑镇政府的工作人员，负责协会开展各种集体活动的组织工作；监督委员2人，分别是县委党校和弼佑镇供电所的工作人员，负责监督会员遵守执行《章程》的情况；生活委员 2 人，分别是通海牛肉馆的老板和冗渡镇威旁卫生院的工作人员，负责协会开展集体活动时的生活安排、后勤保障工作；宣传委员 2 人，分别是县第三中学和县卫计局的工作人员，负责宣传协会成立的意义和作用，宣传秧佑村全体村民的生产生活情况，宣传秧佑村经济建设和社会发展情况，宣传会员先进事迹，传导协会正能量；网络管理员为县教育局教育股工作人员，负责协会网络管理，关注“秧佑人 QQ 群”和微信群动态，了解秧佑村在校学生的学习情况，了解秧佑村村民的生产生活情况，并随时向协会理事会报告；会计是秧坝镇民族中学的老师，负责协会各项费用收支管理；生活委员兼任出纳，负责管理协会会费。统计可见，秧佑籍协会中在外工作的公职人员占比约 87%，其中教职人员又占公职人员比重约 44%。分析可见，秧佑村对“入仕”人员具有推崇和信赖情结，同时也可见其尚文传统。

表 7-2　秧佑籍协会理事会成员及工作分工（2016）

协会职务	工作单位/职业	分　工
会长	县供销社联社	主持协会全面工作
秘书长	册亨县教育局	负责起草、修订协会文件；负责协会文书档案的收集、归档工作
组织委员	册亨县公安局	负责协会开展各种集体活动的组织工作
	弼佑镇政府	
监督委员	册亨县委党校	负责会员参加集体活动情况统计；监督会员遵守执行《章程》情况
	弼佑镇供电所	
生活委员	通海牛肉馆	负责协会开展集体活动时的生活安排、后勤保障工作
	冗渡镇威旁卫生院	
宣传委员	册亨县第三中学	负责宣传协会成立的意义和作用；宣传秧佑全体村民的生产生活情况；宣传秧佑村经济建设和社会发展情况；宣传会员先进事迹，传导正能量
	册亨县卫计局	
网络管理员	册亨县教育局	负责协会网络管理，关注“秧佑人 QQ 群”动态；了解秧佑在校学生的学习情况、了解秧佑村民的生产生活情况，并随时向协会理事会报告
会计	秧坝镇民族中学	负责协会各项费用收支管理
出纳	通海牛肉馆	负责管理协会会费

二、秧佑籍协会的治理逻辑及其实践

（一）秧佑籍协会的威权特征与治理进路

秧佑籍协会作为纯公益性质的自发性群众组织，在秧佑村扮演着重要的仲裁角色。一是因为协会会员近九成是公职人员，因此被看作权力的“化身”而得到群众的信任；二是协会的存在与作用发挥得到弼佑镇的默认，为政府排忧解难贡献明显；三是协会得到村委会支持并有村委会成员加入其中；四是协会得到广大村民的认可，这是协会开展有效治理的基础和关键。基于以上几点，秧佑籍协会在秧佑村的治理中具有特殊地位。协会章程作为协会履职的指南，反映了其参与治理的依据、程序与举措，其中随处可见自发性与威权性并存的特征（见附录2）。

协会章程第一章将拥护中国共产党的领导，遵守国家法律法规和秧佑村村规民约作为协会的指导思想，同时明确协会成立的宗旨是维护全体村民的合法权益和正当利益，为秧佑村的经济建设和社会发展献智献力基础上，推进和谐民风民俗和弘扬礼节礼义，这些与自发秩序相关。第二章为理事会结构，明确通过选举产生理事并实行三年任期制。第三章是入会条件和手续，规定18~50周岁的秧佑籍人均可申请入会，不限制是否是国家干部职工，但前提是作风正派，这一前置性条件映射出秧佑村对乡贤精英式人物的最低判定标准。第四章是退会规定，明确指出会员若出现不顾大局利益，导致村民、协会、会员利益受损的，将酌情表决处理。“退会”作为负强化手段，同时也折射出秧佑村人对主流价值的认同，不顾全大局、损人利己将被视为“异己”处理。第五章对会员权利与义务做了规定，与治理相关的条款是：会员家族之间产生纠纷时，应当先由纠纷家族所在的会员之间调解，调解无效后，如纠纷双方的任何一方请求协会帮助调解，协会应当在5个工作日内作出调解意见，调解无效后，再进入其他调解程序。由此可见，秧佑籍协会一般不会主动介入村里的矛盾纠纷，与司法“不告不理”原则相仿，其治理是在家族责任管理制之后，扮演应要求而为的仲裁角色。第六章规定了会员会费的缴纳、开销与监管，会费为每人每年200元。区别于其他群众社团的方面就是协会的会费可以借贷，规定明确如因特殊情况，当年会费出现赤字，由理事会从其他渠道借贷，用下年的会费一次性偿还；如连续2年及以上会费出现赤字的，由理事会研究决定，增加会员的缴费标准。这一规定较为人性化，同时也反映出秧佑村经济比较落后的现实。第七章对协会作用发挥进行了明确，规定原则上每季度召开一次理事会会议，分析研判秧佑村经济建设、社会发展面临的形势和任务，为解决实际问题共同出谋献策。

（二）秧佑籍协会的目标指向与具体实践

“秧佑村能保持淳朴的民俗民风，呈现村民遵纪守法、团结互助、和谐共处、共谋发展的喜人局面，与协会的努力不无关系，与县委政府、镇党委政府的正确领导和长期、有效的帮助，更是不无关系。”秧佑村村主任如是评价。2006 年以来，秧佑籍协会围绕纠纷调处、扶贫济困、凝心聚力、发展经济和维护权利等履行职能，屡获赞誉。

1. 帮助化解矛盾纠纷，保持和谐稳定和展示文明礼义。协会成立以来，本着公平公正公开的原则调处纠纷，其意见为各方广泛接受，为将矛盾纠纷化解在基层第一线发挥了作用。秧佑村远离城镇空间拓展改造区域，经济结构依然属于传统农业结构。因此，境内纠纷主要围绕土地发生。以 2014—2017 年为例，总共有 6 起，一起杨氏家族内部的土地纠纷在家族内部得以解决，一起涉及杨姓和班姓的交通事故由家族共同协商解决，一起涉及油茶种植的土地诉权由家族共同协商解决，一起涉及岑姓和杨姓的土地边界纠纷经由家族协商得以解决。另外两起较大的纠纷由秧佑籍协会按村民诉求和依据事实完成调解。2014 年 7 月，一户杨姓人家因对羊群管理不善，羊群到岑家地里吃庄稼。岑姓将此事反映到家族长，家族长与杨姓家族长进行商量，但养羊的杨姓人家不承认，家族之间的调解失败。后到协会解决，协会调查后得出结论，杨姓羊群到岑姓地里吃庄稼是事实。春节期间，村委会与协会要求杨姓人家当着全村人的面道歉，同时接受惩罚。2015 年 3 月，陇姓和杨姓两户人家因土地界限模糊发生纠纷，家族调解不成功，秧佑籍协会介入后发现，模糊边界是土坎上下因水土流失导致的边界不清，最后采取模糊地段平分的方法，两家都接受并写协议认可，有效化解了纠纷。

2. 发展经济和扶贫济困是协会成立的本心。协会成立以来，争取到各类资金 274 万元用于改善生产生活条件。其中，2009 年争取到位资金 120 万元，协助“村两委”组织实施 1.38 万亩（约 920 万平方米）油茶种植项目，充分发挥会员所在家族的影响作用，做好村民的思想认识工作，做到所有荒山重新分配，实现“户户参与、人人有份”，与现在“户户有增收项目”的脱贫攻坚政策不谋而合。2010 年，争取到位资金 96 万元，开挖林区公路 24 千米，改善村民生产生活条件。此外，协会还协调资金和物资改善了“村两委”的办公条件和村小学校办学条件，修缮了“禁碑亭”，扩建了布依广场，添置了布依戏队的演出设备，修建了村道防护栏，延伸了村道硬化 800 米。与此同时，会员个人还捐助基金数万元用于改善村里贫困户的生产生活，同时资助贫困大学生入学就读。比如，2007 年以来，会员个人出资数万元买猪买牛，请贫困村民在大年初三晚上共进晚餐以及分肉给全村“五保户”过年；2008 年以来，会员个人累计捐款数万元，用于资助本村录取一本、二本的大学新生。再如，村民岑某某为留守老人，有一次在家突发疾病，生命垂危，协会派车赶到后将人直接护送到州医院抢救等。协会的一系列帮扶行动，是奠定其在秧佑村人心中无可替代角色的重要原因。

3. 凝心聚力是秧佑籍协会的初衷。协会通过线上线下方式实现对秧佑村的关注、交流和回应。线上，协会成立之初组建了“秧佑人 QQ 群”；2017 年，组建了秧佑人微信群，为在校学生、在家务农、在外务工和工作的秧佑人提供实时动态的交流方式，同时对有益于秧佑村发展的信息进行分享交流，对各种诉求进行及时回应。线下，每年春节期间，组织开展文体活动，组织文艺晚会，协助“村两委”主持召开群众大会，集体重温“八不准”。在群众大会上，协会有意安排部分会员根据其本职工作特点，向广大村民宣传道路交通、生育政策、禁毒维稳、信访维权、义务教育、劳动合同、土地林权、脱贫攻坚等法律法规、条例条令，以及党和政府的中心工作精神。根据秧佑籍协会《章程》规定，与“村两委”共商发展，利用节假日会员回家的时间，主动与“村两委”、寨老、群众代表座谈，了解家乡建设和发展面临的困难和问题，主动帮“村两委”分忧。如秧佑地名、秧佑各景点的故事收集和编撰；秧佑民族民间文化、秧佑特色食品制作的收集和编撰均由协会成员分担完成。再如，秧佑村布依古寨打造、油茶补植补种工作、桃树种植项目建设、秧佑布依民族礼义和布依戏的传承与保护措施等事宜，协会都与“村两委”共商，形成一致意见，分头承担。

4. 维护村民的权益是协会的重要内容。秧佑村是外出务工大村，每年外出务工人员占全村人口约五分之一。尽管外出务工人员勤劳本分，遵规守矩，但难免出现非人为性纠纷。而作为务工方，在劳资纠纷中又往往处于劣势地位，因此既需要政府和法律提供的基本保障，同时也需要民间力量提供的叫价性维权。秧佑籍协会正好填补了秧佑村外出务工人员维权性团体缺失的空位，很好地承担了这一角色。2011 年 11 月，村民岑某某在东莞务工出现工伤纠纷，协会会长一行赴东莞协调处理，最终就赔偿达成一致，维护了务工人员的权益；2014 年 8 月，村民杨某某在北京务工出现工伤身亡，协会委派作为会员的弼佑镇工作人员等赴北京，就善后与赔偿问题与招工方进行数次谈判，最终达成一致，维护了家人权益。十多年来，秧佑籍协会以第三方的身份，无论是化解村内纠纷，还是调处村民在村外的纠纷，都取得了实效并获得认可，为维稳“一票否决”压力下的基层党委、政府减轻了负担，也为“村两委”减轻了压力。

第四节　秧佑村的“村两委”及其治理逻辑

权力逻辑与自治逻辑是左右农村社会治理的两种思维和行为方式。在理想情景中，“村两委”有足够的智慧、能力和精力来满足科层制与乡村社会的双重期待，然而现实中，“村两委”一般会更倚重权力代理的治理逻辑，对自生自发的自治逻辑重视不足。其原因既与对权力逻辑的过分倚重、路径依赖以及受官本位文化影响有关，同时也与自发秩序碎片化、共识性文化缺失与群众参与不足等有关。秧佑村的独特之处，正是在于治理逻辑的“反转”，群众能够自己处理的基层政府不仅放手，同时还为这种自生自发的治理结构营造环境和提供支持。“村两委”作为制度设计中上下联通的权力代理与群众代言角色，某种意义上说，是 1982 年《中华人民共和国宪法》明确村民委员会是基层群众自治性组织以及 1988 年《中华人民共和国村民委员会组织法》颁布实施以来制度优势转化为治理效能的缩影。

一、秧佑村“村两委”在乡村治理中的共性特征

（一）代理权力与代言群众中的角色困境

在我国，任何抛开权力解释社会治理问题的说法，都难免会舍本逐末；而任何轻视自治秩序并强调全面管控的做法，也终究会得不偿失。农村公社瓦解以后，“乡政村治”取而代之。“乡政村治”即在乡镇一级建立基层政权，对所辖区域事务行使国家行政管理职能；乡镇以下的村建立村民自治组织村民委员会，对本村事务行使自治权。这样，在农村管理体制中，就有两

个处于不同层面且相对独立的权力载体并存，即代表国家自上而下行使行政管理权的乡镇和代表村民行使自治权的村民委员会。总的来看，顶层设计中关于村委会地位和作用的规定从全国来看并无大的差异，但在建构秩序和自发秩序之间，在基层政权与原子化村民之间基于情景差异基础上村委会被赋予的角色，则直接决定了农村社会关系结构中的张力和所呈现的基本面貌。和其他行政村一样，秧佑村“村两委”扎根于农村社会，代言具有血缘、历史或自然联系的广大村民，当以服务村民需求和社会发展为己任。但同时作为政权在基层的延伸和代理，又需要承接来自科层制组织自上而下的压力和任务。其乡村治理逻辑，一是基于内化于行政体制中的科层制逻辑，二是基于农村社会属性取向的社会治理逻辑。然而，在权力博弈和利益导向中，基层政权实施管控或借参与介入具体事务的情况屡见不鲜，代理治理成为“村两委”首要的行动逻辑。

（二）对政治安全和重大民生事项等任务的刚性落实

村委会在精准扶贫、意识形态安全、防止宗教渗透、坚持民族政策等涉及重大民生和政治安全事项的落实中扮演着重要角色，许多自上而下的工作都汇聚到村里并在全国层面表现为“一盘棋”，秧佑村“村两委”在这些方面的治理和防微杜渐与其他地方一样，没有大的差异；非正常上访、群体性事件和刑事案件等在秧佑村从来没有发生过，但多元化、多样性和利益化带来的冲击和潜在冲突也还存在，秧佑村“村两委”对这些方面的管控和预防也有刚性要求，没有大的差异；违法违章建筑、占用耕地另作他用、土地纠纷等是农村较为普遍的问题，虽然秧佑村危房改造工作以来全村在这些方面没有出现过典型案例，但围绕土地所引起的纠纷也是近年来秧佑村唯一的纠纷形式和内容，因此对这些方面的治理也和其他村一样，没有大的差异。以上几点，按照上级党委、政府和职能部门的要求，在秧佑村设置了相关站点和网络，基本做到了工作机构实体化、工作任务具体化和考核考评常态化。据统计，秧佑村村部除了党支部和村委会牌子外，还有“脱贫攻坚联合支部办公室”“精准扶贫办公室”“社会治理网格站”“秧佑村便民服务点”“劳动保障监察站”“人民法庭诉讼联系点”“黔西南州公安机关‘千警挂村结对帮扶’大扶贫警务行动第一战区”“民生监督工作监督举报平台”“法律援助点”“农家书屋”“绿阳灵芝种植基地联合支部委员会”等十多块牌子。其中，为强化社会管理，预防违法犯罪行为的发生，“村两委”按照“打防结合，预防为主”的方针，配置了网格化力量，推选了“四大家族”代表和具有自然威望的代表 8 人，形成了严密的人防体系。总的来看，秧佑村的传统要素和自发秩序在有效治理中的作用十分明显，但权力、资源和技术等配置也十分明显，自发性与建构性并存，区别于其他地方的主要方面，则是建构性要素或权力性因素主要为秧佑村的自发秩序创设环境和提供条件，而不是直接的或借参与实施的管控。

（三）压力传导与村民需要双重语境下的选择性治理

按照村民委员会组织法规定，村委会是农村社会治理的主体，村党支部的设立，为自治基础上党和政府的选择性嵌入提供了组织保障；加上基层政府在资源分配、人事建议和考核奖惩中的主导权，加深了“村两委”对基层党委、政府的依附性。总的来看，村级党组织作为纵向到底、整体化运作逻辑下村民自治的领导机构，是党的组织系统中重要的一部分。上级党组织通过政治激励和问责手段推动村党组织来实现其职能和上级安排的任务，在与农村事务冲突的条件下，村委会会选择优先去完成上级党组织的任务指标，从而产生“选择性治理”[1] 的行动逻辑。或者说，权力治理逻辑与社会治理逻辑就像一个光谱的两极，秧佑村“村两委”和其他行政村寨一样，在代理治理和代言村民之间有时存在选择性行动逻辑。在理想状态下，“村两委”应该同时满足双方需要，但实践中有时难以均衡兼顾，尤其在基层党委、政府直接与村民协商的情况下更是如此。比如前些年推行的“党群直议制”，目的是回应诉求、供需对接。但事实上“村两委”对当地发展需求比较清楚，而村民的有效性参与又存在不足，因此党群直议也还存在议而不决、议而无用等情况，党群直议有时流于形式，而熟悉村里情况的“村两委”则在直议中无所适从。

二、秧佑村“村两委”在乡村治理中的个性特征

（一）从嵌入到脱嵌，“村两委”主动融入秧佑村的自发秩序序列

现实中，基层党委、政府和职能部门往往通过领导权、治理权和监督权等进行乡村治理，承担着乡村治理的“守护人”角色；基层党委、政府和职能部门往往同时通过人事建议权、资源分配权和考核奖惩对“村两委”

---

[1] 李传兵.“选择性协商”：村级党组织行动逻辑的组织基础分析——以安阳“思辩堂”、瓮安“5531”模式为例［J］. 江汉论坛，2015（4）：40-46.

进行管理，并通过“村两委”将治理事项分解落地。由于秧佑村集体经济薄弱，因此“村两委”对获取资源、资金和政策支持的需要强烈，而近年来贵州实行优秀“村两委”负责人直接招录进入乡镇事业单位工作的政策，进一步激发了村级干部主动对接与落实指派任务的动力，比如秧佑村前两届村支书就因为连续两届考核优秀而分别进入弼佑镇计生站和水利站工作。因此，“村两委”“目光向上”的情况也还存在。但需要指出的是，乡村振兴战略完全是基于农村发展的需要，是宗旨意识和权力自觉在农村的体现。因此，抛开谁也厘不清的政府和社会边界究竟该当何为的分野，政权在农村实施的贫困治理、网格管理、文化工程等，在很大程度上与农村需求是契合的，也因此获得广泛赞许。换句话说，“村两委”虽然“目光向上”，看似无力对乡村的多元化需求做出及时回应，但由于政权供给与村民需求契合度高，因此，“村两委”代行权力并不影响代言村民。“村两委”要做的，就是专注于乡村的战略性发展，同时融入并夯实业已存在的自治秩序。进一步而言，基于秧佑村家族自治、族际共商、协会仲裁的治理结构和自发秩序，使得“村两委”不用像其他村寨那样疲于应对基层政府“一票否决”压力传导下的信访维稳和综合治理等事务。面对百年无刑事案件和社会治理先进示范村的秧佑村，政府的直接介入治理并没有实质性意义，这也是秧佑村区别其他行政村的主要方面。

（二）“乡政村治”在秧佑村的展现，是行政介入村级事务较为普遍下的一抹春色

社会治理方面，弼佑镇（所辖镇）和秧佑村在“乡政村治”中表现出与顶层设计相吻合的特征，一些方面成为基层政权和自治组织良性互动的一面旗帜。这一判断是基于秧佑村的自发秩序基础之上，政府在社会治理领域的介入显得有些多余，使得“村两委”有更多时间和精力考虑更为棘手的发展和民生问题，为“村两委”专注经济发展、文化复兴和民生改善创设了环境和提供了条件。但囿于地理位置偏远、交通条件较差、经济结构单一以及不在册亨县产业布局规划范围的影响等，因此经济发展虽然会随着以油茶为主的康养产业的发展而发展，但目前依然贫困且脱贫致富还需要积极努力。然而，也是因为良好的自发秩序，因此贫困农村经常发生的偷牛盗马、赌博以及婚姻问题等在秧佑村从未发生过，和美乡村也成为其一块闪光的金字招牌。以 2007—2017 年为例，弼佑镇刑事案件立案 102

起，无杀人等八类重大案件发生，没有一起发生在秧佑村；处理信访案件 70 件，没有一起发生在秧佑村；共调解人民纠纷案件约 300 件，然而牵涉秧佑村的仅为 3 件，均为上述的土地纠纷报备，这些案件都是在村级内部化解，大大节约了调解的人力、物力。正是基于秧佑村自发秩序基础上柔性治理的成效，因此弼佑镇党委、政府几乎没有介入村里的矛盾纠纷治理，完全由自发形成的治理结构化解在乡村内部。

（三）“村两委”在秧佑村自治结构中扮演着服务与辅助角色

按照制度设计，村委会是农村基层群众性自治组织，在矛盾纠纷调解中承担着第一责任人的角色。然而，在一些欠发达的边远地区，熟人社会、传统习俗和地方权威在农村仍然发挥作用，“村两委”在维护社会稳定中的作用并不如转型地区那样凸显。秧佑村就是典型，其作为布依族村寨历来有讲求秩序的习俗文化和价值共识，自发形成的层级式治理结构也为柔性解决纠纷规定了路径。“村两委”作为自治结构中的一环，并不承担主导角色，更多扮演着合作、协同、服务与辅助的角色。究其原因，一是“村两委”与其他自发性治理组织保持着良好的合作治理关系。事物发展的未来走向受制于其发展的历史，它类似于物理学中的惯性，一旦进入某一路径，无论是好是坏都可能对这一路径产生依赖。[1] 秧佑村的治理结构经历史沉淀和选择固定下来，虽然历经权力的强制干预有所中断，但只要有合适的土壤自发秩序便又会重新孕育。因此，在“乡政村治”的制度设计中，自治性治理结构得以恢复和重建，村委会作为权力建构的自治性组织，依然会对历史传承的结构产生路径依赖，更多依靠自发形成的民间力量。二是“村两委”与其他自发性治理组织在人员上有交叉。秧佑村“村两委”成员在自治结构中扮演着多个角色，有些既是家族在“村两委”的代表，也是秧佑籍协会会员，因此，其参与治理的逻辑首先还是按照家族管理责任制进行，其次是按照族际共商机制开展，再次才以“村两委”的身份介入，最后由“村两委”与秧佑籍协会共同会商完成，会商结果为最终处理结果，不允许当事人不同意，否则将会受全村人孤立并在春节期间在“禁碑”前受寨老指名道姓的批评。换句话说，“村两委”在纠纷调处中并非其他行政村那样身先士卒，而是经家族和族际过滤后的适时参与。三是“村两委”与其他自发性治理组织保持着相互信任的

---

[1] PAGE, SCOTT. Path Dependence[J]. Quarterly Journal of Political Science, 2006(1):87-115.

良好关系。社会治理中，相互信任和认可是各种主体之间让渡权力、实行交易和达成协议的前提。在秩佑村村民信任家族，“村两委”信任秩佑籍协会，家族信任“村两委”，其构成的信任链条为解决矛盾纠纷奠定了心理基础和增强了现实可操作性。

第五节 结论与讨论

在我国乡村社会治理的制度设计里，所采取的政策并不是直线的，而是曲线的，既明确村委会的自治地位和作用，同时又利用党员新名流行列中日益增多的成员巩固了新的组织。[1] 或者说，基层群众自治的制度设计，与中国共产党通过党员或党组织覆盖基层社会或嵌入自发性组织的政策交相辉映，既为乡村治理让渡了空间，同时又为党的领导和介入预留了通道。在这种情况下，乡村治理结构中，既包括正式权力，自发形成的宗族血亲、乡贤精英等地方权威，同时还包括介于正式权力和自然权威之间的赋权性组织，他们同时在乡村场域中发挥作用，形成了一个庞大且庞杂的治理体系。其中，权力主体、权威主体与赋权主体三者之间在乡村的力量对比与行动逻辑，生成了不同性状的乡村治理面貌。在秩佑村，权力让渡、权威主导、民间组织仲裁的治理逻辑是其数百年来保持自发秩序的结构性动因，具有一定的理论和实践意义。

一、主要结论

（一）协同共治是乡村治理体系现代化的应有之义

中国共产党第十九次全国代表大会提出“实施乡村振兴战略”，并把健全乡村治理体系作为乡村振兴的一个重要内容。[2] 与管理不同，治理强调主体多元和国家与社会的良性互动[3]，意味着政府之外的其他主体力量的引入以

[1] [美] 吉尔伯特·罗兹曼. 中国的现代化 [M]. 上海：上海人民出版社，1989：662-663.

[2] 习近平. 决胜全面建成小康社会，夺取新时代中国特色社会主义伟大胜利 [M]. 北京：人民出版社，2017：32.

[3] 俞可平. 推进国家治理体系和治理能力现代化 [J]. 前线，2014 (1)：5-13.

分担治理责任[1]，要求正式权力赋予社会其他主体“充分进行互动的能力”以“有效地提供自身组织的服务”[2]。但需要指出的是，乡村振兴战略中强调健全乡村治理体系，并不是要通过官僚体制内部的动员来强制社会其他主体遵行国家意志，[3] 也不是说国家行政主导是乡村自治和多元互动的障碍，而是坚持党领导下的正式权力的选择性让渡，同时强调地方权威和赋权组织的“连带群体”和“非正式责任”对农村社会治理的影响。[4] 简而言之，秩佑村的实践证实，正式权力的让渡对于自然权威结构的形成和自发秩序的形成具有重要的作用。对于家族、族际和秩佑籍协会而言，他们拥有优先解决矛盾纠纷的权力，但同时担负着公平道义的考量，他们首先要考虑的就是治理的合情合理、有效性和公平正义性，这与正式权力视角下的乡村治理要求不谋而合；正式权力的基本任务就是，如果不能使这些组织的行动逻辑和利益与国家的需要保持一致，也要使二者保持和谐；同时，还要使正式管理与非正式管理尽可能都控制在最高一级的政府机构中。[5] 可以说，权力、权威与赋权组织之间的协同共治，尤其是自发结构在乡村治理中的首位度，是秩佑村带给人们的主要思考。

（二）自发治理结构一般具有传承性与独特性

1867 年以来，无论是《村规民约》、“八不准禁碑”规定，还是布依戏规范，以及家族依家规而治的传承，都很好地为秩佑村的内生秩序奠定了基础。但秩佑村毕竟生活在国家之中，也存在于社会之中。因此，解读其自发秩序的延续和治理结构的生成必须根植于历史、社会以及各时期政权的影响去理解。帝制时期，我国约有一千多个县，虽废立无常，然其总数却大致差不多。到 19 世纪，根据瞿同祖的研究，全国有 1200 到 1300 个县。[6] 在更低一级的地方，帝国官僚体制的触角虽有所延及，却只能属于非正式的、游离于帝国官僚体制之外的一套运行机制在起作用。在一般的县级机构，朝廷只任命和考核县令及儒学训导等职官。而对于基层事务的

[1] 薛澜．国家治理体系和治理能力研究［J］．公共管理学报，2015（3）：1-12.

[2] 胡鞍钢．中国治理现代化的特征和方向［J］．国家行政学院学报，2014（3）：4-10.

[3] 吕德文．群众路线与基层治理［J］．开放时代，2012（6）：117-129.

[4] TSAI L. Solidarity Groups, Informal Accountability, and Local Public Goods Provision in Rural China[J]. American Political Science Review, 2007(2):355-372.

[5] ［美］吉尔伯特·罗兹曼．中国的现代化［M］．上海：上海人民出版社，1989：272.

[6] 瞿同祖．清代地方政府［M］．范忠信，晏锋，译．北京：法律出版社，2003：5.

管理，不同程度地交给地方自主处理，吏胥虽然担负税收和维稳功能，但力量在家族和乡绅面前显得微不足道，在边远乡村更是形同虚设。如此一来，就给地方自治留下了相当大的空间。从秧佑村的经验来看，确实亦与此趋势相一致。20世纪后，随着科举制的废除、新教育的兴起以及城乡社会发展的进一步分化，乡村士绅也出现一定程度的分化。[1] 然而从普遍意义上讲，其积极作用仍不容否认。简言之，秧佑村的治理结构不仅是独特文化习俗的展示，同时也烙下了历史和政权的印痕，具有明显的传承性和独特性。

（三）参与乡村治理的地方权威具有特质上的普遍性

传统国家的政治稳定性建立在家庭和血统关系特殊形式的稳定上，而这二者在现代化的冲击面前本身就是脆弱的。传统中国的乡村秩序是基于伦理和血缘基础上的规范维系，但这种秩序会因城镇化、工业化、信息化伴随的流动性、趋利性与多元化而变得微弱，此时，中央集权传统与人口增长依赖的内部秩序之间会出现紧张关系，这种紧张关系导致政权难以对乡村秩序进行有效治理。因此，政权与乡村的存续与繁荣需要根植于乡村的中间代理人，他们既服从服务于领导，同时又能使村民信服。简言之，乡村自发秩序中的地方权威对于政权以及乡村而言都十分关键，而他们之所以成为地方权威人物，需要具备一些共同特质。从秧佑村来看，地方权威参与地方治理的权力及威望，来自群体的授权或公职的身份，是一种认可性组织精英，比如秧佑籍协会公职人员占成员总数的比例近九成，基于传统的行政科层制思维，所以秧佑籍协会在乡村治理中的位阶较高。其次，地方权威参与地方治理的能力与水平，来自教育和传承，是一种获得性文化精英，比如“村两委”成员均是高中以上文凭，其中包括布依戏传承人等，而秧佑籍协会本科以上成员占比近70%。再次，地方权威参与地方治理的内因与动力，来自差异补偿的正义或物质财富的许可，是一种公益性经济精英，比如秧佑籍协会帮贫济困和发展家乡产业就是如此。地方权威参与地方治理获得的认可，来自品质优良与遵守规范，是一种道德精英，秧佑村的寨老、布依戏师和家族长在村规民约中发挥以身示范的作用，他们在调解纠纷的过程中，尤其是行使调解权力时，非常客观公正和谨慎。

---

[1] 罗志田. 科举制废除在乡村中的社会后果 [J]. 中国社会科学，2006 (1)：191-204.

二、相关讨论

（一）乡村治理中理性选择视角下的“变通”，是韧性还是隐忍

历史长河中，尤其在近现代剧烈的社会变迁进程中，一个长期保持和谐稳定的乡村必然有其规范性、内生性要素支撑，但其身处各种力量博弈场却独善其身，也并非没有理性选择的逻辑和行动。农民利用心照不宣的理解和非正式的网络，以低姿态的反抗技术进行自卫性的消耗战，用坚定强韧的努力对抗无法抗拒的不平等，以避免公开反抗的集体风险。[1] 进一步而言，乡村作为一个利益场，其组织结构事实上和理事会一样是一个“包容性利益集团”，它避免了个人理性发展到集体非理性的困境。[2] 但作为组织起来的乡村如何提供以及提供何种性质的“选择性激励”来诱导个体为乡村秩序的建构放弃个体的自由，这才是乡村治理的关键。秧佑村的经验告诉我们，荣誉、舆论、面子和关系是比较浅层的“选择性激励”；而共同的血缘、认可、感恩和信仰才是乡村化解纠纷于无形的“基础性条件”。在“选择性激励”和“基础性条件”已然比较成熟的情境下，无论世事如何变迁，乡村总会根据不同时期政权的要求和时代的变化不断调整自己的行动逻辑，并通过嫁接到村规民约和提升到俱荣俱损的高度来进行维护，在这样的一致性压力背景下，异见者或异议者极少。其中可见趋利避害的踪迹，也可见功利主义的身影。乡村通过评估来选择集体行动、并对可能招致灾祸的行为进行修改和矫正，确保乡村安全。秧佑村历来秩序良好，原因之一同样与理性选择有关，比如无论是哪朝哪代，对政权的尊崇和政策的执行历来不折不扣，无论是有争议的政策还是历史证明不好的政策，其执行历来也是不折不扣。

秧佑村的理性选择思维还表现在“变通”上。比如婚姻问题一直是农村引发冲突较多的问题。按照古制和习俗，在贵州很多地方同姓男女不能结婚。然而在现实中却难免有同姓婚恋的发生，也造成了若干矛盾纠纷甚至刑事案件。秧佑村同样存在同姓婚姻的问题。为了减少因习俗禁忌带来的阻挠和冲突，秧佑村的寨老们采用了较为“变通”的办法解决这一问题，即利用百家姓中的同音异字或有历史渊源的姓氏（比如岑和陈、杨和阳等同音异字，再

[1] ［美］詹姆斯·C. 斯科特. 弱者的武器［M］. 郑广怀，张敏，何江穗，译. 南京：译林出版社，2007：扉页.

[2] ［美］曼库尔·奥尔森. 国家的兴衰［M］. 吕应中，等译. 北京：商务印书馆，1999：56.

比如姜和丁同源的说法等），明示或暗示恋人中的一方自愿修改姓氏，采取“三代还宗”或者直接承认所改之姓依然属于本姓的做法，有效化解了借“同姓不能结婚”的古制来挑起事端的不良行为，维护了村寨和谐，这同时也是秧佑村由原先四大姓发展到今天二十几种姓氏的原因之一。再比如针对婚姻中亲家关系的疏离和子女财产分配等造成的纠纷问题，秧佑村的寨老们发明了一种超越“姻亲”关系的“连带亲”关系，即兄弟姐妹中有一人成亲，那兄弟姐妹都会跟着“嫁过去”，即认对方父母为自己的父母，跟着叫阿爸阿妈。通过连带亲，秧佑村因婚姻关系而显得更加和谐，几乎没有发生过因财产分配等导致的冲突。这既体现了秧佑村的智慧，同时也或多或少映射出民间智慧中的功利主义。

总体来看，乡村治理中的理性选择主义在“自治行政化”与“自治虚弱化”之间来回摇摆，显示出国家和社会之间“监护型控制”和“生存性智慧”的关系。[1] 但在这样的关系结构中，由于力量对比的悬殊，乡村在自治和秩序方面的韧性，使我们在评价乡村治理的尺度上变得富有弹性，而潜藏在理性选择背后的隐忍，则使得我们无法丈量出乡村治理中的真实意愿。

（二）乡村治理中权力导向与自治导向孰优孰劣

我国乡村治理中党政主导的正当性既在于政党政治中的领导权与行政权，也在于党政是现代化建设的主导力量，推动了传统乡村社会的现代化转型。但乡村作为自治组织，《中华人民共和国宪法》和《中华人民共和国村民委员会组织法》都对社会治理中的乡村主导做了相应规定。比如《中华人民共和国宪法》第一百一十一条规定：“村民委员会是基层群众性自治组织。村民委员会设人民调解、治安保卫、公共卫生等委员会，办理本居住地区的公共事务和公益事业，调解民间纠纷，协助维护社会治安，并且向人民政府反映群众的意见、要求和提出建议。”《中华人民共和国村民委员会组织法》第一条则明确指出：“为了保障农村村民实行自治，由村民依法办理自己的事情，发展农村基层民主，维护村民的合法权益。”第二条进一步明确：“村民委员会办理本村的公共事务和公益事业，调解民间纠纷，协助维护社会治安，向人民政府反映村民的意见、要求和提出建议。”由此可见，乡村的社会治理以自治为主，但同时规定了其协助、辅助和反映等角色。也就是说，乡村治理应

---

[1] 邓正来，丁轶．监护型控制逻辑下的有效治理——对近三十年国家社团管理政策演变的考察［J］．学术界，2012（3）：5-26.

该是权力导向还是自治导向，法理上并没有严格的划分，实践中也没有清楚的界限，治理成效成为评判的主要标准。

在秧佑村，其自发形成的治理结构在调节民间纠纷和维护社会稳定等方面发挥了主导作用，但在发展本村的公共事业和公益事业方面，却显得力不从心；而广义上看，公共事业和公益事业也与社会治理息息相关。比如在秧佑村的危房改造和修路中，如果没有国家行政力量的推动，自然的世代更替和经济社会的发展也可能会使这些事情能够得以自然发生，只不过这样的等待时间可能会漫长得多。当然，国家的主导之所以能够在村里获得支持与良性互动，原因之一主要也是国家的行动与村民意愿的吻合，否则这些项目因为涉及测量的主观性和土地征拨等而难以有效推进，也是其他村寨矛盾纠纷高发的动因之一，但在秧佑村，行政力量通过现代治理议题却能够把传统的组织资源用于新的目的，从而得到广泛支持。简言之，权力主导并不意味着对村民有效参与的替代和挤压，相反，行政力量的介入可以激活乡村的传统组织资源；但权力主导也并非意味着行政力量唱独角戏，正式权力也需要通过地方权威来调动村民的支持和配合。或者说，国家的行政要求和村民的意愿吻合度越高，那么国家主导的多元主体的有效互动就越容易实现，但如何看待正式权力和村民自治在乡村治理中的限度和边界，仍需进行探讨。

第八章　秧佑村的政社互动与有效治理

总的来看，我国的乡村治理总体上还是以党政统筹治理为主，一些方面甚至出现权力介入程度过深和宽度过大的问题，是导致乡村“自治行政化”或“自治虚弱化”并存的成因之一，也是导致基层治理中“权力本位”“权力依附”“权力至上”破窗效应的主要成因。但综观秧佑村的乡村治理实践，册亨县、弼佑镇在其自治领域的权力让渡并创设环境和提供条件，是秧佑村保持公俗良序的重要外因，也是秧佑村自发秩序生成的重要保障。

第一节　乡村治理中的权力逻辑演变

如前所述，自发秩序是人们在长期的生产生活当中相互调适和融合的过程和结果，是在共同体文化基础上形成的内部规范和行为准则。也就是说，自发秩序既有历史积淀的厚度，也有自我调适的深度，更要有开放包容的宽度，是乡村治理的主体性要素，也是乡村有效治理的前置性条件。但自发秩序并不是生长于西方的“乌托邦”世界里，也不是成长于道家的“华胥氏之国”中，基于秩序的非人格性、权力嵌入性以及保守性等特征，自发秩序总是受到权力结构和外部环境的影响。

一、传统乡村治理中的权力结构及其演变

传统儒家文化中，政府和官员是整个国家中最重要的权威象征，对权威的向往、崇拜和依赖使得人们对权力充满信任。因此，民众对政府、官员的崇拜、敬畏和青睐，在一定程度上助长了官本位意识、权力至上观念和依附思想的盛行。这驱使老百姓在社会生活中遭遇纠纷和冲突时，常常趋向于求

助权威体系，通过这些政治权威体系，诉诸他们的需求与认同。具体到传统的乡村治理结构中，主要表现为两种权力象限：一是自上而下的中央集权，也是专制意义上的权力结构，其治理逻辑以皇权为中心，官僚体系虽然只设置到达县这一层，但官治与吏治在乡村社会中有着重要影响；二是乡村自治的准民主制轨道，绅权实际掌控乡村社会的治理权，而族权是绅权进行乡村治理的组织基础。在这样的“双轨政治”形态下，中国两千多年封建统治的“合法性和有效性”得以长期地维系下去。事实上，传统中国皇权不下县真正的理论根基在于区分皇权对县以上和县以下不同的治理模式，县以上通过建立科层制的官僚机构进行直接统治，而对县以下借助三老等乡官或里甲、保甲等带有职役性质的基层组织进行间接统治，从而缓解了传统社会资源不足的困境，并因介入力度较弱而为宗族、士绅留下了运作空间。或者说，在皇权的覆盖下，绅权和族权作为乡村社会权力的代表，实际上行使着乡村社会治理功能。随着封建体制的瓦解，绅权和族权受到了强烈的冲击。一是科举制度的废除和皇权政治的解体，使得士绅精英和宗族赖以生存的制度环境开始衰落，从而削弱了乡村传统自治主体与中央政权的联系，绅权与族权一定程度上失去了治理权威。二是西方文明的推进，尤其是政党政治的出现，使得人们对于绅权和族权这些传统的治理主体和方式产生了信任动摇，国家权力下沉乡村更是不断弱化这些传统的治理权力。尽管民国时期一些地方试图借助士绅精英和宗族力量促进乡村社会治理，但在下沉到村的国家权力面前，传统的自治权力主体显然虚弱得多。三是近现代工业文明伴随的流动性和信息化伴随的空间疏离，使得以封闭为基础的传统乡村精英制度和宗族制度受到极大的冲击，尤其是乡贤精英的离乡进城，更是极大地削弱了乡村社会的自治力量。总体上，传统中国乡村治理中的权力结构主要由皇权、绅权和族权构成，其治理逻辑是集权下的差序治理和权力让渡，除非涉及违反戒律的事件，否则乡村社会中的组织精英、文化精英、经济精英和道德精英等乡贤士绅与宗族血亲基础上形成的团体力量是乡村治理中的第一治理主体，但这种差序治理与权力让渡本质上是一种落后生产力和生产关系基础上的小国寡民、自生自灭式的治理选择。

中华人民共和国成立以来，一定程度上消解了传统的自治权力结构。自然精英与宗族血亲等自治力量式微，没有公权力的授权和让渡空间，自治力量在乡村治理中几乎难以发挥作用。以家族为例，政社合一背景下，家族文化失去了主要动力，家族组织的治理功能不复存在；合作化和人民公社创造了不同于家族的组织，将农民历史性地纳入跨家族的集体之中，更削弱了家族的功能。家族在社会主义改造的过程中深受冲击，但对农村和农民的生产生活秩序没有什么实质性影响。可以说，自清末权力下沉乡村到改革开放之初，乡村社会中传统的自治权力或权威在没有权力让渡或指令性代理治理的境况下，传统的治理功能几乎难以为继。在一系列运动之下，乡村社会中传统的自治力量和治理方式很大程度上被颠覆，表象上看已经不复存在。但毋庸置疑的是，历经数千年沉淀基础上形成的精英文化和伦理纲常虽然受到外力的冲击，但远没有被摧毁或瓦解，其价值观念和深层结构依然存在着。改革开放之后，国家权力对乡村社会控制的松动和对自治领域的权力让渡，尤其是村民自治制度的落地，使得优秀传统文化被重新认识并活跃起来，在诸如秧佑村等治理中开始发挥着重要作用。

二、新时期乡村治理中的权力结构与治理逻辑

市场化、工业化、城镇化与信息化不断将中国的现代化建设引向深入，由此带来乡村治理结构的现代转型。在此进程中，基于中国特色社会主义政治制度的实际和现代化进程中的动态复杂性，稳定的乡村治理结构表现为坚持党领导下的协同共治治理结构，以党的领导权、政府治理权和村民自治权为主的正式权力构成了乡村治理中的基本权力结构；同时存在党政赋权或授权的代理治理群体、群众性自治团体，以及现代乡贤、传统宗亲等自然权威。总体上，现代乡村治理中的主体范围较之以往显得更为宽泛，既有具有领导权的党委、治理权的政府、立法监督权的人大常委会、协商建议权的政协常委会以及依据《中华人民共和国宪法》和《中华人民共和国村民委员会组织法》实施自治的村民委员会等正式权力，同时还有代理治理、群团组织和地方权威等非正式权力，这些权力主体在党的领导下按照权限分工不同程度介入或参与到乡村治理中。换言之，领导权、治理权、自治权、代治权、参与权和自然权威等构成了现代乡村治理中的总体权力结构。

一个社会的组织结构越复杂，制度化程度越高，也就越稳定。也就是说，稳定的社会结构中既有多元力量的相互牵扯和制衡，也有多余能量的合理流动和此消彼长，不至于出现独木难支的局面。乡村治理与此相仿，如果总是由拥有治理权的政府面对原子化的村民并负责治理各种事务，势必会出现泛政府责任甚至权力变异的局面。对此，学界对乡村社会治理的

理论观点有三点：一是认为应以改革、发展、稳定为价值核心，强调基层治理应交由具有治理权的政府进行统合处理；二是认为国家应让渡权力和空间并与社会之间保持一定距离，强调国家与社会之间的分权与制衡，倡导基层治理应交由相关方自行处理，政府减少干预；三是认为国家与社会之间应直接对话和合作，强调国家和社会组织是具有不同比较优势的治理主体，因此基层治理需要双方的联合、协作又依法自治。可以说，国家与社会之间的直接对话和合作寻求对多主体利益的有效整合，它抛开了体制内外的分野，提供了一种不同于“国家—社会”分化的视角。对于基层治理而言，具有较强的指导意义。然而，当前乡村治理中官治和民治互洽的局面还有提升空间，自治权让位于治理权的情况也还存在，基层政府角色扮演也还存在指导、参与变成介入甚至管控的情况。制度框架下，党领导下的协同共治治理模式，在制度层面上虽然给予乡村极大的自治空间，但实践中的权力导向逻辑始终占据主导地位。

权力逻辑框架下，基层政府有全面直接介入乡村治理的趋向，从而使得基层政府、乡村与村民之间应有的距离消失。但是，零距离所带来的也不完全是基层政府与乡村社会和村民的内在协调，而是表现为乡村和村民对于集中管理所表现出来的妥协和对政府更进一步的依赖。在这种格局下，社会自治治理机能萎缩，相应地，基层政府治理机能也由于过度扩张而存在发生诸如权力寻租等权力变异的可能。于是，乡村治理形成了这样一种恶性循环：治理权不断扩大，自治权不断萎缩；而治理权的力量越强，乡村对基层政府的依赖也就越大，相应地，基层政府需要解决的问题也就越多。回到秧佑村，其自发秩序的启示之一，既是重视百姓“自治”空间的赋能，也是秧佑村所在的册亨县和弼佑镇一直以来对秧佑村社会治理津津乐道的“省心”，受访领导几乎一致认为秧佑村的自发秩序对于基层政府而言起到了四两拨千斤的作用，即基层政府可以以最小的治理投入换来最好的治理效果。进一步而言，秧佑村自发秩序实践带来的思考，即是乡村由若干散乱的个体组合而成，基层政府直接面对每个人的非制度化诉求既不现实也无必要，而是应该基于制度建设基础上的权力让渡，重在引导个体的价值追求并形成自发的赏罚机制，以此实现自律的个人秩序和赋权的整体秩序。如此，才能有效降低基层政府用于维持秩序的投入，或者说只需投入少量的行政力量和公共资源就能确保乡村整体秩序的高效运转，从而将更多资源投入民生领域。具体而言，政社互动就是要通过治理理念的转变，逐步退出直接性的社会干预，让渡出自治空间，通过赋权引导村民、社会组织以及民间团体成为真正的自治主体，为乡村孕育出自发秩序提供广阔的公共空间。概言之，稳定的乡村治理结构理应是坚持中国共产党领导下的协同共治，政社互动不仅有利于乡村治理中各主体间的对话交流，也有利于村民权利保障和公平正义的维护。值得一提的是，随着治理现代化的提出和深入推进，村民自治的制度设计以及群众组织的兴起，政社互动使得各地的治理实践逐渐出现或回归到与当地的文化习俗、权威结构和发展要求相结合的景象。

第二节　秧佑村治理中的权力让渡

乡村治理的面貌与乡村自治能力有关，也与行政资源配置尤其是权力营造的外围环境有关。秧佑村所在的册亨县传统文化氛围浓厚，民族向上向善的传统保持良好，为全县范围内的自发秩序和乡村治理奠定了坚实基础。中央加强社会治安综合治理工作部署以后，尤其是治理现代化布局以来，册亨县立足良好的秩序基础，有针对性地进行创新，作为“跨省区联合党支部、联合调解委”发源地、全国“集市流动警务室”发源地以及“农村警务助理”发源地，社会治理成效凸显，多次荣获国家级社会治安综合治理先进县和省级平安建设先进县称号，其中的权力让渡为全国范围内的基层治理创新提供了理论和实践探索。与此同时，册亨县着力推动“群众公开提事、联席会议议事、民主表决定事、定点集中办事、严格制度监事”为主要内容的“五事”工作法，“相互提醒、相互支持、相互照应”为主要内容的“邻里守望”群众工作模式以及“双语”法官等举措，为化解基层纠纷和维持秩序营造协作共治环境，群众参与社会治理指数以及安全感排名多年来位居全省前列，册亨县以秧佑村为翘楚的 4 个村 68 年来无刑事案件发生，7 个村 39 年来无刑事案件发生，19 个村 20 年来无刑事案件发生。其中，尊重基层的自发秩序、适当的权力让渡并推动共建共治共享的治理格局贯穿乡村治理创新全过程，具有启发意义。

一、重视自发秩序，打造自治法治德治相结合的柔性治理模式

册亨县是少数民族聚居的地方，民间法和习惯法在村规民约中多有体现，其中的德规性要素具有共识性和共通性，大多指向遵守秩序与和谐共

生。在这种大的社会环境下，乡镇和乡村的关系表现出与“乡政村治”相吻合的特征。即是说，基于良好的自治基础和自发秩序，基层政府在社会治理领域的介入显得有些多余，因而常常从嵌入到脱嵌，而“村两委”则主动融入乡村自发秩序序列，在乡村治理结构中扮演着服务与辅助角色。一是重视法治与德治的有机结合。积极引导群众将约定俗成的内部规范与法治理念相融合，形成法治理念与民风民俗相互交融的村规民约。同时，采取“群众公开提事、联席会议议事、民主表决定事、定点集中办事、严格制度监事”为主要内容的“五事”工作法，扩大和延伸基层民主，促进乡村办事规范化、制度化和公开化，使基层自治得到充分展示。册亨县大力开展法治与德治建设的有机结合，通过多种方式和渠道，组织村民学习法律知识，增强守法意识，加强社会公德、个人品德、家庭美德等中华传统美德教育，组织和动员广大人民群众参与，对村级的社会事务与治理事项进行有效监督。二是引导与激发自发性互助治理。为充分调动村民自我管理、自我防范的积极性，册亨县推行“相互提醒、相互支持、相互照应”为主要内容的“邻里守望”群众工作模式，“邻里守望”治安联防以 10 户左右的农户家庭为单位组建互助组，各村民小组、自然村寨采取分片、划户的方式，实行轮流巡逻、值班守护。同时运用移动手机平台，通过“6995”信息平台，将多个手机号码绑定为一个联防组，形成手机互助联防，组内号码拨打求救号码后，平台以语音、短信等方式通知组内的其他所有联防用户，并将所在辖区派出所电话纳入群组内，群众在向邻里求助时，也将报警信息传到派出所管片民警，实现快速报警、出警。“邻里守望”治安联防机制实现了邻里的互助联防，形成了“一家有难，大家支援”的网状治安联防格局。全县包括秧佑村在内的 132 个行政村共建 4190 个群组，33971 户移动用户加入了互助联防平台。通过互助治理制度，册亨县 60%以上的村、组连续 5 年未发生治安、刑事案件。良好邻里关系为化解乡村冲突和维持基层秩序发挥了重要作用。三是搭建无边界治理网络，注重多元与多维并重的协同治理。推行人民调解、司法调解、行政调解“三调”联动，抓好诉调对接工作，对人民调解组织调解结果进行司法确认。对人民调解委员会主持调解并达成书面协议的给予经费补贴。针对全县突出的山界林权纠纷，组建专门工作队进行实地调查、核实证据、下发裁定。推行“网格化”管理全覆盖，延伸治安防控工作触角，确保无盲点、无死角。

二、创新乡村治理模式，聚焦协同与动态治理

改革开放以来，我国积攒已久的巨大需求与市场经济一拍即合，现代化进程的超预期发展伴随的异质化导致乡村治理模式多样化。包括册亨县在内的很多地方在现代治理体系尚未完全搭建，传统规范还不能发挥主导作用的双重困境下，就开始迈步走向社会治理创新阶段。在此进程中，册亨县立足县情实际探索联合治理与动态治理并重的社会治理模式，一些做法在贵州省乃至全国范围内具有较大影响。主要创新体现在三个“发源地”上，为包括秧佑村在内的基层治理创造了条件。一是建立跨省区联合调解委员会，突破乡村治理中的行政区划限制。册亨县与广西乐业、田林、隆林三县隔南盘江相望，由于户籍、土地与人口之间的交叉和流动等因素，接壤乡村的治理问题一直困扰着两地政府。为解决好接边地区社会治理漏管、重管和管理不统一的问题，2010年，册亨县主动与三县有关部门和接边乡（镇）党委、政府沟通协商，先后建立了黔桂平华伟沟、板坝管肖、八渡旧州三个“跨省区域联合党支部”和“联合调解委员会”。联合党支部、调解委员会采取一对一、多对一和送信息、送点子、送物资等方式，结成帮扶对子，推进党员结对帮扶双带活动，共同调解边界邻里矛盾纠纷，共同开展法律宣传教育，共同解决接边村民医保报销、孩子入学问题，共同实施产业扶植，等等，形成稳定联保、纠纷联解、问题联化、产业联合、平安联创的工作机制，取得了两地经济发展“共赢”、社会和谐“共生”、不同文化“共融”的良好效果。联创联抓模式得到国家领导批示后在全国推广。二是创设集市流动警务室，为乡村治理探索动态式“零距离”服务模式。为方便群众办事和便于化解矛盾纠纷，册亨县改固定办公为流动办公，“将警力拉出去赶转转场”，在包括秧佑村在内的边远农村的35个集市推行“流动警务室”制度，目标是实现干警多跑腿、群众少跑路、服务零距离。值得一提的是，集市流动警务室与村委会、寨老以及家族协会等进行联动，重点协助村里对矛盾纠纷进行研判预防和集中调节。通过联防联治，既弥补公权力难以介入私域的困境，同时又对乡村的自治提供保障。通过该制度，册亨县乡村刑事发案率、“两抢一盗”发生率、“盗骗抢”发案率以及网络诈骗率等大幅下降，为乡村治理营造了良好环境。这一举措得到贵州省委领导的充分肯定，中央电视台等权威媒体进行了专门报道，流动警务室模式在很多地方得以借鉴和推广。三是探索“农村警务助理”代理治理新模式。在动态性流动警务室制度基础上，基于避免乡村

治理中“自治行政化”与“行政虚弱化”的双重考虑，册亨县在全县 123 个行政村 9 个居委会共配备上百名警务助理，主要负责乡村日常调解矛盾纠纷、保护案件现场、采集基础信息、排查不稳定因素、搜集线索、协助破获案件、参与调解矛盾纠纷、开展巡逻防控以及宣传、走访、开展交通、消防工作等，警务助理在所在村村民中推荐产生并扮演基层政府权力代理人的角色，事实上也是乡村治理中权力让渡的一种尝试。

三、力量下沉，注重搭建多维互动的社会治理网络

治理现代化提出以后，贵州很多地方对基层行政管理体制进行了实践创新，大数据和现代技术在乡村治理中得到普遍应用，多元协同的网格化治理也在乡村广泛布局。册亨县作为全省社会治理先进示范县，对行政力量下沉和构建多元治理格局进行了积极探索并取得明显成效。一是政法干警力量下沉，推行“1+1+1”工作模式。即组织县直政法部门力量下沉乡村，实现 1 名政法领导干部 1 个月到乡镇蹲点 1 次，共商平安建设工作；实现 1 个村 1 名政法干警配置，开展平安共建；打通司法为民“最后一公里”，在 10 个乡镇成立“检察联络室”，延伸法律监督、民生监督触角，在 8 个非人民法庭所在地挂牌成立“诉讼接待站”以及实现县乡村组公共法律服务组织全覆盖。二是联调联治，探索“三位一体”社会治理模式。推行“综治办+信息化+组团式服务”综治中心工作模式，将综治中心、信访中心、公共法律服务中心相融合，为群众提供法律法规咨询、受理群众投诉及化解矛盾纠纷。重点是充分发挥县、乡、村综治中心排查化解矛盾纠纷的主力军作用，按照“受理、分流、调解、回访”流程调解各类矛盾纠纷；推行人民调解、司法调解、行政调解“三调”联动，抓好诉调对接工作，对人民调解组织调解结果进行司法确认；推行“多元化解”机制，先后建立和完善征地拆迁、劳资纠纷、交通事故、医患纠纷等专业性调解组织；推行“诉访分离”，明确政法部门每个工作日安排人员到信访局接访，将属于“诉”的案件及时导入司法程序；推行“网格化”管理全覆盖，延伸治安防控工作触角，确保无盲点、无死角。三是实施“四级联防”。做到县城有特警巡逻队、乡镇有巡逻联防队、村有治安联防队、组有治安小分队，实现治安联防、同频共振，构筑乡村治理安全网，可防性案件呈持续低发态势。四是充分发挥人大代表在乡村治理中的作用。2015 年起，册亨县人大常委会在全县范围内设置代表工作站，以补充乡镇一级仅有一个人大常委会主席作为“样本代表”的状况，通过代表工作站，

重点发挥人大常委会信访功能，收集民意，形成议案；同时人大常委会信访接访制度邀请乡镇领导参与接访，与代表工作站一道解决矛盾冲突，更多发挥一种柔性治理的作用。

四、创设环境，重视赋权与授权并重的代理治理

在乡村治理中，自治、法治、德治尚不能单一方面发挥决定性作用境况下，需要坚持在党的领导下形成各主体既分工又协作的治理体系。代理治理是适应多元化需要的一种治理模式，它通过行政授权或赋权找寻第三方或代理人实现政治和行政职能，同时满足乡村社会发展和稳定的双重期待。比如设置到村的警务助理、网格员、治安巡逻员、协管员等，他们大多是政府临聘人员，虽然不具备执法资格，但在行政授权基础上代行权力；比如赋权群众性组织参与乡村治理，成立专业合作社对行业进行治理，以及在企业实现党的工作和党的组织两个覆盖，从而参与治理等，这些举措都或多或少内含代理治理的特征。为探索新时代背景下乡村治理的有效模式，册亨县在配强基层党政力量基础上，积极引导第三方和社会组织力量参与到社会治理中来。一是推行“一村一警务助理”。如前所述，这是册亨县的创新实践之一。目前，全县配齐132个村级治保主任兼警务助理，纳入村常务干部管理。与此同时，推行“一村一法律顾问”，组织132名律师、法律工作者、基层政法干警到村担任法律顾问，为乡村治理提供法制性和基础性保障。二是探索“法德”并举治理举措。充分发挥“村规、寨规民约”的作用，积极引导人民群众将约定俗成的地方性规范与法治相结合，用“活”村规，“约”出新貌，同时加强“法外调解工作”，利用“寨老”“族长”参与进行“法外调解”，成功化解民间纠纷。三是首创“星级”评定模式，引导并激励团体组织自己管理自己。对全县乡镇、村居、单位、学校、企业等实行“星级”平安考核和命名，激励先进，鞭策后进。

五、“乡政村治”，弼佑镇基层治理中权力让渡的实践再现

在我国，农村公社瓦解以后，“乡政村治”取而代之。在弼佑镇和秧佑村，“乡政村治”表现出与顶层设计相吻合的特征，一些方面成为我国基层政权和自治组织良性互动的一面旗帜。当然，这有其特殊性，主要原因之一是秧佑村良好的自发秩序，使得政府有更多时间和精力考虑更为棘手的发展和民生问题。基于良好的治理结构和自发秩序，秧佑村所在弼佑镇历来对秧佑

村的村庄治理“很放心”，政府重点为乡村治理创设条件和营造环境，对乡村治理一般不介入，协作与权力让渡成为乡村治理和自发秩序的制度保障。可以说，秧佑村的自发秩序在乡村治理中发挥着主体性作用，也是乡村上百年来保持良好秩序的内生因子。

第三节　结论与讨论

如前所述，自发秩序作为一种自生、自愿和自为的秩序形态，不仅是村民集体让渡权力以换取权益保护预期基础上的秩序，同时也是政权让渡部分权力以获取整体秩序的需要。基于秧佑村自发秩序的有效性，弼佑镇在其乡村治理中历来并不扮演主导角色，而是为秧佑村的这种良好秩序的接续创设条件和提供保障。以秧佑村为典型的自发秩序在若干乡村的广泛存在，一定程度上说明了秩序与活力并非处于坐标轴上的两个象限之端，而是一种通过权力让渡、创设条件、营造环境和群众参与就能找到交汇点，从而实现活力与秩序并存的有效治理。或者说，在诸如秧佑村等自发秩序良好的乡村里，无论是代理权力的“村两委”，还是具有领导权和治理权的上级党委、政府，他们对乡村治理都不过多介入，而是将更多时间和精力转移到更为棘手的发展和民生问题上。秧佑村自发秩序的经验恰好说明，基层党政对乡村自治权的维护、支持并创设条件十分重要；同时也可以看到党委政府在规范权力、让渡权力和理顺关系等方面做出的努力，积极为各种力量参与治理创设环境和提供条件，具有一定的理论意义和实践价值。

一、何为权力让渡

“中国特色社会主义最本质的特征是中国共产党领导，中国特色社会主义制度的最大优势是中国共产党领导。”党的十八大以来，中国共产党更加重视权力的规范运行和制约监督，党的高层更加重视党内治理，围绕权力的人民性、有限性、有为性和规制性净化优化政治生态，将中国共产党的庄重承诺和中华民族的伟大复兴通盘考虑并切实推动，权力自觉展现新景象。可以说，权力的规范运行正从法治走向法制，各主体之间的治理边界也日益明晰。但需要指出的是，权力具有排他性、支配性以及扩张性等属性，对于相对方而言总是具有强制力的。因此，乡村治理中的权力让渡也还存在必要性。一是需要正确处理乡村治理中的领导权、治理权与自治权的关系。马克思主义指导下的社会主义国家的逻辑重点不在制约，而是人民主权，因此我国的乡村治理实践是坚持党领导下的乡村自治，基层政府和乡村在党领导下和宪法范围内活动，据此实现基层治理的制度化、法律化，以此保障国家的整体秩序和乡村的自发秩序。二是需要妥善看待自治行政化的问题。虽然秧佑村民间有丰富的传统德治资源，也有较为雄厚的贤能治理社会基础，但面临百年未有之大变局，秧佑村仍然处于现代化迅猛发展的大场域中，也还面临自治组织能力分散化、流动性社会问题多发、网络虚拟空间民间治理难以介入等时代挑战；与此同时，乡村治理中家族治理、贤能治理以及协会治理也还存在权力异化的风险，而道德绑架侵蚀个人权利的问题同样需要避免。如此种种，都需要基层政府及时履行公共职能并扮演好“元治理”角色，推动制度优势转化为治理效能。三是权力让渡目标的辩证统一性。组织秩序和自发秩序在本质上有所不同，但在乡村治理中二者的旨归具有目的上的统一性，因此两种秩序的和谐共生和互为支撑尤为关键。但由于权力大小的对比悬殊，因此作为具有强制力的组织秩序往往变得更加强势，使得组织秩序对于自发秩序的认同、支持和提供保障变得尤其重要。

二、权力何需让渡

列子在《汤问第五》篇中，认为均衡是天下间最高的真理，也是以弱力制服强者，以轻物得到重物的道理，继而认为如果治理国家能像这样，那么天下之大也可以运筹于帷幄之中了。隐喻的是，国家由若干散乱的原子化个体组合而成，政权直接面对每个人的非制度化诉求既不现实也无必要，而是应该着力于引导个体自我管理或者形成若干自我管理的组织。一是借以实现民间组织之间的力量均衡，二是借以实现自发秩序基础上的整体秩序，如此才能有效减少国家用于维持秩序的投入，或者说只需要投入少量的行政力量和资源为自发秩序营造环境和提供保障，就能确保整体秩序的高效运转。事实证明，秧佑村的自发秩序几乎形成了一个从心理认同、行为规范到偏差矫正的闭合系统。显性的诸如家族管理责任制、族际共商机制、贤能协会治理机制等，在村庄整体秩序的生成中发挥着规范作用；隐性的诸如自然崇拜、祖先崇拜、灵魂崇拜以及精英崇拜等，在乡村个人秩序的生成中发挥了引导作用。可以说，无论是显性的形式还是隐性的共识，秧佑村在历史长河中能够保持良好的社会秩序，其中蕴含的内部规范必然发挥着强大的促进作用。

然而，秧佑村毕竟是少数。总体上，治理现代化背景下党领导下的协同共治结构日趋完善，但个别地方基层政府借参与之名进行管控或嵌入治理的情况也还存在，乡村秩序有时也还表现为权力整合型秩序，自发秩序并没有引起地方的高度重视。一些地方在探索政府与社会协同共治、理顺公权力条块关系和植入现代信息技术等方面取得了大的突破，不断丰富乡村治理的理论和实践内涵。但纵观这些治理创新实践，都可以发现权力主导或外力介入的痕迹，传统要素尚存但自发力量式微，属于建构秩序的范畴，倚重培育价值共识、重视自然权威作用和引导形成自发秩序的内生型治理模式也还未引起地方高度重视。在这样的治理实践之下，基层政府用于维护秩序的人力物力财力节节攀高，城乡事业建设费的居高不下更是需要警醒，在百年未有之大变局境况下，尤其是经济下行压力面临不确定性因素增多的境况下，秧佑村的自发秩序更是显得难能可贵。

三、权力何以让渡

中国共产党第十九次全国代表大会提出“实施乡村振兴战略”，并把健全乡村治理体系作为乡村振兴的一个重要内容，其中的有效治理体系事实上即是形成共建共治共享的治理结构。中国共产党第二十次全国代表大会对“全面推进乡村振兴”进行了专门布署，其中的文化振兴等强调优秀民风民俗等的治理功能；同时要求积极发展基层民主，拓宛群众参与治理的渠道。隐喻的是，乡村治理中的官治和民治需要深度互洽，通过乡村自组织自管理以及基层政府为乡村自治营造环境并提供必要的条件，以此推动基层政府“为民做主”向“由民做主”的转变，以此激发村民自治热情，提高资源配置的效率和效果，发挥治理主体的叠加效应。事实上，乡村治理中的权力让渡和自发秩序是制度设计和实践的结果。无论是《中华人民共和国村民委员会组织法》对村民自治的制度设计，还是新时期治理现代化背景下“一核多元”的治理结构，事实上都涵括坚持党领导下的协同共治治理模式，政府并非乡村治理中的单一主体。党的十八大以后，2013 年中央“一号”文件就已经提出要建立健全符合国情、规范有序、充满活力的乡村治理机制。2014 年中央“一号”文件提出“改善乡村治理机制”问题，对加强农村基层党的建设、健全基层民主制度、创新基层服务管理等问题进行了阐述。2015 年中央“一号”文件提出“创新和完善乡村治理机制”，明确要激发农村社会组织活力，重点培育和优先发展农村专业协会类、公益慈善类、社区服务类等社会组织。

2016年中央“一号”文件指出“创新和完善乡村治理机制”，明确要完善多元共治的农村社区治理结构，发挥好村规民约在乡村治理中的积极作用等。2017年中共中央、国务院颁布《关于加强和完善城乡社区治理的意见》，指出要建立健全基层党组织、购买社会服务、统筹发挥社会力量协同治理以及提高信息化治理水平等。2018年中央“一号”文件指出“乡村振兴，治理有效是基础”，明确要建立选派第一书记工作长效机制，吸引各类人才到村任职，推行村级小微权力清单制度，积极发挥新乡贤作用以及推动执法力量下沉等；同时明确到2020年，以党组织为核心的农村基层组织建设进一步加强，乡村治理体系进一步完善；到2035年，乡村治理体系更加完善。其中可见，无论是农村基层民主制度的建设、社会组织的培育、村规民约作用的发挥、政府购买公共服务的推动还是发挥乡贤的作用等，均可窥见基层政权为乡村自发秩序提供环境和创造条件的依据，也是顶层设计的现实表达和努力方向，为最终实现党委领导、政府负责、社会协同、公众参与、法治保障的现代乡村社会治理体制奠定了基础。

第九章　乡村治理的地方实践及其与秧佑村的秩序比较

与城中村、城乡接合部村、整体集中安置村和重点小城镇村有所差别的是，秧佑村远离中心城市，不是城镇空间拓展改造区域，不是资源富集区域，甚至直至今日交通等基础设施依然落后，因此其自发的、独特的治理结构得以形成并延续。或者说，秧佑村长期偏居一隅，自然经济特征明显，传统治理方式数百年来没有大的改变，因此无形中凝聚并延续了村民的思想和行动，即古人所谓的“生于斯，长于斯，死于斯”，形成了一个封闭的“小社会”。在这个“小社会”里，以血缘为依托，继而形成宗族，产生权威，他们自给自足，与外界往来甚少，宗权、族权与威权相叠加，养成了乡村独特的治理结构和自发秩序。“在这种得到自觉认同的宗族性乡村社区里，自然而然滋生出乡村宗族自我管理内部事务的自治权力。”[1] 这种“自治权力”也就是衍生乡约和形成自发秩序的原始权力。乡村振兴战略明确指出要健全自治、法治、德治相结合的乡村治理体系。“治理有效”作为乡村振兴战略总目标的重要内容之一，呼唤自发秩序的回归。为进一步明晰秧佑村“有效治理”的面上和面向，挖掘自发秩序于乡村治理的意蕴，本研究对浙江省绍兴市 Q 村、江苏省苏州市 L 村、贵州省贵阳市 T 村和毕节市 G 村进行了相同问题的问卷调研，调研对象为本村人口 10%随机抽样，以期发现乡村治理中共同性之下的差异性。

[1] 徐勇. 中国古代乡村行政与自治二元权力体系分析 [J]. 中国史研究，1993 (4)：69-74.

第一节　秧佑村治理的个性与共性

一、不同乡村的冲突发生率有明显差异，城镇化乡村与转型乡村冲突发生率较高

（一）冲突是乡村治理的“风向标”

辩证地看，冲突有利于与旧秩序的调适并孕育新的秩序，有利于防止不成熟的群体决策，有利于协调人们的合法权益，有利于促进长期的群体团结等；但冲突也会消耗大量的时间、精力和资源，产生群体之间的不信任和隔阂，以及导致后遗症，影响秩序的建构等。但无论是正效应还是负效应，冲突都会导致秩序的混乱，暂时的或长久的。因此，了解、预判并防治冲突是乡村治理工作中的重要部分。或者说，冲突发生率是感知乡村治理成效和自发秩序面貌最为直观的标准。为比较异质性乡村的秩序和治理差异，本研究对五个异质村进行了调研，在对绍兴市 Q 村、苏州市 L 村、贵阳市 T 村、毕节市 G 村和秧佑村五个村的基本冲突情况进行了解基础上，为印证其真实性同时考虑存在隐性冲突的实际，问卷设计了“近五年来您和他人发生过冲突吗”的问题。同时，为矫正或避免主观选择性填答带来的信息失真，访谈和问卷设计中，通过“近五年来您遇到过别人发生冲突吗”问题的设计，最大程度弥补选择性回答、主观性填答的不足，以此明晰较为真实的乡村冲突情况。值得一提的是，问卷统计结果基本上与职能部门、地方党政、村里掌握的情况相符合，即和谐稳定是乡村治理的主色调，各地因历史传承、发展阶段和地域差异等又存在一些不同。

（二）和谐稳定是乡村主基调

据调研统计显示，五个调研乡村的冲突发生率存在共性的方面。一是和谐稳定局面占据主导，未发生冲突或偶尔发生冲突的村民比例在八成以上。其中，冲突偶发率最高和较高的两个乡村分别是征地拆迁矛盾较为突出的绍兴市 Q 村和失地农民问题较为严重的贵阳市 T 村。冲突最少的地方是秧佑村。二是冲突频发率处于低位，除绍兴市 Q 村超过一成外，其余四个乡村冲突频发率都不足 3%，乡村秩序总体良好。差异性方面。一是传统落后地区秧佑村

村民的冲突发生率为5个村庄中最少，表现最优。近九成村民5年来没有发生过矛盾纠纷，冲突偶发率约为一成，没有经常性冲突。二是处于征地拆迁进程中的绍兴市Q村的冲突形势较为严峻。近九成村民近5年来偶尔发生过矛盾纠纷，另有一成多的村民冲突频发，乡村治理面临严峻挑战。三是处于城乡接合部的贵阳市T村的冲突偶发率较高，处于艰难的治理转型之中。近七成T村村民偶尔发生冲突，是贵州省3个样本中冲突较多的村庄，与其利益附着的征地拆迁和村居委会贪腐有着密切关系。四是整村集中安置村庄苏州市L村和保持原貌的重点小城镇村庄毕节市G村秩序总体较好，优于处于征地拆迁进程中的乡村以及失地农民问题频发的乡村。

社会治理满意度总体较好。据调研统计显示，冲突发生率与社会治理满意率呈正相关关系，即冲突发生率越少的乡村，社会治理满意率也就越高，反之一样。总体来看，五个村庄村民对本地社会治理的满意度均保持在高位。但不同乡村的社会治理满意度也还存在明显差异。一是传统落后乡村和保持原貌的小城镇乡村社会治理满意度最高，秧佑村和毕节市G村的受访村民没有人表示对本地社会治理不满意，两村的非常满意度均在六成左右。二是城村空间拓展改造步伐较快、村民与村组织信任度较低、存在权力寻租问题乡村的社会治理不满意率较高，村民陷入安全困境，失地农民问题较多的贵阳市T村和征地拆迁问题较多的绍兴市Q村就是如此，满意率分别仅有6.80%和3.40%。三是现代转型乡村的村民处于心理调适阶段，对治理方式的适应和对乡土人情的重塑也处于调适之中，由于缺乏规范性共识或正在建构之中，因此村民之间会产生利益矛盾的纠缠，由此出现对社会治理效度的观望心理，满意度随之分散，苏州市L村就是如此，对社会治理满意率感觉一般的受访村民达38.70%，另有0.60%坦言不满意。

二、不同乡村治理的逻辑有所差异，但自治力量与自制能力受到一致性推崇

（一）乡村治理总体表现为中国共产党领导下的协同共治

权力可以建构秩序，但建构型秩序需要资源配置或技术支撑，其中任何要素的供给不足，都可能导致秩序的弱化甚至涣散。乡村振兴战略明确指出乡村要建构党领导下的多元治理体系，健全完善自治、法治、德治相结合的乡村治理体系。2018年初《中共中央　国务院　关于实施乡村振兴

战略的意见》进一步指出，加快推进乡村治理体系和治理能力现代化建设，建立健全党委领导、政府负责、社会协同、公众参与、法制保障的现代乡村社会治理体系，坚持自治、法治、德治相结合，确保乡村社会充满活力、和谐有序。其中可见乡村治理中，党领导下的协同共治结构，即强调多元主体协同治理。同时强调治理方式的三个结合，即坚持自治，意味着村民、村组织和群众社团等是乡村治理中的主体；坚持法治，意味着在法律规定的限度和边界内形成依法治村的良好局面，同时要加强村民委员会组织法等的执行力度；坚持德治，意味着要充分发挥传统乡里制度和贤能精英的作用，形成公德和私德相互映衬的自律局面。换言之，乡村振兴战略中的乡村治理现代化，自治凸显为自我治理，重点是根据自治法和内部规范进行自治，本质是一种自发秩序；法治隐含着自我治理，重点是按照相关法规和权限边界进行自我规范，本质上是他律基础上的自律，目标指向自发秩序；德治表现为自我治理，重点是依照优秀传统文化和伦理纲常进行自我治理，本质上也是自发秩序。因此，乡村振兴战略背景下的有效治理更多指向自发秩序。这一顶层设计是乡村治理实践的总结和再现，也是乡村治理体系和治理能力现代化的时代要求。或者说，现代化正潜移默化地改变着乡村熟人社会结构，后现代伴随的无中心意识、多元价值取向、价值相对主义、怀疑主义和价值虚无主义等趋向，导致人们在思想上和行为上变得难以有效统一。因此，乡村治理既需要建构秩序，更需要自发秩序，即强调治理主体的多元性和治理基础的自治性。

（二）自治力量总体上在乡村秩序维护中占据主导地位

在乡村秩序的维护上，村民心理上和行动上的倾向性如何，对于乡村振兴战略下的“有效治理”至关重要。因此，问卷通过设计“如果发生冲突您会找谁处理”来认知村民的心理依赖和行为逻辑，五个不同村庄的调研结果既有共同性，也有所差异。共同性方面：一是正式权力和非正式权力在乡村治理场域中发挥着互补作用。党委政府、村居委会、群众社团和地方权威共同成为村民发生冲突时心理依靠的选项，也是村民心目中维护乡村秩序的主要力量。二是非正式权力总体上是乡村治理的主要依靠。六成到八成的受访村民在矛盾纠纷中会选择村居委会、群众社团或亲朋贤能等介入治理，可能与其便捷性、低成本性、关系以及面子观念等相关。差异性方面：一是城镇空间拓展改造进程中的城中村与城乡接合部村庄更加依赖党委、政府反映诉求和治理冲突，同时将村组织作为党政替代性选项，在党政和村组织解决未果情况下，则又倾向于联合亲朋贤能或自发组织进行施压。城镇化进程中的绍兴市 Q 村与失地农民问题较多的贵阳市 T 村就是如此，认为党委、政府是乡村治理中第一责任主体的比例分别高达 39.20%和 45.30%。二是群众社团作为乡村自发性组织，在整村安置或保持原貌的传统乡村具有较高的公信力，也是解决村民纠纷和代言村民诉求的主要渠道。秧佑村秧佑籍协会和苏州市 L 村服装商会就是如此，两个村约三成受访村民认为群众社团在乡村治理中作用明显。毕节市 G 村则有 49%的受访村民认可群众社团在乡村治理中的地位，其原因与其成立的专业合作社有较大关系，以种植养殖业为主的专业合作社不仅专注于发展行业经济，同时对于利益诉求、纠纷解决等有专门规定，在平常的秩序维护中发挥着一定的作用。

（三）村民的自我克制与传统韧性是乡村治理中的正强化因素

当前，群众维权意识、民主意识、法制意识高涨，但参与治理的独立性与有效性还存在不足，与威权意识相纠缠，是导致乡村治理边界模糊和治理失效的原因之一。突出表现在，表面上宣称以“法”之力维护权利、行动上趋向以“己”之力解决纠纷、方式上注重以“聚”之力表达诉求、策略上兴起以“网”之力寻求声援和战略上预留以“访”之力寻求施压。当然，群众在具体事件中选择以何种角色“出场”，也有其“灵活性”或者“生存性智慧”。突出表现为：群众的行动策略是以对党和政府的信心和价值取向为基础的。换言之，他们对政府有什么样的信念和看法，就会采取相应的行动方式。当他们对上级党委、政府充分信任时，往往采取“沟通性”行为；反之，有可能实施“逼迫性”行动，而如果他们不再相信任何一级党政组织，则可能采取“敌视性”行动。[1] 为知晓村民面对冲突或利益受损时的行动偏好，问卷通过设计“如果您与他人发生一般性冲突，您会如何处理”来感知村民的治理逻辑。调研结果显示，5 个不同村庄村民的行动逻辑既存在共同性也存在差异性。共同性方面：一是保持理性是绝大多数村民面对冲突时的基本面向，“找人说理”是主要选择。“找人说理”包括宗族血亲、乡贤精英与群众社团等，是以“己”之力解决冲突的表现。因此，乡村治理需要地方权威与自发秩序。二是保持克制是绝大多数村民

[1] 肖唐镖．二十余年来大陆农村的政治稳定状况——以农民行动的变化为视角［J］．南昌：二十一世纪出版社，2003（2）：43.

的首要选择，不是万不得已，不会通过“武力”解决冲突或进行利益诉求。三是部分村民伺机而动，“看情况定”隐藏着治理危机。除秧佑村以外，其余4个村两成或两成以上受访村民没有对解决方式给予明确。差异性方面：一是整村安置村处于调适或转型期，对解决冲突的方式大多处于观望和适应状态。苏州市L村就是如此，“看情况定”比例近四成。二是保持原貌的传统村庄冲突解决方式更为柔性，熟人社会规范发挥着重要作用。秧佑村就是如此，没有人会选择武力解决冲突的方式，行动逻辑的不确定性也处于低位，“看情况定”为五个村最低。三是城镇空间拓展改造进程中的村和存在“相对剥夺感”明显的村，村民采取过激和显性方式解决冲突的比例较高。失地农民问题较多和存在村干部贪腐的贵阳市T村等就是如此，武力解决冲突的比例高达3.10%，乡村治理面临严峻挑战。

三、不同乡村村民参与治理的意愿有差异，低信任度是制约自发秩序的主要问题

（一）乡村治理需要村民的参与

一般而言，乡村治理中村民在心理上倾向于寻求威权的党委、政府的庇护，但行动上首先却是偏向熟人社会的第三方介入和议价性谈判，只有在治理无效时，才会采取其他行动策略。在此过程中，村民会加强对自身的约束，一般不会首先选择对抗。或者说，村民选择容忍或寻求第三方主持公道是中国乡村治理的一般现象，自制与韧性则是村民的显性特征。但虚拟事件中，村民往往将党政渠道视为有效治理的首要途径，现实中却很少采用党政渠道，几乎是最少把问题诉诸法律的社会群体。换言之，村民往往对政权充满信任，政权的“父爱式关怀”与传统文化中的内敛性，使得他们潜意识里极度依赖政权提供的安全保护，但现实中则表现为忌惮权力和仰视威严而不想、不便或不敢主动添麻烦，同时又希望被关注和被宠爱。因此，乡村治理体系现代化和治理能力现代化需要围绕村民主体进行现代转型，一是构建以村民为中心的治理体系，二是畅通村民参与治理的渠道，三是激发村民参与治理的热情（政治参与冷漠或低效也还在一定范围内广泛存在），四是提升村民参与治理的能力。观察五个不同村的秩序面貌，总体可见，村民对地方秩序满意度较高和冲突发生率较少的村，都十分重视村民和自治组织在其中发挥的重要作用。村民既是治理的主体同时又是治理的对象，因此，其自治的能力和参

与治理的效度，不仅是展示乡村秩序面貌的内在因素，同时也是维护和保障乡村秩序的内生动力。

（二）秩序良好的乡村普遍存在村民的有效参与

人类行为具有内在的保守性，乡村治理中表现为对既有治理结构的依赖，熟人社会更是如此。或者说，在一个秩序良好的村庄里，村民很少陷入安全困境，邻里之间相互信任并协调纠纷，有效维护了乡村的和谐与秩序。但市场化和现代化正试图撕裂传统乡村的柔性治理结构，治理转型使得政权、村组织和村民处于关系审视、调适和重构之中，加上现代技术的推波助澜，乡村治理正经历动态复杂性和边界模糊性，亟须村民的有效参与。换言之，村民参与乡村治理的意愿度，直接反映乡村治理的面上和面向问题。为知晓不同乡村村民对参与乡村治理的意愿，问卷通过设计“如果村里有事要您帮忙，您是否愿意帮忙”来获知村民的参与意愿。调研结果显示，不同乡村村民参与治理的意愿度既存在共同性也存在差异性。共同性方面：一是村民参与治理的意愿与党政主导互补，“乐意帮助”村是主要态度。二是村民参与乡村治理也还存在功利倾向，选择性参与比较突出。差异性方面：一是保持原貌的传统乡村熟人社会规范明显，村民参与乡村治理意愿度高。秧佑村与毕节市 G 村就是如此，分别有高达 72.90%和 56.40%的受访村民表示愿意参与相关事项治理。二是城镇化进程中的乡村村民参与治理和秩序维护的动力不足，“建议找权威部部门解决”与“看情况定”是主流情况。其中暗含村民参与效力或作用的不足，以及根据对方行为确定自己行为的策略性博弈心态。失地农民问题与存在村干部贪腐问题的贵阳市 T 村有 67.20%的受访村民建议找权威门解决涉及公众利益的治理事项，征地拆迁引发低信任度的绍兴市 Q 村有 48.50%的受访村民视情况而定。三是整体安置的乡村村民依然处于治理转型和心理调适进程中，是否参与治理与秩序维护存在观望、审视和选择心态。苏州市 L 村就是如此，村民参与治理的意愿总体上比较分散。

（三）提升社会资本存量和降低相对剥夺感是维护乡村秩序的重要方面

冲突是以利益、观念、政策、纲领、个人或其他实体的敌对性遭遇或对抗为特征的相互活动。[1] 或者说，冲突是不同社会主体之间围绕权利供给与需求而发生的相互争夺、竞争和明显抵触的一种紧张状态。[2] 在冲突相关方之间公开与直接的互动中，其中一方为了达到自己的目标对如何禁止另一方的行动这一问题留有较大的灵活性，这种行动应该是受规范控制或者不是无节制与暴力的。[3] 也就是说，如果冲突中强势一方在占有资源、信息和力量对比上明显处于有利地位，且在冲突中不受规则制约，有时甚至有权力作为保护，那么必然造成乡村治理中低社会信任度和相对剥夺感等不良体验，在这种乡村里，自生自发秩序必然难以达成。综观乡村治理实践，可以发现，重要的利益分歧、能强烈感受到的原则性问题、选择方案的非此即彼以及低信任度等是导致治理困境的主要原因。其中，信任存量的高低是评判乡村秩序最基本的参考标准。为了解不同乡村的信任存量情况，通过“您认为引发纠纷最主要的原因是什么”问卷调研与访谈，对乡村信任存量的高低有了进一步的了解。调研统计显示，不同乡村信任存量的高低既存在共同性也存在差异性。共同性方面：一是客观存在的利益受损是低信任度的主要原因之一，这与乡村的发展程度、发展阶段与文化习俗等关联性不大。二是主观感受的相对剥夺感是低信任度的主要原因之一，这与村民的感觉被忽视、感觉受欺负、感觉不公平等息息相关。三是沟通不畅也是低信任度的主要原因之一，这与意见不合、冲动、他人的示范、怂恿等有关，同时与多元权力主体之间的沟通管道延滞等有关。差异性方面：一是保持原貌的小城镇村庄更加注重利益的诉求和争取，利益问题是引发低信任度的最主要原因，毕节市G村就是如此。二是城镇空间拓展改造进程中的乡村村民更加注重信息透明度和沟通回应性，信息不透明和沟通失效等是低信任度的主要原因，失地农民问题频发的贵阳市T村就是如此。三是保持原貌的传统村寨更加注重公平正义，有失公允和被忽视的不良体验等是低信任度的主要原因，秧佑村等存在此种倾向。

由上可见，权力保障下的公平正义和二次分配等是减弱相对剥夺感的主要方面，也是化解乡村低信任度并保持乡村秩序的重要方面。调研显示，“依

[1] [美] 杰克·普拉诺. 政治学分析辞典 [M]. 胡杰，译. 北京：中国社会科学出版社，1986：27.

[2] [英] 拉尔夫·达仁道夫. 现代社会冲突 [M]. 林荣远，译. 北京：中国社会科学出版社，2000：3.

[3] [美] 乔纳森·H. 特纳. 社会学理论的结构 [M]. 吴曲辉，等译. 杭州：浙江人民出版社，1987：212.

法依规透明，体现公平正义”是不同乡村受访村民认为在乡村治理中必须予以高度重视的方面。其中，依法依规透明主要指向治权部门、村组织、群众社团等与村民之间的关系结构，普遍认为权力寻租、贪腐与失信于民等都与不能很好坚持这一条有关；体现公平正义主要指向治权部门、村组织、群众社团等的行事方式，普遍认为村民的对立情绪甚至纠纷的产生都与不能坚持这一条有关。此外，提升乡村有效治理的建议中，村民比较推崇的还有“大力发展经济，提升获得感”以及“增强自治能力，注重自发秩序”，绝大多数村民对于“体制内”人员所认为的基层权力不足并建议权力到村的说法并不认同和推崇。

四、不同乡村村民对柔性治理认识有差异，自发秩序的形成依然任重道远

（一）村规民约和地方权威是自发秩序的原生性因子

梳理我国乡村治理实践，可见有约束力的内部规范、传统习俗的共同遵循、自发形成的治理结构和彼此信任的人际关系等，是我国乡村原生性自发秩序保存较好的共同要素。换言之，在我国农村，基于村规民约、民族习俗、共同记忆和行为规范基础上的价值共识，是弥补村民认知差异、分歧和冲突的黏合剂，也是历史长河中乡村保持良好秩序的内生变量；基于血缘共同体、地域共同体或文化共同体基础上，并经自然选择和村民信任所形成的自然权威，是乡村有效治理的重要力量，二者共同构成自发秩序的活性要素。可以说，价值共识、自然权威和政社互动是乡村治理中的三大要素，也是基层构建活力秩序、合作秩序和有效秩序的关键维度。[1]然而，乡村治理在由传统向现代转型的背景下，尤其在权力下沉乡村和现代化冲击双重背景下，村规民约的内生约束机制逐渐式微，一定程度上导致了乡村的治理危机。需要指出的是，一种规则只有大家都遵守时才会产生秩序，也就是说，只有大家都遵守的村规民约，才是形成乡村自发秩序的基础；只有大家都认可的权威，才是维护乡村秩序的力量。然而，现代化伴生的利益分化、意识多元以及怀疑主义等特征，使得村民对传统依靠“不假思索时的可靠性”的熟人关系产生了信任危机，造成了乡村价值体系

[1] 丁胜．乡村振兴战略下的自发秩序与乡村治理［J］．东岳论丛，2018（6）：140-148.

的变化，也使得村规民约和地方权威的现代转型和作用发挥存在着认同困境和治理危机。

（二）以村规民约为主要内容的价值共识正经历解构之后的重构

总的来看，历经秦汉的乡里制度、北宋的保甲制，明清以来形成了种类繁多的村规民约。但无论时代如何变迁，这些村规民约都不约而同指向内部规范性和共识凝聚性，在乡村有效治理中发挥着重要作用。但传统有其自身的逻辑和限度，规范性共识应该吸纳时代和社会赋予的积极要素，不能用很久之前就已存在的观点来制约当下之人和秩序。尤其在传统文化遭受打击，以及现代化和新技术背景下信仰多元等多重困境下，村规民约一度消失或式微，发挥的作用也普遍存在不足。换句话说，在强国家意志或强国家精神出现之后，以村规民约为载体的乡村精神往往难以抗衡而面临消解。国家意志作为一种自上而下的价值规定，乡村调适或转型的步伐和愿望如果难以跟上，就会出现解构抑或依附的情况，现代化和新技术的加入使得乡村共同体文化的建构变得更加复杂。

为了解不同乡村村民对村规民约以及由此生发的价值共识在乡村治理中作用的认识，“您如何看待村规民约在乡村治理中的作用”问题的调研和访谈结果显示，不同乡村村民的看法既存在共同性也存在差异性。共同性方面：村规民约是凝聚村乡共识和生成自发秩序的积极因素，村民对其在乡村治理中的作用总体持肯定态度。调研乡村六成以上受访群众认为以村规民约为内容的价值共识有利于秩序的生成，秧佑村认同度更是在九成以上。差异性方面：一是保持原貌的乡村对村规民约等内部规范在乡村治理中的作用认同度最高，秧佑村、毕节市 G 村、贵阳市 T 村等超过一半的受访村民认为“非常重要”。二是城镇空间拓展改造和征地拆迁问题频发的乡村认同度较低，尤其是权力左右利益分配和村干部权力寻租的乡村更是如此，绍兴市 Q 村近八成的村民认为村规民约没用或作用一般。三是村规民约具有一定的“乡土性”，整村安置的乡村由于离开原发环境，因此村规民约处于移植和重构之中，对于其作用的发挥持观望和审慎乐观态度，苏州市 L 村就是如此。

（三）地方权威在乡村治理中的地位和作用正经由瓦解到复苏

《中华人民共和国村民委员会组织法（试行)》实施以后，村委会作为政权“代理人”和村民“代言人”的赋权角色被确定，但在代理和代言之间存在的自由裁量权，尤其是代理隐含的利益依附，使得村委会一些时候“代理”胜于“代言”，乡村治理中更多是落实考核任务和完成交办事项。现代化进程中多样性矛盾在农村的集中显现，使得乡镇政府和村委会难以有效应对原子化的个体和矛盾，一些地方也开始重视并找寻昔日的“能人”“家族长”“寨老”等充当“仲裁人”“调和人”角色。值得一提的是，自家庭联产承包责任制实行以来，尤其是市场经济时期，农村非正式组织出现了普遍性重建，传统家族也迅速活跃起来，乡村中形成了以村干部为代表的政治精英、以各种能人为代表的经济精英、以家族长为代表的传统社会精英以及知识分子为代表的文化精英等多元权威格局。

为了解不同乡村村民对地方权威在乡村治理中作用的认识，“您如何看待地方权威在乡村治理中的作用”问题的调研和访谈结果显示，不同乡村村民的看法既存在共同性也存在差异性。共同性方面：地方权威在带头维权等方面作用明显，村民对其在乡村治理中的作用总体持肯定态度。秧佑村、贵阳市T村等认同度在七成以上。差异性方面：一是自发秩序良好的乡村对地方权威在乡村治理中的作用高度认可，基于家族内部管理责任制、家族之间协商机制、秧佑籍协会会商解决机制等在乡村治理中的地位和作用，秧佑村对地方权威的认同度最高，认为比较重要及以上的比例高达78.60%。二是村民对地方权威的认同有时表现为功利主义思维，具有动态性，比如在具有尚贤传统的毕节市G村，由于地方权威带头的争权行动失利，因此村民对其作用发挥的认可度直线下降，为五个乡村最低，认为没用或不好说的比例高达42.60%。三是处于城镇空间拓展改造地方的村民对地方权威的认可同样存在一定的功利倾向，比如绍兴市Q村村民的低认可度与征地拆迁中地方权威的“不作为”有关，而贵阳市T村征地拆迁中地方权威的带头维权与对村干部的检举等，与村民的认可度较高相关。四是整村安置乡村的村民对新型治理体系中地方权威的作用发挥持观望态度，认为重要的比例略高于认为一般或没用的比例，苏州市L村就是如此。

第二节　当代中国乡村治理的几种主要模式

受发展实际、发展阶段和传统习俗等因素影响，不同乡村的社会治理结构有所差异。总体表现为：在现代化影响不深的传统地区，宗族血亲、村规民约、地方权威、群众社团等是乡村治理和秩序维护的重要力量；在转型发展地区，在重视柔性治理力量基础上，面对动态复杂性，借助现代技术和权力延伸的代理治理是乡村治理的主要方式；在发达地区，社会重构初步完成，在培育新型社群共同体和价值认同基础上，乡村治理偏重专业服务等为导向的联动治理模式。但无论哪一种治理方式，都会涉及权力、权威和价值观念等要素的互动，表现为多种权力或权威并存的混合型治理趋向，在建构秩序和自发秩序之间摇摆。

一、价值共识与地方权威为主的柔性治理模式

自治能力是评判自发秩序最为客观的标准，也是乡村治理的重要支撑。传统乡村由于信息流、物流、人流等嵌入现代化要素的流动性相对延后，因此乡村对外界事物不敏感，以共同体文化和地方权威体系为主的传统因素依然在发挥明显作用，秧佑村就是其中的典型。调研显示，秧佑村的冲突发生率以及社会治理满意度、参与治理意愿度、治理结构认可度等均好于其他乡村，自治能力和冲突化解能力也好于其他乡村。分析可见，秧佑村独特之处在于：一是少数民族传统习俗的凝聚与规范。秧佑村独有的布依戏以及独特的自然崇拜、祖先崇拜等为其乡村治理和自发秩序提供了丰沃的土壤。二是传统文化的净化与规范。秧佑村“八不准禁碑”浓缩的村规民约以及经久不息沿袭下来的规范仪式，为乡村治理和自发秩序提供了精神支柱。三是典型人物的励志与规范。“秀才办私塾”“班氏军功牌”等事迹通过口口相传、印证和外界肯定而不断得以强化，村民的归属感、荣誉感和示范感成为乡村治理和自发秩序的戒律和戒尺。四是自发性自治结构的保障和规范。秧佑村经历史选择沉淀下来的家族、族际治理机制，与自发组建的群众社团（秧佑籍协会）一道，成为领导权、治理权和自治权之外的自然赋权（或称代治权），是乡村治理和自发秩序的有力保障。五是地方政府的权力让渡与协作。基于良好的治理结构和自发秩序，秧佑村所在弼佑镇历来对秧佑村的乡村治理“很放心”，政府重点为乡村治理创设条件和营造环境，对乡村治理一般不介入，权力让渡成为乡村治理和自发秩序的制度保障。

传统乡村诸如秧佑村与其他乡村的差异性主要在于：一是发展阶段差异。秧佑村尚处于待开发、待开放、欠发展阶段，信息、资源、市场等的“流动性”不足，乡村对于现代化要素的冲击不敏感，加上经济结构单一，

远离城镇空间拓展改造主场域，基础设施较为落后等实际，因此传统要素得以较好保存，村民传承“规矩”、养成“自觉”之风蔚然盛行，加上现代治理理念和技术的植入，因此柔性治理特征明显。与此相反，处于城市化、工业化快速推进或转型进程中的其他乡村，征地拆迁等空间拓展改造深刻影响村民利益结构，市场交换原则深刻影响村民观念结构，人员流动性深刻影响乡村社会结构，这些因素的叠加一定程度上导致传统文化的破碎，村规民约的约束力式微或不复存在，仅靠“网格化”治理的方式，乡村治理难以有效开展，受访干部声言“化解冲突、治理上访等维稳工作占据村干部太多精力”。二是人口构成差异。城中村、城乡接合部村以及城镇化进程中的乡村人员结构复杂，流动人口占比高，既有城市居民与农村居民的相互混杂，更有本地常住人口与外地流动人口的异质反差。各种不同职业类型、不同生活方式、不同价值观念、不同需求以及不同文化素质的人群相互形成强烈的对比，给乡村治理带来诸多不确定因素；[1] 而秧佑村是民族村寨，世居少数民族布依族人口占比高，境内流动人口很少，熟人社会特征明显，以村规民约、传统习俗、宗姓族别为纽带的权威式治理结构显现出较高的效用性，村里事务从未升级为刑事案件或上访事件。

总的来看，权力具有独占性、单向性和强制性等特征，在传统落后地区，权力让渡的限度以及为乡村自发秩序提供的条件和保障，是乡村柔性治理模式生成的前提。以秧佑村为典型的传统乡村所呈现出的柔性治理模式，其内部要素涵括传统习俗、村规民约、共同信仰等引导集体行动规范的价值共识，以及家族、族际、群团等化解矛盾纠纷的权威结构，其外部要素则与权力让渡和提供保障有关。换言之，良好的共同体文化和共识、良好的人际关系和规范、良好的自发治理结构、良好的政村信任关系等是构成自发秩序的组件，也是柔性治理模式的核心要素。

二、正式权力与工具理性并重的管制模式

历史地看，政治贯穿人类社会发展始终，原子化个体始终身处其中，扮演着不同的角色；现实地看，政治又好像每个人的副业，人们的社会活动都与之息息相关，尽管人们有时厌恶，有时忌惮，有时又受其鼓动想要占有，

[1] 丁胜. 欠发达地区城乡接合部社会治理问题研究——以贵阳市南明区为例［J］. 贵阳市委党校学报，2016（2）：54-58.

但无论如何，都不得不与之打交道，并在其中展示“生存性智慧”，或者“做一个精明的人”。改革开放以后，面对市场经济制度等崭新的事物，群众处于较长时间的调适之中，随着经济社会的发展、技术的进步和流动性的加强，尤其是城镇空间拓展改造引发的利益诉求和权力寻租引发的公平正义缺失，此阶段乡村的矛盾冲突增多，“一票否决”的维稳机制开始出现，与信访机制一道，成为国家维护乡村秩序的主要方面。《中华人民共和国村民委员会组织法》颁布以后，坚持党的领导、基层政府主导、社会协同和乡村自治的治理实践在全国范围内得以迅速展开。治理现代化提出以后，地方对基层行政管理体制进行了实践创新，大数据和现代技术在乡村治理中得到普遍应用，多元协同的网格化治理也在乡村广泛布局，但总体来看，自发秩序并没有引起地方的高度重视。

需要指出的是，治理现代化背景下单纯的权力整合方式显然正在或已然退场，自发秩序与建构秩序之间已不再是一种对立的关系，外在权力的让渡和内在自治体系的结合，正日益成为乡村治理的主基调。基于调研乡村的比较，可以发现身处转型时期或城镇化深入推进阶段的乡村，基于冲突的动态复杂性、维稳的“一票否决”、行政问责制和自发力量的缺乏等，基层政府更偏重于正式权力和工具理性并重的治理方式。

三、赋权权力与权力嫁接兼具的代理治理模式

理论上，柔性治理和刚性治理是乡村治理坐标系上的两个象限，也是自发秩序和建构秩序的两种实践反射，但实践中，在连接两种模式的坐标轴上，还存在权力赋权和嫁接基础上的代理治理模式，并日益成为乡村治理的主要方式。代理治理模式有三个基本特征：代理治理是政治职能与行政职能的统合体系；代理治理与社会是一种统治关系；代理治理是一种多中心权威治理结构。代理治理模式的权力来源在国家，不在基层社会，向上级政府（国家）负责，与基层社会没有授权关系。[1] 也就是说，代理治理源自政权的授权和权力延伸的需要，其主要目的是通过找寻代理人实现政治和行政职能，同时满足基层社会发展和稳定的双重期待。历史地看，代理治理是适应多元化趋向的需要。改革开放政策施行后，我国乡村治理

[1] 周庆智. 代理治理模式：一种统治类型的讨论——以基层政府治理体系为分析单位 [J]. 北京行政学院学报，2016 (3)：1-10.

最重要的变化从经济上说是推行家庭联产承包责任制，从政治和社会上说是推行村民自治，尤其是后者直接促进了整个农村政治社会生活的根本性变迁，乡村治理进入“乡政村治”模式阶段。“乡政”以国家强制力为主，具有高度的行政性和一定的集权性，而“村治”则以乡村自主决策为主，具有高度的自治性和民主性。“乡政村治”是目前乡村治理创新的一个基本前提。然而，由于基层政府对乡村治理具有巨大的控制力、支配力和影响力，因此，基层政府寻找代理人并授权参与乡村治理，或者干脆将治理要求嵌入村规民约或内部规范的“创新”也屡见不鲜。

事实上，代理治理作为一种统治类型，是基于自上而下的政治或行政授权。梳理近年来国家对于乡村治理的顶层设计，也不难看出代理治理的授权性根源。事实上，无论是中央一号文件，还是有关乡村振兴的实施意见，其中都有坚持党领导下的分工、协作和代理治理的痕迹。比如，设置到村的警务助理、网格员、治安巡逻员、协管员等，他们大多是政府临时聘用人员，虽然不具备执法资格，但在行政授权基础上代行权力；比如，赋权群众组织参与乡村治理，成立专业合作社对行业进行治理，以及在企业实现党的工作和党的组织两个覆盖；再比如，一些部门将各种要求嵌入村规民约等，都或多或少内涵代理治理的特征。基于调研乡村的比较，可以发现在城镇化程度高、自治能力好、社会组织发达以及现代信息技术较强的乡村，基层政府更偏重于赋权权力与权力导向的代理治理方式。

四、多种权力和权威随机组合的混合模式

柔性治理、刚性治理或代理治理都有着较为明显的个性特征和属性，也是“自治”和“他治”在乡村秩序建构中的体现或综合。“自治”与“他治”是乡村治理的两个不同概念，“自治”就是自己的事情由自己负责处理，而“他治”则是自己的事情由外部力量介入处理。事实上，乡村治理模式并非“自治”或“他治”的非此即彼型，也并非单纯的代理治理模式，很多时候表现为几种治理方式的随机组合，也体现在共识、权力、权威等要素的随机排列组合上。尤其在现代化蕴含冲突、现代性遏制冲突的今天，情况显得更加综合和复杂。比如现代化催生的反应性维权、进取性争权、宣誓存在感的价值表达等不再以单一形式出现，成因及诉求更为综合；现代性则强调以自由民主平等正义为核心的价值理念，要求国家和社会更加秩序化、法制化和制度化。可以说，现代化与现代性的相互纠缠、

博弈，加剧了乡村治理的动态复杂性。由此，在传统与现代、共识与多元、权力与权威等多重关系作用下，乡村治理呈现出价值理性与工具理性并存、权力与权威共济、传统和现代并举的混合型特征。

历史地看，混合型治理模式成因久远。现实地看，混合型治理模式最为普遍。首先，混合型治理模式在我国古已有之。无论是帝制时期，还是近现代遭遇西方文明裹挟着殖民、掠夺与同化目的的时期，我国基于小农经济、人伦秩序、乡贤士绅和地方官吏（吏胥）基础上的混合型乡村治理模式就已存在。此时的乡村社会里，落后的生产力将人们的生产生活束缚在土地上，围绕生存生发的矛盾纠纷成为乡村社会治理的主要对象；但较为简单的或还没有形成现代分工体系的简单社会关系，使得共同体基础上的熟人社会规范在乡村治理中发挥着重要作用。与此同时，皇权虽然是“普天之下莫非王土”式的“专权”，但囿于落后的生产力，因此体制上配置到地方的吏胥在承担着财税汲取职责的基础上，虽然扮演着乡村秩序监督人和执法人的角色，但在强大的宗族势力和乡贤士绅势力中显得十分单薄，乡村除了发生违反帝制条律或重大命案等事件，吏治在乡村治理中的角色和效果往往是延后的甚至是无效的。可以说，彼时落后的生产力、围绕土地生发的生产关系、儒家伦理、地方精英以及权力代理人等在乡村社会共同成为治理力量，但有时很难分清是哪一种因素在其中扮演着关键角色，乡村治理往往是一个综合的结果。其次，改革开放为混合型治理模式创设了条件。社会主义改造完成以后，权力在乡村治理中总体上扮演着决定性角色。人民公社制度结束以后，家庭联产承包责任制、1982 年《中华人民共和国宪法》以及 1988 年《中华人民共和国村民委员会组织法》等相继实施，政社分开和“乡政村治”为党领导下的协同共治奠定了基础，多元主体参与乡村治理的局面开始出现。然而，在改革、发展、稳定的战略布局中，稳定作为压倒一切的刚性要求，使得基层党委、政府成为乡村治理中的“承包人”，但市场滋生的多元性，同时使得乡村社会面临前所未有的观念冲击和治理困境，权力的单向治理有时难以有效治理。在此背景下，传统优秀文化、自发性群众组织以及现代信息技术等开始进入乡村治理，具有现代性的混合型治理模式开始出现。最后，治理现代化是转型时期乡村社会混合型治理模式的时代背景。中国共产党十八届三中全会将推进国家治理体系和治理能力现代化作为全面深化改革的总目标，在坚持党的领导下，引导自治力量回归、培育社会力量参与和引入市场力量协同参与乡村治理的布局正全面推进，乡村振兴战略进一步为多元主体在乡村治理中贡献力量提供了可能，但转型期内，无论是哪一种形态的乡村，在自治、法治、德治以及领导权、治理权和自治权都不能单一方面在乡村治理中发挥决定性作用境况下，在动态复杂和多元诉求的治理场域中，因时因地制宜的混合型治理模式显得较为普遍，尽管这种模式有时偏向机会主义甚至实用主义，有时表现为价值理性和工具理性的联合出场。

第三节 结论与讨论

一、秧佑村经验能有效回应城镇化背景下的乡村治理方向吗

秧佑村自发秩序所蕴含的规范性要素对于我国今天飞速发展的城镇化背景下的乡村治理，是惊鸿一瞥，还是良药一剂？改革开放以来，我国经历了世界历史上规模最大、速度最快的城镇化进程。截至 2021 年年底，我国的城镇化率达 64.72%，[1] 城镇人口 9.10 亿人，2013 年就已经超过世界平均水平。城镇化率从 20%提高到 40%，这个进程，英国经历了 120 年，法国经历了 100 年，德国经历了 80 年，美国经历了 40 年，日本经历了 30 年，而我国用了 20 多年。可以说，这是人类历史上耗时最短，规模最大的城镇化进程。[2] 这种急遽的城镇化步伐将传统的“三农”结构甩在身后，农村还未来得及从农业税取消的余温中醒来，一只脚就踏进了现代化快车。物化的、流动的城镇化与人伦的、稳定的礼俗共同体之间存在的张力，使得乡村治理面临巨大挑战。从秧佑村发展阶段来看，目前尚处于传统经济社会结构之中，城镇化、工业化带来的冲击少，若干基于人伦社会基础上的传统要素还在秩序中扮演着重要角色，因此可能对城镇化快速推进地区的自发秩序没有直接的参考价值。但秧佑村存在于我国共同历史文化的大背景下，历经数百年时间积淀下来并在共同的现代化进程中通过不断调适而产生的规范性要素，这对于城镇化背景下的乡村治理或许也是具有重要启发意义的。

[1] 国家统计局. 2016 年中国城镇化率达到 57.35%［EB/OL］. 北京：中国经济网，［2017-01-20］. http://www.ce.cn/xwzx/gnsz/gdxw/201701/20/t20170120_19752962.shtml.

[2] 宋歆. 聚焦以人为核心的新型城镇化［N］. 解放军报，2013-10-24（007）.

二、乡村能够依赖自发秩序实现有效治理吗

人类社会产生以来，人的自然属性和社会属性互动博弈，最终以抑制个人的无限欲望和出让个人的部分权利告终，权力由此产生，但围绕利益、权利、自由以及存在感、获得感等诉求，冲突同样与人类相伴而行，其治理也呈现多样性。不同历史背景和现实情况下，很难说哪一种治理模式具有普适性。封建时期，虽然国家对社会具有绝对的控制权，但国家对农村社会的实际控制受到人力、物力和财力以及治理能力的限制，仍有其界限，[1] 彼时，传统的乡村治理因官治吏治的缺场，主要体现为人伦和精英共治。正如古德所言："在帝国的统治下，行政机构的管理还没有渗透乡村一级，而宗族特有的势力却维持着乡村的安定与秩序。"[2] 总体来看，封建国家取得了对社会无所不在的统治权，但那时的乡村治理只是一种小国寡民、宿命论式的无为而治。清朝末年权力下沉乡村以后，资源供给的不足使得政权只能选择在乡村内部确定代理人实现间接治理，人伦治理和精英治理组合的自发秩序结构有所动摇，代理人借助公权力挤压乡绅和掌控秩序的事例多有发生。改革开放以后，经济社会同质化结构基本转变，"乡政村治"的制度设计为自发秩序的重新归位预留了空间，在诸如秧佑村等文化习俗深厚的地区，传统的治理方式得到政权的选择性激励而展现新的活力。然而，像秧佑村这种情况的毕竟是少数。我国积攒已久的巨大需求与市场经济一拍即合，现代化进程的超预期发展伴随的异质化导致冲突增多，在现代治理架构尚未完全搭建，传统规范又还没有复原的双重困境下，乡村依赖自身秩序进行有效治理或许还有一段路程要走。

---

[1] 金太军. 乡村治理与权力结构［M］. 广州：广东人民出版社，2008：28.

[2] ［美］W. 古德. 家庭［M］. 北京：社会科学文献出版社，1986：166.

第十章　乡村有效治理的原则与进路

乡村自治能力越好、自治体系越健全以及权力创设的环境越优渥，则乡村越具凝聚力，也就越稳定。或者说，基于中国特色社会主义政治制度的实际和现代化进程中的动态复杂性，稳定的乡村治理结构应是坚持党领导下的协同共治结构，其中应充分重视村民自治和自发秩序的地位和作用。主要原因在于自发秩序不仅是建构秩序的有力补充，其蕴含的韧性和调适性在乡村治理中还具有基础性作用。因此，乡村振兴战略中应注重自发秩序的引导和培育，依据中国特色社会主义政治制度、中国悠久的历史文化传统和现代化发展的趋向特征，乡村治理中的自发秩序应重视以下原则和进路。

第一节　内部规范引领原则，注重价值共识与共同体文化培育

善治型乡村都有着明确的规范，或者说，内部规范是乡村有效治理以及形成自发秩序的重要表征。在我国，内部规范更多指向乡村明文规定或约定俗成的标准，具有地域性、人文性、劝善性、示范性、扬惩性和典型性等特征。内部规范往往通过伦理纲常和自我德性的教化形成，并通过制定血缘共同体契约、生活共同体约定以及村规民约等来规范相关人员的行为。换言之，内部规范作为一种自生自发并自我约束的柔性治理机制，很大程度上呈现出村民之间的共同意志和风俗习惯，是乡村内部一种自发的公共性规则和契约，在乡村社会秩序建构中发挥着凝聚共识、解决问题和

维护稳定等作用。需要指出的是，内部规范既可以是有形的规则，也可以是无形的信念。秧佑村的经验就是如此，其内部规范既包括立足现实需要形成的家族、族际、贤能协会等层级化治理结构，也包括自然崇拜、祖先崇拜、典型人物崇拜等文化积淀基础上生成的约束性民众心理。秧佑村的调研表明，村民在现实的规制与虚幻的约束之间不断规范自己的行为，这些以血缘地域为纽带、以信仰信念为支撑的内部规范与个人的生产生活同频共振，成为乡村化解焦虑和规避冲突的充分条件。比较而言，秧佑村自发秩序蕴含的规范性要素和展示出的强大力量，使得秧佑村成为乡村治理中不可多得的范例。

事实上，以内部规范为要素的自发秩序在乡村治理中或多或少都有其身影。从全国范围内来看，无论是江苏的“政社互动”，还是四川的“三社联动”，都可以看到地方党委、政府在培育价值规范、调动社会力量和培育社会组织发挥作用中所做的努力，同时也可以看到党委、政府在规范权力、让渡权力和理顺关系等方面做出的努力，总体上表现为基层治理中的权力让渡并为各种力量参与治理创设环境和提供条件。从秧佑村所在的贵州省来看，同样在基层社会治理创新方面探索不断，贵阳市的“扁平结构+权力清单”的“新型社区”、遵义市“制度建设+群众自主”的“四在农家”、安顺市“资源确权+治理赋权”的“塘约道路”以及铜仁市“村两委+乡贤会”的“铜仁样本”等，其中也可以看到地方在还权自治、培育自治、引导自治以及为自治理顺关系和创设条件等方面做出的努力，这些努力开出实践之花、结出希望之果，不断为国家治理体系和治理能力现代化提供鲜活样本。但综观这些实践，权力主导或外力支撑的痕迹也还广泛存在，价值共识微弱、传统要素式微，内生动力不足，总体上也还属于建构秩序的范畴。

实践地看，当前的乡村治理还表现为权力主导的刚性治理模式，柔性治理存在但不具普遍性。或者说，农村社会有自治空间但没有自治权。村民自治异变为自治机构的自治，自治的权利变成了自治机构的权力，并且村民自治组织已经成为基层行政治理模式的一个组成部分。基层党政权力对村民自治组织的实质性领导，消解了基层群众自治组织自治含义。换言之，基层治理的运行机制和功能作用，依然保有传统体制的政治行政关系，党政权力可以随时进入基层社会组织中。[1] 权力进入自治领域能有效提升治理的行政效能，但问题在于，纳入权力体系的东西越多，支撑权力运行的成本就会越高。因此，破除乡村治理中行政控制与自治低效的问题，终究会回到价值共识、自然权威和权力让渡的议题上来，而这三个方面也正是形成内部规范和自发秩序的核心要素。其中，无论是以发展阶段为划分依据的传统乡村、转型乡村还是发达乡村，抑或是以地域差异为划分依据的城中村、城乡接合部村、小城镇村以及边远农村，这些乡村由于都是植根于中国传统文化和现代政治体制之下的自治组织，因此内部规范也还在一定程度上存在共同性和互通性。其中，基于村规民约、民族习俗、共同记忆和行为规范基础上的价值共识，基于血缘共同体、地域共同体或文化共同体基础上并经自然选择和村民信任所形成的地方权威，与权力让渡和创设条件一道，共同成为当代中国乡村治理中自发秩序生成的原则之一。

第二节　权力边界法定原则，破除维稳承包制伴随的破窗效应

梳理人类社会发展史，没有比政治和权力更为基本的概念了。在关于政治和权力的理论和实践争论中，控制的辩证总是更胜一筹。当代中国，对于不同乡村的治理实践，围绕权力这个基本概念总体上呈现控制—依附、让渡—保障二元特征，现实中在权力主体和权力客体理性选择背景下，控制、让渡与自治又呈现出交替和博弈的性状，而现代技术、自由市场和后现代主义的“加盟”，更加使得权力之于乡村治理的介入限度变得复杂和综合起来。需要指出的是，由于公共权力与社会力量还不成比例，社会组织又不能发展起来扮演合理的角色，或者说，前者（公共权力）保持强大的介入能力，后者（自治力量）还是处于弱小和“乌合之众”的成长状态。[2] 因此，权力之于乡村治理既有其强制性、必要性与合理性，又存在边界模糊性、效度难测性与高耗低效性，需要辩证看待权力在乡村治理中

[1] 周庆智．中国基层社会自治［M］．北京：中国社会科学出版社，2017：264.

[2] 周庆智．乡村治理制度建设与社会变迁——基于西部H市的实证研究［M］．北京：中国社会科学出版社，2016：332.

的地位和作用，避免出现一管就死或一放就乱的局面。然而，在全面深化改革和全面建成小康社会进程中，任务层层传导的压力型体制与现代化裹挟的利益纠纷，使得基层政府有时存在突破村民自治底线的情况。社会治理总体上还是以政府为主，合作治理理念和实践尚存不足。突出表现为重抓、重管、重控，轻协同、引导、激励，这既与行政管理制度性安排有关，也与现阶段社会组织、市场主体和自治组织力量薄弱等有关；总体呈现重点领域管控、一般事务管理和适度创新服务“三位一体”的治理模式。[1]一些方面甚至出现权力介入程度过深和宽度过大的问题，是导致“自治行政化”和“自治虚弱化”的重要成因，也是形成“权力本位”“权力依附”“权力至上”破窗效应的主要成因。

不可否认，权力的扩张是一个常态，不是哪个国家哪个政党独有的特质。但对于乡村治理而言，在村民自治的制度框架下，坚持领导权基础上的权力配置是保持乡村秩序的重要保障，但过多的权力扩张或代理治理，只会导致泛政府责任，并使得乡村自治无所适从，直接制约自发秩序的形成。与此同时，在自治、法治、德治尚不能单一方面发挥决定性作用境况下，权力是一个增量，需要以财政等资源作为保障以生成更多的权力，由此不断突破治理边界，同时又需要吸纳更多的资源以支撑权力运行，周而复始使得乡村既成为权力治理的对象，同时又成为权力扩张的领域甚至资源汲取的对象。在人们对于权力的想象力无限大的权力结构中，个人面对权力时的无力感使得他们常常需要依附权力或找寻庇护，由此再次为权力套上沉重的枷锁。事实上，无论是权力制造秩序，权威塑造秩序，还是共识延续秩序，单一的权力、权威或内部规范都有其自身的局限和不足，需要以“法治”作为有效治理的旨归合理划定边界，同时注重自治权力的保障并为其创设条件。其中，应重点围绕党的领导权、政府治理权与村民自治权等正式权力，以及自然权威、赋权权力和自治组织等在乡村治理中的“为”与“不为”，合理界定限度逻辑。换言之，乡村治理中的领导权、治理权、自治权、代治权和自然权威之间关系结构和权力逻辑的界定和厘清，是乡村振兴战略构建“有效治理体系”要求中形成自发秩序的原则之一。

---

[1] 丁胜. 欠发达地区城乡接合部社会治理问题研究——以贵阳市南明区为例 [J]. 贵阳市委党校学报，2016 (2)：54-58.

第三节　权利保障优先原则，推动公平正义或避免相对剥夺感

自发秩序作为一种自生、自愿和自为的秩序形态，是基于内部成员集体让渡权力以换取权益保护预期基础上的秩序。如果这种秩序在乡村治理和权利保护中不能发挥作用，那么这种秩序就不会具有凝聚力并最终被其他秩序形态所取代。调研显示，无论是何种类型的乡村，村民对于村内不和谐因素发生的归因，大多指向公平正义的缺失或者相对剥夺感的存在，认为这两方面是乡村治理失效和自发秩序失范的主要原因。相对剥夺感加之价值观的差异是造成冲突的主要根源。[1] 或者说，抗议、反抗和冲突大多是主观比较后的相对剥夺感引发的。[2] 比如绍兴市Q村高频率的城镇化改造中，赔偿标准与标的物属性界限模糊导致的相对剥夺感，使得村民认为其中存在公平正义缺失甚至权力寻租的勾连，由此或多或少引发对立情绪和矛盾纠纷。比如苏州市L村一起外来务工人员溺亡事件中，外来务工人员心理上存在的被排斥感与权利不被尊重和满足的相对剥夺感叠加，不良体验险些引发显性冲突。比如贵阳市T村长期处于城镇空间拓展改造进程中，失地农民因存在补偿标准模糊权利受损的主观感受以及存在村干部贪腐的实际，导致受访村民拟以武力解决纠纷的比例高达3.10%，乡村治理面临严峻挑战。甚至在民风淳朴、秩序良好的秧佑村，村民也将体现公平正义和避免相对剥夺感作为乡村治理的重点，近七成受访村民认为利益受损和不公平感受是治理困境产生的原因。总的来看，造成乡村治理失效和自发秩序混乱的起因多样，但对于公平正义弱化和相对剥夺感增强的担忧是主要成因之一。

提升社会资本存量和降低相对剥夺感是维护乡村秩序的重要方面。综观乡村治理实践，可以发现较大重要的利益分歧、能强烈感受到的原则性问题、选择方案的非此即彼以及低信任度等是治理失效的主要原因。换言之，当治理方案为非此即彼，并且与相对剥夺感、低信任度叠加时，守护利益和代表

---

[1] [美] 托马斯·帕森斯. 美国政治文化 [M]. 顾肃，吕建高，译. 北京：东方出版社，2007：16-17.

[2] TED R. G. Why Men Rebel[M]. London：Routledge，2011：1-50.

正义的愿望就会变得坚决，因为让步就意味着屈从和利益损失。尤其是一方认为自己的愿望是合理的或公正的时候，愿望和行为就会更加执着。总的来说，社会资本存量不足和相对剥夺感的存在，一定程度上是导致乡村秩序混乱的主要方面。其中，资源的稀缺性、迅速扩大的成果、不切实际的期望、相信他人所得必为自己所失的零和思维、不公平的比较、差异补偿的心理等，是乡村治理失效的重要原因，也是自发秩序难以形成的重要原因。调研发现，发生在乡村较严重的利益依附性或权利导向性纠纷，村民们一般倾向于责备他人——源于自我防备，总认为是具有权力或势力一方的挑衅行为，对自己的行为则予以忽略；现实中存在的越级上访，原因之一也是基于村民对权力认识差异的问题，往往认为越往上维护公平正义的权力总量就越大。[1] 可以说，乡村治理失效的原因之一与村民的不公平感受息息相关，尤其在权力和权利边界模糊境况下，村民往往站在自己的立场看问题，很难换位思考。随着纠纷升级，相关方会寻找越来越多的证据表明，这一切绝非自己的错。事实上，在权力介入自治程度较深和宽度较大的情况下，泛政府责任连带的“自治行政化”，使得村民往往心怀警惕并把不公平感受归因于权力作祟。对此，乡村治理中权力保障下的公平正义和二次分配等是减弱相对剥夺感的主要方面，也是乡村有效治理行稳致远的原则之一。

第四节　治理介入差序原则，重视自发秩序在乡村治理中的主体地位

乡村治理的现代转型要求碎片化的社会能够进行自我治理，将权力从泛政府责任的绑架中释放出来，更多地提供公共服务和创设公平正义的社会环境。换言之，乡村治理应坚持属事责任主体原则，除非涉及公平正义和国家法律，否则权力不应该对内部事项或者自治组织能够协调解决好的治理事项进行介入。这就要求引导、培育和规范自治力量在乡村治理中的作用，实现自治、法治、德治相结合的治理结构。中国共产党第十九次、第二十次全国代表大会上，中共中央总书记习近平反复强调：“中国特色社会主义最本质的特征是中国共产党领导，中国特色社会主义制度的最大优势是中国共产党领

[1] 许尧. 中国公共冲突的起因、升级与治理［M］. 天津：南开大学出版社，2013：36-64.

导”。乡村治理需要在坚持党的领导权之下，形成各种权力（权威）之间分工协作和差序介入的治理模式。其中，党政权力作为公权力，自治组织、市场主体、社会组织、群众性组织等能够治理好的事项，党政权力都不应该第一时间介入，而是更多扮演好公平正义“最后一道防线”的角色。事实上，党领导下的协同共治和差序介入在顶层设计中可见端倪。《中共中央国务院关于实施乡村振兴战略的意见》明确提出，到 2035 年，乡村治理体系更加完善。为实现预定目标，提出构建乡村治理新体系，最终实现党委领导、政府负责、社会协同、公众参与、法治保障的现代乡村社会治理体制。其中，特别提出深化村民自治实践，通过加强群众性自治组织、农村社会组织、积极发挥新乡贤作用以及推动乡村治理重心下移等举措，形成民事民议、民事民办、民事民管的多层次基层协商格局。[1] 也就是说，乡村治理中党领导下的权力分工、差序介入和自治为主格局正日益受到重视并加快布局。

毫无疑问，一个乡村的自发秩序的生成并非朝夕之功，而是在历史长河中经时代变迁洗礼并进行自我调适和沉淀而来的，其长期以来集聚的规范性要素对于乡村治理有巨大的正效应。首先，这种秩序具有强大的适应性，其自身蕴含的凝聚力能有效愈合政权更替或时代动荡带来的创伤，并通过自我革新延续秩序；其次，这种秩序具有潜在的抗争性，其地域性、传统性、独特性叠加形成的自我保护机制，对外部力量事实上是疏离的或者抗拒的；再次，这种秩序又具有一定的功利性，为融入自上而下的权力结构并适应错综复杂的外部环境，其有时不得不进行选择性生存和屈从性发展。由此可见，自发秩序一定程度上对正式权力或国家精神是消解的，尤其是当这种权力或精神与自发秩序蕴含的权威结构和价值共识不兼容时，难以适从甚至混乱状态便时有发生。中华人民共和国成立以来的一段时间里，当建构型的国家精神出现时，传统的乡村精神有时就弱化甚至消失了。因为自下而上生发出来的乡村精神与自上而下被规定的国家精神有时并不相融，为了融入具有强制性的国家精神或权力结构，乡村有时只好打乱甚至放弃传统以加强对外部压力的抵抗程度和融入程度，以此维系建构秩序和自发秩序的幸福感受，延伸这种感受的时间长度。但与之伴随的后果是，建构秩序可能导致高成本、泛政府责任、社会资本存量低以及自治能力的萎缩等治理问题。因此，引导、培育和发挥自发秩序的作用，实现乡村治

[1] 本书编写组. 中共中央　国务院　关于实施乡村振兴战略的意见 [M]. 北京：人民出版社，2018：5-24.

理的差序介入有其必要性，也就是自治力量能解决的，权力不应插手，遵循属事主体负责原则。或者说，基于自发秩序的低成本性、自发力量的可塑造型以及权力让渡乡村自治的时代背景，以自发秩序为起点的治理介入差序原则是乡村治理的原则之一。

第五节　结论与讨论

在中国，自发秩序既是激活优秀传统文化发挥社会凝聚功能的需要，也是新时期构建自治、法治、德治相结合的乡村治理新体系的需要。区别于西方自由主义、个人主义和权力制衡视角下的自发秩序，中国的自发秩序更多是在独特的人文环境、社会结构、文化传统与本地生产生活中交互形成的，并在形成内部规范和保持乡土社会稳定等方面发挥重要作用。也就是说，中国的自发秩序必须紧贴中国实际，科学把握各地差异和特点，体现乡土风情，不搞一刀切，确保乡村社会充满活力、安定有序。[1] 但作为人类重要秩序形态之一的自发秩序在西方的实践和理论中已然走过数百年时间，从康德、米瑟斯、哈耶克再到波普尔、波兰尼等政治哲学家，他们的相关理论对实践也具有一定的启发借鉴意义。因此，中国乡村治理中的自发秩序不仅应该根植于中国实际同时也应该学习世界经验。总的来看，中国自发秩序的世界样本应体现为一种开放的秩序、合作的秩序、有效的秩序和充满活力的秩序。

一、主要结论

（一）自发秩序的成型取决于政权让渡或预留的空间，乡村振兴战略中“德治”与“有效治理”的提出，说明我国政府对传统文化的重视、对村民自治的尊重和对政社互动的推崇

我国有巨大的政治整合能力，但权力下沉乡村以后并非一味地管控而窒息地方的活力和生机。但也不可否认，“一票否决”的维稳制度和压力型行政考核制在一些地方还广泛存在，尤其在工业化城镇化快速推进的转型

[1] 习近平参加山东代表团审议时指出 扎扎实实把乡村振兴战略实施好［N］. 人民日报（海外版），2018-03-09（1）.

地区更是如此，基于工具理性基础上的政治整合秩序也还存在。但秧佑村及若干类似乡村的存在，一定程度上说明了国家对乡村治理中传统文化和积极因素的重视，并将其作为实现中华民族伟大复兴的重要内容。秧佑村的实践带来的思考是，人类社会里权力稀缺和权力欲望并存，每一种力量都试图发声发力，但其能量又不足以托起整个秩序，因此，合作的秩序、有效的秩序应是共同努力的目标。其中，尚贤制传统和共同体文化孕育的精英治理和共识治理无疑是权力治理的重要补充。因此，自发秩序应重点关注家文化、家族文化、乡贤文化和共同体文化的培育，使之成为维护内部规范的不竭动力。同时需要指出的是，在自发秩序传统要素缺失的地方，权力在引导并规范自治权力回归进程中，既要避免“乡村行政化”，也要避免“自治虚弱化”两种状态的出现。或者说，自发秩序应是开放式的、开发民智的和百姓有为的自发秩序，基层政府要做的，就是为这种秩序的生成和发展创设条件。

（二）自发秩序是建构秩序的有力补充，对于不同类型的乡村治理都具有普遍的理论意义和现实价值；村民自治的制度设计和治理现代化背景下的协商民主和乡村振兴，为乡村自发秩序创设了条件

综观我国的乡村治理和社会秩序，既有新的形式，也有旧的内容，而诸如秧佑村等秩序良好的乡村，则基本上形成了一个从心理认同、行为规范到偏差矫正的闭合系统。新的诸如家族管理责任制、四大家族共商制、秧佑籍协会会审制以及各方代表终审制组合而成的非官方的治理架构，其中蕴含着“权威”“等级”“规则”等现代政治官僚制的表征；旧的诸如面子驳斥、关系疏远以及批评教育等我国传统人伦秩序带来的心理震慑，加之布依族自然崇拜、祖宗崇拜隐含的返璞归真、与世无争和灵魂监督等内因，使得秧佑村等“善治型”乡村的秩序既有显性的自发的治理网络支撑，也有传统习俗浸润的“看不见的祖宗”或“另一个自己”在无时无刻地监督自己，促使每个人都自觉遵守规范并主动融入文化之中以寻求心理补偿。可以说，无论是新的形式还是旧的传承，乡村治理在历史长河中能够保持良好的社会秩序，其蕴含的内部规范必然发挥着强大的凝聚作用，尤其在现代化撕裂传统“三农”逻辑结构背景下更是如此。中国特色社会主义进入新时代背景下，在坚持中国共产党领导这个最本质的特征基础上，治理现代化作为自上而下的国家愿景和群众期盼，具体到乡村治理中一般会表

现为推动权力分工、政社互动、多元协同、网格治理和技术应用等方面的落地，而乡村振兴战略虽然以政党施政纲领的形式出现，但其出发点和落脚点都在乡村这个场域，“振兴”的含义则是对以往好的传承、做法和荣耀的追忆、认可和回归，其中无疑蕴含着乡村这片土地上孕育出来的若干自生自发要素。由此可见，治理现代化虽然作为建构性权力的重置，但其已然从原有的管控型治理方式中抽身而出，更加注重多元主体的协同治理，同时为乡村治理中的自发秩序创设条件和提供保障；而乡村振兴战略直指乡村社会中积极要素的复归，自治、法治和德治的联合出场，无疑会将自发秩序在乡村治理中的传统地位和作用发挥引向一个新的高度。

（三）自发形成的内部规范是自发秩序的内生动力，基层党政创设的环境和提供的条件则是自发秩序的重要保障

建构秩序是自上而下权力布局并由国家强制力推动的刚性秩序，对于自发秩序而言有明显的抑制性和破坏性；自发秩序则是自下而上经村民认同和授权基础上形成的柔性秩序，一般情况下对建构秩序具有补充性和调适性。分析可见，建构秩序和自发秩序在权力来源、治理方式和内容形式上都有所不同，但在乡村治理中二者的旨归都是维护稳定和形成秩序，其中村民既是秩序的主体同时也是客体，因此两种秩序的和谐共生和互为支撑尤为关键。但基于两种秩序力量对比上的悬殊，使得建构秩序或者国家政权对于自发秩序的认同、支持和提供保障变得尤其重要。秧佑村的经验告诉我们，其良好治理局面正是册亨县以及弼佑镇对其秩序的认可、支持以及让渡权力并创设条件的结果。可以说，秧佑村在经济层面不具有典型代表性，但其蕴含我国传统文化要素和当前政社互动因子的自发秩序，无疑是乡村自发秩序和有效治理的真实写照。中国共产党第十九次全国代表大会提出“乡村振兴战略”并明确健全自治、法治、德治相结合的乡村治理体系；《中共中央国务院关于实施乡村振兴战略的意见》特别提出，深化村民自治实践，形成民事民议、民事民办、民事民管的多层次基层协商格局。[1] 秧佑村的自发秩序与这一顶层设计高度互洽，一定程度上反衬了中国式顶层设计与基层实践的高度契合。

---

[1] 本书编写组. 中共中央国务院关于实施乡村振兴战略的意见［M］. 北京：人民出版社，2018：5-24.

（四）自发秩序的旨归是形成有效的乡村治理局面，权力在其中应避免无为而治或亲力亲为两个极端

乡村治理中，无论是内部规范引领、权力边界法定、权利保障优先，还是治理介入差序，都体现出权力他治与规范自治之间的互动与博弈。而权力作为决定性的一方，往往在博弈中扮演着主导角色。一方面，由于国家权力对农村的治理方式仍然没有完成现代转型，基层政府“指导”往往变成“领导”，村民自治仍然掺杂着许多不必要的行政干预；另一方面，基于现代转型的动态复杂性，一些乡村内部认同的基础或内部规范正被现代化撕裂，加之村民自治水平有限和传统力量式微而无法构成有效的权威治理结构。因此，基层政府有时处于两难境地，在行政承包制等的压力下，转而重视建构秩序。此时，一些基层政府通过刚性约束、技术覆盖等方式实现乡村的“有效”治理，使得以村规民约为主的内部规范充斥着地方政府的意志，而并非建立在村民广泛参与的基础之上；与此同时，一些基层政府则在治理现代化背景下通过找寻代理人等方式对乡村“无为而治”，由于代理治理结构自成闭合系统而又缺乏权力的监管，久而久之造成乡村治理中代理组织的权力膨胀、寻租、腐败甚至异化成为黑恶势力等，给乡村治理带来执行困境和公平正义缺失等问题。

二、主要讨论

（一）自发秩序是一种活力秩序吗

乡村治理作为基层社会治理的重要一环，其根本目标是保持乡村的活力与有序。正如习近平总书记所言：“社会治理是一门科学，管得太死，一潭死水不行；管得太松，波涛汹涌也不行。要讲究辩证法，处理好活力和秩序的关系。”[1] 换言之，活力与有序是理想社会应有的状态，也应该是乡村治理的理想状态。自发秩序作为一种“有秩序的进步”，既不能被很多年前业已存在的传统所约束，也不能被现代化的洪流和权力的刚性所窒息。因此，“要处理好活力和有序的关系，社会发展需要充满活力，但这种活力又必须是有序活动的。死水一潭不行，暗流汹涌也不行。”[2] 事实上，如何在理论上与实

[1] 习近平关于全面建成小康社会论述摘编［M］. 北京：中央文献出版社，2016：139.
[2] 习近平谈治国理政［M］. 北京：外文出版社，2014：93.

践中处理好活力与秩序的关系也一直是一个有挑战性的争论。西方社会徘徊于活力与秩序的两端，要么过于讲求活力，要么过于追求秩序。哈耶克在建构法律理论过程中提出了社会规则的二元观，即内部规则和外部规则。规则的二元划分，为自发秩序和建构秩序的提出奠定了理论基础。但是，哈耶克等西方学者推崇自由主义视角下的自发秩序，认为权力的介入必然导致秩序的崩塌，同时对建构秩序始终心怀芥蒂，认为建构秩序必然扼杀社会活力。这种以自由民主和个人主义为借口的自发秩序虽然以避免“少数人专政”为旨归，但“多数人暴政”的结构性缺陷也还时有存在并直接造成秩序的混乱，对这种活力秩序的争论自苏格拉底之死以来就已存在。

在我国，秩序在政党意识形态的谱系中始终占据重要位置，但对活力的追求也从未停歇。实践中，以秧佑村为典型的自发秩序在若干乡村广泛存在，甚至在城乡接合部农村、城中村以及卫星城镇乡村也可以看到自发秩序的身影和作用，一定程度上说明了秩序与活力并非处于坐标轴上的两个象限之端，而是一种通过权力让渡、创设条件、营造环境和群众参与就能找到交汇点、从而实现活力与秩序并存的有效治理。理论上，中国的秩序观既不是简单的“国家中心论”，也不是单纯的“社会中心论”，而是中国共产党领导权之下的协同共治模式，其目标是实现自治、法治与德治相结合的治理新体系。其中，确保乡村社会充满活力、和谐有序是乡村振兴战略的目标追求。自治权下沉乡村恰逢快速推进的历史进程，关于自发秩序与活力秩序，无论是在改革、发展、稳定三对关系的处理上，还是在国家治理现代化总目标的推进中，我国都十分重视秩序的作用，同时也十分注重活力的目的。面对现代化进程中多而复杂的社会问题，治理是一项复杂的社会工程，要增强治理的整体性与协调性，要治标更要治本。[1] 总的来看，中国乡村治理实践中以往简单依靠权力管控的秩序观已然不是主流，注重疏导化解的秩序观和活力观日益受到重视；而乡村振兴战略中自治、德治的出场和回归，更是为激发乡村治理活力提供了指向。可以说，中国遵循优秀传统文化基础上“一核多元”的乡村治理实践与经验，或许可以成为西方社会治理中活力与秩序二元观的补充，并为现代化进程中的基层治理提供中国经验。但现实中，尤其在党政主导模式下或权力结构失衡的境况下，如何处理好建构秩序之于自发秩序的自由裁量性和现实抑制性，使得自发秩序不再掉入“规划的变迁”陷阱中而窒息活

[1] 习近平在会见全国社会治安综合治理表彰大会代表时的讲话［N］. 人民日报，2017-09-20（1）.

力，在理论建构和实践探索中仍然值得关注和探讨。

（二）自发秩序是一种自由秩序吗

自由主义是西方文明中的一个永恒主题，自由秩序在此基础上生发并给予人们一个对理想世界的期待。但在人类文明发展史上，如何安放“自由”这块纯粹理性大厦的“拱顶石”，一直以来争论不断，由此给自由秩序蒙上了一层面纱。比如康德将应然性维度上的“自由”与实然性维度上的“自发”混为一谈，将“自发”理解成所谓的“无因而生”“偶然无序”，结果得出了理性不可能证明或理解“自由”这个“自在之物”的结论。[1] 也因此将“随意任性”“从心所欲”的“自由”与“自行开始”“没有先行原因”的“自发”混为一谈了。[2] 米瑟斯立足于基本原则与制度表达两个层面，建构了一个自由主义的文明秩序。但米瑟斯建构的自由秩序原理获得的评价与康德的评价也相差不大。即使是米瑟斯的学生哈耶克，对米瑟斯的评价也是复调的，一方面，哈耶克赞美米瑟斯；另一方面，哈耶克又认为米瑟斯“太极端”了，具有“过度的理性主义”“武断和不容争辩”“先验论”等方面的缺陷。[3] 所谓“太极端”，事实上就是把自由主义的精神与偏好推向极致，认为人的理性是有限的，无法超越自身的界限，一旦试图超越这个界限，就会产生相悖的状态。自由主义沃土里孕育的自发秩序也因此被冠以“理想化”“极端化”等称谓。换言之，就连自由主义至上的西方文明也对自由主义基础上的自发秩序持谨慎态度，认为超出人的理性的或者无序的自由只会招致混乱。20 世纪的凯恩斯主义、福利国家、国家主义等各种主流思潮的兴起，无不体现为对自由主义的偏离，波普尔等学者也因此提出合作的秩序、有效的秩序等概念以充实自由秩序的内容。正如如果某种权力或某个权威要以有意的指令，去代替大规模自我调整体系的职能，其所处的立场，就如同一个人，必须一手操控应由数千个控制杆同时操作的机器。这样做的后果，只能使整个体系陷入麻木，将较大体系的运作分割成细小的断片。[4]

---

［1］［德］康德. 纯粹理性批判［M］. 邓晓芒，译. 北京：人民出版社，2004：433.

［2］刘清平. 混淆“认知”和“意志”的逻辑谬误——康德自主责任观的悖论解析［J］. 贵州社会科学，2018（1）：20-27.

［3］［德］L. V. 米瑟斯. 自由而繁荣的国度［M］. 韩光明，等译. 北京：中国社会科学出版社，1995：33.

［4］［英］迈克尔·波兰尼. 自由的逻辑［M］. 冯银江，李雪茹，译. 长春：吉林人民出版社，2002：167.

西方自由主义传入我国以来，对我国的秩序建构影响很大，但“坦率而言，自严复翻译穆勒名著《群己权界论》以来，已超过一百年除了非学术的因素以外，真正阻碍国人把握西方自由主义及其根本问题者，最主要的便是这种‘印象式’的论辩，而其结果只能是在实践中陷入极端的‘非此即彼’的逻辑：要么对自由主义施以滥用，要么对自由主义做简单却彻底的否定。”[1] 也就是说，西方的自由主义与中国的传统和现实上的不相容，导致自由秩序在中国始终存在认知上的难题，与“一管就死，一放就乱”的担忧有相似之处。总之，我国天道人伦意义上的自由秩序与西方自由主义意义上的自由秩序本质上是两种截然不同的秩序。对于我国而言，共同体文化、自然层级结构和权力让渡基础上的自发秩序无疑是传统和现实交互的结果。

（三）自发秩序是一种有效秩序吗

无论一种秩序被冠以何种称谓，其产生和指向无不与一个地方的经济社会发展和文化传统习俗相关联，并在政治权力的影响下呈现出独特的秩序面貌。其中，自发秩序是传统与现实的混成之果，其目标是乡村治理的规范性和有效性。事实上，从世界范围内看，任何一种秩序都或多或少有建构的痕迹，是人类社会活动中妥协、同意、规范和交易的结果，自发秩序同样如此。其区别于建构秩序的主要特征，在于产生方式上的自下而上性、群众心理上的价值共识性、治理结构上的自然层级性以及目的上的内部规范性。在我国，自发秩序之于乡村治理具有悠久的历史，现实中也还广泛存在自发秩序的实践基础。但无论是哪一种秩序形态，其存在的价值都与维护权利、化解分歧和保障公平正义息息相关，也只有在处于秩序规范中的个体能切身感受到秩序所带来的归属感、安全感和公平感时，这种秩序才是有效的秩序。比如现代化伴随的多元化、虚拟化和复杂化背景下，国家倡导的话语体系不断在传统媒体闪烁，而公民却沉溺于自己的小天地中，关注自媒体终端的话题，对国家发出的声音较少关注，好像两条平行线，自说自话，甚至在一些有交集的社会事件上各执一词。在这样的境况下，低信任度甚至“二元对立”的关系结构必然带来治理困境。更为糟糕的是，民众对官方话语冷漠的同时，如果断然切断自媒体终端，群体哑声的同时，也会是躁动的开始。也就是说，如果低信任度和二元对立的关系结构没有明显改善，不仅难以实现有效治理，

[1] 邓正来. 哈耶克的社会理论——自由秩序原理代译序［M］//［德］弗里德里希·冯·哈耶克. 自由秩序原理. 北京：生活·读书·新知三联书店，1997：3.

并有可能带来执政危机。面对现代化进程中诸如此类的治理难题，一方面，需要乡村具有自发秩序因子的自制理性和自治能力，以个人自身的规范形成群体的有效治理；另一方面，需要稳定的政权和制度环境，为中华民族的伟大复兴提供公平正义的社会环境和推动依法治国战略的顺利进行。

调研中，很多村民在呼吁注重文化教育、道德教育以及发挥自组织作用的同时，也对这种内部规范或自发秩序的有效性持谨慎的乐观，害怕在充斥着未知外力的场域中自己置身“麻烦”时这种柔性治理机制不能提供庇护。因此，村民们的“生存性智慧”也就显露无遗了，突出表现为选择性行动，更多偏向有效性治理。比如部分村民坦言“如果（矛盾、诉求等）解决不了，办不通，就用武力来引起政府的重视”，这无疑给基层政府带来维稳的隐性压力；部分村民提议“加强治安巡逻，做到尽量少死角，村里多安装监控摄像头，提高覆盖率，街道或路边的灯光尽量多，减少黑暗死角”等，这些方面一定程度上属于权力让渡并创设条件和提供保障的范畴，但也是建构秩序的范畴。从本质上看，村民的这些偏向虽然与自发秩序的意蕴有一定差距，但其指向的事实上都是乡村治理中的有效秩序。治理是人类社会永恒的命题。那么，当中国特色社会主义进入了新时代，社会主要矛盾已经转化为人民日益增长的美好生活需要和不平衡不充分的发展之间的矛盾的时候，乡村治理又应当何为？是偏重建构秩序还是自发秩序，或者是两者兼而有之的有效秩序？根据国情、社情，答案可能还是后者。那么，有效秩序是一种什么样的秩序，又如何引导呢？乡村振兴战略指出乡村要建构党领导下的多元治理体系，健全完善自治、法治、德治相结合的乡村治理体系。《中共中央国务院关于实施乡村振兴战略的意见》进一步指出，加快推进乡村治理体系和治理能力现代化建设，建立健全党委领导、政府负责、社会协同、公众参与、法制保障的现代乡村社会治理体系，坚持自治、法治、德治相结合，确保乡村社会充满活力、和谐有序。其中可见乡村治理中党领导下的协同共治结构，即强调多元主体参与治理。同时强调治理方式的三个结合，即坚持自治，意味着村民、村组织和群众社团等是乡村治理中的主体；坚持法治，意味着要加强村民委员会组织法等的执行力度形成依法治村的良好局面；坚持德治，意味着要充分发挥传统乡里制度和贤能精英的作用。这一顶层设计是乡村治理实践的总结和再现，也是乡村治理体系和治理能力现代化的时代要求。或者说，现代化正潜移默化地改变着乡村熟人社会结构，后现代伴随的无中心意识、多元价值取向、价值相对主义和价值虚无主义等趋向，导致人们在思想上和行为上变得难以有效统一。因此，乡村治理既需要建构秩序，也需要自发秩序，即强调治理主体的多元性和治理基础的自治性，其目标是最终形成有效治理的秩序局面。当然，如何实现建构秩序和自发秩序之间的良性互动，尤其是如何破除权力直接管控、借参与进行管控或由指导异变为领导等问题，其中存在的不确定性等仍然值得深入探讨。

（四）自发秩序是一种开放秩序吗

我国传统的乡村秩序本质上是一种小国寡民、自生自灭、丛林法则式的秩序，其中的家族势力、乡贤精英、村规民约与和文化等是乡村治理的主要力量，也是维持秩序的关键变量。直至今日，“乡政村治”仍然没有很好地厘清正式权力和自治权利之间的边界和限度，在很大程度上依然延续保守、自闭和审慎的特点，治理现代化提出的多元主体协同治理所内含的开放、包容在实践中也还让位于管理甚至管控。事实上，从诸多秩序良好、活力迸发和村民满意的乡村治理实践中可见，自发秩序与建构秩序并非表现为非此即彼的无为而治与无所不为两个极端，很多时候都是一种开放、合作、有效与充满活力的秩序。其中，权力结构稳定是自发秩序生发的土壤，或者说，正是权力的让渡和创设条件很好地避免了乡村回到宿命论式的无为状态；而乡村自身所形成的内部规范则为国家权力的稳定奠定了坚实的基础；但在开放的社会环境中，尤其在无边界的网络环境里，乡村治理需要满足符合发展趋向的方式，以满足权力和村民的双重期待。对此，乡村治理中的自发秩序应是开放式的、开发民智的和村民有为的自发秩序。

事实上，每一种秩序都与其他秩序或多或少发生着联系，尤其是乡村秩序更是置身于一个更大的秩序场域中。因此，无论这个乡村的秩序是建构的、自发的，还是二者兼而有之的，都需要以开放的姿态融入并适应更大的环境。哈耶克等人推崇自生自发秩序，对国家的干预调控充满惊惧惶恐，对自由市场的弊端甚至危害或视而不见或百般开脱，一定程度上忽视了秩序的开放性和互鉴性。在秧佑村，其自发秩序是一种混成之果，既具有内生性，也具有开放性，既是价值共识的体现，也是权力让渡与合作的体现。它带给人们的启示，或许就是秩序没有优劣之分，往往是人为和自发的混成之果，并且也是在实践或行为中不断调整完善的，在对其他秩序的学习和借鉴中不断得以发展的。或者说，无论是人为秩序还是自发秩序，如果在实践中被证实缺乏效用，必然会被调适甚至淘汰。总的来看，无论是政治社会学强调的结构稳定和公平正义，还是实践中形成的自生自发秩序，对偏重权力建构的乡村秩序和传统要素迷失的当代中国来说，无疑都是一种价值理性的回归，我们也应以开放的态度对待之。但需要关注的是，在中国较多的行政层级、庞大的行政机构以及大量代行权力进行治理人员存在的情况下，在每一个行政机构都要尽力凸显存在感和压力传导型的行政体制中，自发秩序的引导与回归中如何开放、开放的限度以及如何与政党要求同频共振的问题依然值得深入探究。

后　　记

时间不会为谁停留，一个人的生命终将随风而去，而你对待生命的态度恰如生命给予你的意义。本书是在博士论文基础上修订而成。在中国社会科学院攻读博士学位的经历赋予了我无限荣光，在这个大家云集、思想深邃和学术争鸣的环境中，所学、所见、所思让我对责任感和使命感有了全新的理解。能够求学于此，深感幸运。首先，我要特别感谢我的导师周庆智研究员，没有他的赏识和帮助，我不可能破格进入中国社会科学院研究生院政治学系攻读博士；没有他的理解和支持，在职攻读博士的艰辛不会那么顺利地得以化解；没有他的关心和指导，我的理论知识和应用研究不可能有大的进步。周老师的博学、睿智、豪放与亲和始终深深地影响着我，恩师难忘，恩情永续。其次，我要真心感谢为我博士论文开题指点迷津并提出宝贵意见的国家行政学院马宝成研究员、中国社会科学院政治学研究所周少来研究员、王炳权研究员和赵秀玲研究员，他们的意见高屋建瓴，为我撰写博士论文提供了方法和思路。感谢武汉大学社会学院贺雪峰教授、中共中央党校青连斌教授在论文评审和答辩阶段提出的宝贵意见。再次，我要真诚感谢政治学研究所各位老师给予我的帮助。房宁研究员的治学态度、学术观点和谆谆教诲始终深深地影响着我；张宁老师一直以来提供的帮助深深地感动着我；郑建军老师、陈海莹老师、孙彩红老师等在我求学期间为我提供帮助，让我一直铭记于心，一并致谢。最后，感谢政治学系一同求学的各位同学，因为有你们，我的求学之路才变得丰满和富有活力。

作为“大龄”毕业生，上下交困的家庭结构往往使得求学之路异常艰辛，而正值职业生涯过渡期的实际情况也使得求学之路着实不易。在此，我尤其要感谢两个人，一个是我的母亲周光芬女士，正是她的韧性和坚守成就了我的努力；另一个是我的儿子丁宗韦浩，正是他的品学兼优使我不必在他学习上耗费大量的时间和精力。同时，还要感谢多年来一直支持和帮助我的好朋友——贵州省社会科学院许峰研究员、贵阳市社会科学界联合会的罗恩源主席、贵阳学院的杜勇敏教授等，正是在他们的鼓励和支持下，我重拾了继续读书的信心，也是在他们的陪同调研和讨论下，我才能够完成今天的著作。最后，我要感谢贵州省社会科学院，正是单位的资助才使得“论文”以专著的形式与大家见面。

谨以此记，献礼读书和生活的来之不易。

附录1　秧佑村村规民约（2016年）

为了推进我村民主法制建设，维护社会稳定，树立良好的民风、村风，创造安居乐业的社会环境，促进经济发展，建设文明卫生新农村，经全体村民讨论通过，制定本村规民约。

第一节　社会治安

1. 每个村民都要学法、知法、守法、自觉维护法律尊严。

2. 村民之间应团结友爱，和睦相处，不打架斗殴，不酗酒滋事，严禁侮辱、诽谤他人，严禁造谣惑众、拨弄是非。

3. 自觉维护社会秩序和公共安全，不扰乱公共秩序，不阻碍公务人员执行公务。

4. 严禁偷盗、敲诈，哄抢国家、集体、个人财物，严禁赌博、严禁替罪犯藏匿赃物。

5. 每户家庭要对在省外务工的子女、亲人搞好禁毒宣传教育，禁止外出务工人员沾染毒品及涉毒犯罪，禁止村民吸毒、贩毒、种毒，禁止村民参与各种邪教组织。

6. 严禁非法生产、运输、储存和买卖爆炸物品，不得私藏枪支弹药，拾得枪支弹药、爆炸物品及时上缴。

7. 爱护公共财产，不得损坏水利、道路交通、供电、通信、生产等公共设施。

8. 严禁乱砍滥伐林木。严禁放敞猪、牛、羊等家畜损害他人庄稼、瓜果及其他农作物。

9. 村民有困难和问题，要按程序逐级反映，严禁越级、非法、无理、网络炒作等不正当手段上访。

10. 对违反上述社会治安条款者，触犯法律法规的，报送司法机关处理。尚未触犯刑律和治安处罚条例的，由村委会批评教育，责令改正，并自觉缴纳违约金 200 元。

第二节　安全生产

1. 严禁野外用火，严禁放火烧山。

2. 对户内电线要定期检查，损坏的要请电工及时修理、更新，严禁乱拉乱接电线。

3. 严禁农用车载人搞运营、严禁酒后驾驶、严禁无证驾驶、严禁未成年人驾驶摩托车、严禁驾驶无牌无证车辆、严禁乘坐非法超载车辆等不良行为，违者给予警告，造成交通事故，村委会不给予出具证明，由交警部门处理。

4. 严禁非法储存、零售易燃易爆物品，如烟花爆竹、汽油、柴油等。

5. 对违反安全生产上述条例者，触犯法律法规的，报送司法机关处理，自觉向村委会缴纳违约金 200 元。

第三节　卫生整治

1. 不准随地乱丢果皮、纸屑、塑料袋、酒瓶、烟蒂及其他杂物、秽物，做到门前“三包”，保持室内户外整齐干净。

2. 严禁向河内、暗沟、水井边乱倒、乱扔垃圾。严禁乱排污水，严禁放敞家禽，保护路面、河沟、广场、水井等环境卫生。

3. 不准在公共道路两边及绿化带等公共场所堆放柴草、木料、砂石、废弃建筑材料等，修房盖屋余下的垃圾碎片应及时清理，保证道路畅通，净化公共环境。

4. 不准在村道、主道边搭建违章建筑，不准在道路上乱挖排水沟，不准在路肩上种植作物，建房时必须服从村庄建设规划。

5. 对违反上述卫生整治条款者，首先给予警告并发放整改通知书，累计三次不改，村委派人拆除，产生费用由违者自负并自觉缴纳违约金 100 元。

第四节　综合管理

1. 每户必须参与本村的公益事业建设，对阻碍、破坏、不参与等不良行为，一次缴违约金 100 元，造成严重后果，村民委员会报上级依法处理。

2. 每户村民必须参加村民委组织的每一次群众大会，无故不参加的列为不良记录。

3. 每户农户必须参加村民委组织的季度卫生整治及其他义务劳动，不参与的农户一次缴纳违约金 100 元。

4. 各农户上山做农活时应早出早归，改变作息时间，提倡勤劳致富，反对“等、靠、要”思想，每户必须拥护国家方针、政策，自觉遵守各项扶贫产业项目实施方案，不得以欺骗或变相等手段套取国家扶贫资金。

5. 各农户要落实好各项项目的进度、实施成效、后期管理等工作，不得影响整体项目验收。违者，造成国家资金损失及影响他人利益的，一切后果由违者自行承担。

6. 各户家长必须让孩子完成“9+3”义务教育，禁止辍学、失学。村民委员会对诚信户子女在本年度考取大学一本、二本并入学的学生给予分别奖励 1000 元、500 元，并积极参与协助上级部门争取相关助学金。

7. 各农户要诚实守信，完成季度贷款结息，不得影响本人或全村信用等级。

8. 各农户要自觉按时缴纳本年度环境卫生管理费，不交费农户，每年缴纳违约金 200 元。

第五节　执行机制

1. 建立村民诚信管理办法，每月村民委对违反《村规民约》的村民进行评议、施行履约。

2. 本《村规民约》由村党支部、村民委员会带头执行，负责组织抓好《村规民约》的落实，对群众违反规定而不接受处罚的将建立群众诚信不良记录档案，并有权向各级部门出具该户的诚信不良记录证明。

3. 凡有诚信不良记录的村民在本村民委员会办事，必须先得消除诚信不良记录后才给予办理。

4. 本《村规民约》若与国家法律法规、政策相抵触的，按国家规定执行。

附录 2　秧佑籍协会章程

第一章　总则

第一条　协会坚决拥护中国共产党的领导，执行党的路线、方针和政策，遵守国家法律法规和秧佑村村规民约；协会坚持践行社会主义核心价值观，倡导会员之间坦诚相处，精诚团结，互帮互助，平等相待，努力做到“赡养好父母，抚育好子女，维护好家庭，照顾好自己”；协会坚定信念，刻苦努力，奋发有为，为实现中华民族的伟大复兴贡献绵薄之力；协会加强维护全体会员和秧佑村全体村民的合法权益和正当利益，集中智慧和力量，共同为秧佑村的经济建设和社会发展，为家乡亲人的幸福安康，为推进和谐的秧佑民风民俗，为弘扬文明的秧佑礼节礼义贡献力量。

第二章　协会理事会

第二条　理事会设会长 1 人、秘书长 1 人、组织委员 2 人、监督委员 2 人、生活委员 2 人、宣传委员 2 人、网络管理员 1 人、会计 1 人、出纳 1 人。

第三条　理事会成员通过从全体会员中采取无记名投票选举产生，实行三周年任期制，届满时通过全体会议选举产生新一届理事会，各项职务可以连选连任。如因特殊情况，出现个别职务空缺时，由理事会召开会议研究决定是否召开会员大会进行补选。理事会成员出现重大问题、造成恶劣影响，不再适合担任理事会成员职务的，由理事会召开会议研究决定是否召开会员大会进行罢免。

第四条　选举时，必须有全体会员的三分之二到会始得进行。选举大会由组织委员主持，设立投票箱、推选监票人和计票人，以各项职务所得赞成票最多的，确定为该项职务当选人。确定各项职务当选人后，上届理事会的各项职责终结。

第五条 新一届理事会选举产生后，由新当选的秘书长和新当选的组织委员筹备，组织召开第一次会员大会。大会由组织委员主持。

第三章 会员入会

第六条 新会员入会条件：凡年满 18 周岁以上，50 周岁以下的身体健康，作风正派，具有独立行使民事行为能力并自愿拥护、遵守、执行《秧佑籍协会章程》的非在校学生的秧佑人都可以申请加入协会，不受性别、学历、工龄、工种、工作地点限制，不限制是否国家干部职工。

第七条 新会员入会手续：经本人提出书面申请，理事会过半数成员同意，由组织委员在“秧佑籍协会”QQ 群公布，网络管理员录入会员名册，并缴纳会费后，即成为正式会员。

第四章 会员退会

第八条 会员个人要求退会的，由本人提交书面申请，经理事会过半数以上成员同意的，可以退会。批准退会后，会员权利和义务自行即刻终止，所缴会费不予退还。

第九条 超过缴纳年度会费时间一个月的，通过理事会无记名投票表决，过半数成员同意的，视为自动退会。自动退会的，协会不再接受第二次入会申请。

第十条 会员犯法被判刑的，会员资格自行终止，但可以享有当年的会员权利。

第十一条 会员累计三次以上（含三次）无充分理由不参与协会集体活动，不履行会员应尽义务的，是否强制退会，由理事会无记名投票表决，过半数成员同意的，即刻强制退会。强制退会后，当年会员的一切权利和义务自行终止，已缴纳的会费不予退还，且协会不再接受第二次入会申请。

第十二条 出现会员不顾大局利益，擅自泄露协会相关信息，导致会员之间产生误会、纠葛，协会、会员利益受到损害的，由理事会根据影响程度投票表决，作出处理决定，过半数成员认为该给予警告的，就作出警告处理，警告处理不予退会，但次年的会费要比其他会员多交 300 元；该作出退会处理的，就作出退会处理，退会后，会员权利和义务自行终止，所缴会费不予退还，但协会可以接受第二次入会申请。

第五章 会员权利与义务

第十三条 会员有权参加协会组织的各种集体活动，出席会员大会，参与协会重大决策部署，监督协会财务的管理与使用；有选举权与被选举权；有权享有协会规定的一切权利；有权得到协会的集体力量维护自己的合法权益和正当利益；有权在协会QQ平台互动交流、发表意见、探讨问题、求解疑难；有权参加集体旅游、考察、团购等活动；有权申请协会成员帮助本家族参与一些正当的外事活动，但费用由当事人承担。

第十四条 会员有义务参加协会组织的各种集体活动，服从理事会工作安排，分担协会集体活动后果，自觉按时足额缴纳年度会费，积极为协会相关决策建言献策；有义务模范遵守和执行《章程》，拥护理事会作出的各项决议决定，维护协会的尊严和形象；有义务爱惜会员身份，珍惜协会集体活动的时间和机会；有义务对协会管理工作存在的问题和不足提出意见、建议，为修改、完善《章程》提供依据。

第十五条 会员之间产生纠纷时，应当先由协会调解，调解无效后，再进入其他调解程序；会员家族之间产生纠纷时，应当先由纠纷家族所在的会员之间调解，调解无效后，如纠纷双方的任何一方请求协会帮助调解，协会应当在5个工作日内作出调解意见，调解无效后，再进入其他调解程序。

第十六条 会员之间要经常沟通，增进友情、亲情和感情。要经常走访，相互支持，相互资助，做到“有福同享、有事同办、有喜同庆、有难同帮”。

第六章 会员会费

第十七条 会费暂按每人每年200元缴纳，交由协会会计存入指定账户，统一管理，专款专用。会费产生存款利息，计入会费总额。协会财务账目，每半年公布一次，接受全体会员监督。会员缴纳年度会费期限为每年的阳历2月底前，直至3月31日还不缴费的，按第四章第九条执行。

第十八条 会费主要用于协会集体活动开支和理事会必须会议经费开支，滚动结余计入下年的会费总额。

第十九条 如因特殊情况，当年会费出现赤字，由理事会研究决定从其他渠道借贷，用下年的会费一次性偿还。如连续2年及以上会费出现赤字的，由理事会研究决定，增加会员的缴费标准。

第七章　协会会议

第二十条　原则上每季度要召开一次理事会会议，理事会全体成员参加。听取会员的合理意愿和诉求；分析研判秧佑村经济建设、社会发展面临的形势和任务，为解决实际问题共同出谋献策。如因特殊情况，需要理事会及时集中研究、决策的，理事会可以临时召开会议。理事会会议，由会长主持，由协会组织委员召集。会前 5 天，组织委员应当将理事会会议议题公布在协会 QQ 平台上，广泛征求和收集全体会员的建议和意见。不开可开可不开的会，不开没有重要议题、没有做好准备的会。

第二十一条　协会每年必须召开年会，要求全体成员参加。听取协会会长作年度活动情况报告及下年度活动计划草案报告；听取协会秘书长作年度协会会员变动情况报告和文书档案的收集、整理、归档情况报告；听取协会监督委员作年度会员参加集体活动情况报告和会员遵守、执行《章程》情况报告；听取协会会计作年度协会财务收支情况报告；听取需要向全体会员报告的其他事项；修改协会《章程》。

第八章　附则

第二十二条　本章程经 2016 年 8 月 6 日协会全体会议表决通过后施行。施行过程中，如有需要修改、完善的，必须经下次全体会议修改、完善后，原条款才能废止。

第二十三条　本章程未尽事宜，授权理事会研究决定，本章程由理事会负责解释。